Malt Whisky

Collection Rolf Heyne

Charles MacLean

Malt Whisky

Lebenswasser und Kultgetränk

Collection Rolf Heyne

In Dankbarkeit für die vielen geselligen und anregenden Abende in den Bars von Edinburgh widme ich dieses Buch »The Regiment«:

Giulio Coia, Andrew Cumming, George Gainsborough, Alan Grant, Robert Grieve, Bill Harding, Humphrey Holmes, Alan Kane, John McOmish, Domhnall MacCormaig und Alan Rankin.

Inhalt

Vorwort

Niemand weiß genau, wer als Erster auf die simple und doch so wundervolle Idee kam, schlichte Gerste in eine edle Spirituose zu verwandeln. Einig ist man sich jedoch darüber, dass es sich um ein Erbe unserer keltischen Vorfahren handelt. Sie wussten nur zu gut: Auf den strahlenden Sommer folgt ein nasser Herbst und ein eiskalter, schneereicher Winter – ihr wichtigster Schutz dagegen war uisge beatha, *das Wasser des Lebens.*

Kein Zweifel, bei der Destillation handelt es sich um eine Kunst, die in ihren Anfängen in abgelegenen Hochlandtälern ebenso kultiviert wurde wie in den Klöstern der Lowlands. Fest steht auch, dass am 24. August 1494 ein Bruder John Cor vom Kloster Lindores in Fife die Menge von acht Boll *Gerstenmalz für seinen König, James IV., zu* aqua vitae *gebrannt hat – die erste urkundliche Erwähnung eines Destillates in Schottland.*

Heute, mehr als fünfhundert Jahre später, ist der Scotch Whisky längst etabliert, als Gabe der Natur an Genießer in aller Welt. Wie die Natur selbst entsteht er aus Feuer und Wasser, und bei sorgfältiger Pflege wird er nach seiner Geburt mit den Jahren immer besser. Ob man Scotch Whisky als Single Malt genießt oder als Blend – er ist immer eine Herausforderung für die Sinne.

Deshalb kann ich dieses bemerkenswerte Buch nur empfehlen. Es wird Sie ermutigen, die großartige Bandbreite an Aromen und Stilen kennen zu lernen, die gerade der Malt Whisky bietet. Und vielleicht wird es Sie inspirieren, einmal selbst zu den Quellen des Whiskys zu reisen. Spätestens dort werden Sie erkennen, dass Schottland mit seinem Malt Whisky auch einen wesentlichen Beitrag zur Völkerverständigung leistet.

THE EARL OF ELGIN AND KINCARDINE KT

Einführung

Die Idee zu diesem Buch entstand anlässlich einer Ansprache bei der Gründungsversammlung der belgischen Scotch Single Malt Whisky Society. In meiner Rede versuchte ich die Frage zu beantworten: »Warum ist jeder Malt Whisky anders?« Ich bezog mich auf Winston Churchill und sagte, Malt Whisky sei »ein Rätsel, verpackt in ein Mysterium und verhüllt von Geheimnissen«. Das Rätsel ist das Produkt, sein Geschmack, sein Duft. Das Mysterium ist, wie so etwas aus einfachsten Rohstoffen entstehen kann – aus gemälzter Gerste und Wasser. Und ein Geheimnis bleibt, warum ein an sich so schlichtes Produkt in dieser Art nirgendwo anders auf der Welt hergestellt werden kann.

Zum Glück lässt sich nicht alles enträtseln. Dennoch habe ich es mir zur Aufgabe gemacht, das Mysterium ein wenig zu enthüllen und aus verschiedenen Perspektiven zu beleuchten. Mein Schnelldurchlauf durch die Geschichte des Scotch Whisky macht nur dort kurz Halt, wo die Aromen – etwa durch technische Innovationen oder die Besteuerung – beeinflusst worden sein könnten. Wenn ich mich mit den Zutaten oder dem Herstellungsprozess beschäftige, dann um die Antwort auf die Frage zu finden: »Welchen Beitrag zum Geschmack leistet die jeweilige Stufe der Herstellung?«

Malt Whisky ist die Quintessenz Schottlands. Mit jedem Schluck lässt er etwas von seinem Ursprungsland lebendig werden – Torfmoore und Sumpfmyrte, die Sonne über den Lochs, den Regen in den Bergen, weiße Strände und salzige Gischt. Malt erzählt auch etwas über die Menschen Schottlands: hart arbeitende Farmer, unerschrockene Schmuggler und Schwarzbrenner oder auch Unternehmerpersönlichkeiten, die Ende des vergangenen Jahrhunderts einen Weltmarkt für Scotch aufgebaut haben.

Malt Whisky vereint die schottische Psyche – sie ist leidenschaftlich und rational, romantisch und ironisch, mystisch und skeptisch, heldenhaft und ängstlich, voller Frohsinn und Verzweiflung.

J. P. McCondach schrieb in *The Channering Worm* über den Whisky: »Mit ihm ist von seinen Anhängern wie von seinen Verleumdern in vielfältiger Weise Schindluder getrieben worden, er ist kompliziert in seiner Einfachheit, rein in seiner Essenz, aber vielgestaltig in seinen Wirkungen; er ist einfach unvergleichlich.«

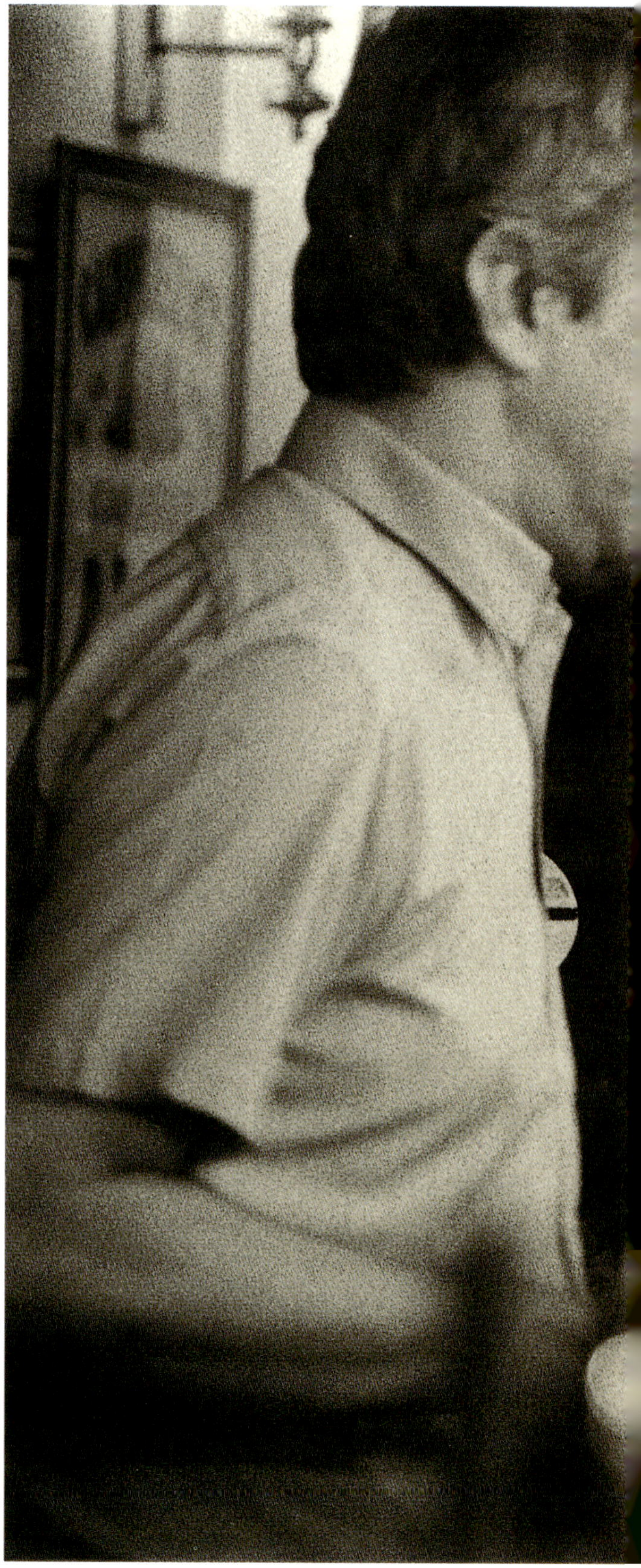

BIBLIOGRAPHISCHE ANMERKUNGEN

Dieses Buch hat früheren Veröffentlichungen viel zu verdanken. Eine komplette Liste der Quellen finden Sie in der Bibliographie im Anhang – leider reicht der Platz nicht aus, um auch die allgemeinen Werke geschichtlicher, wissenschaftlicher und geographischer Natur zu erwähnen. Im Folgenden möchte ich einige Quellen besonders hervorheben, auf die ich mich im Buch beziehe.

Zunächst drei neuere Veröffentlichungen, mit denen jeweils ein wichtiger Beitrag zur Scotch-Literatur geleistet wurde:

Scotch Whisky Industry Record von Charles H. Craig (1994), eine Fundgrube an Daten und Details; *The History of The Distiller's Company 1877-1939* von Dr. R. B. Weir (1995); und *Whisky: A Book of Words* von Gavin D. Smith (1993).

Die Geschichte der Whisky-Industrie stellt das 1981 erschienene Buch *The Making of Scotch Whisky* von M. S. Moss und R. Hume dar. Der *Schweppes Guide to Scotch* (1983) von Philip Morrice informiert über einzelne Unternehmen.

Die Klassiker der Whisky-Literatur: *The Whisky Distilleries of the United Kingdom*, Alfred Barnard, 1887, eine Reisebeschreibung zu den Brennereien Großbritanniens; *The Manufacture of Spirit as Conducted at the Various Distilleries of the United Kingdom* von J. A. Nettleton, 1898; zwei meiner liebsten Whisky-Bücher sind in den 30er-Jahren erschienen: *Whisky and Scotland* von Neil M. Gunn, 1935, und *Whisky* von Aeneas Macdonald, 1930. Auch *The Whiskies of Scotland* (1951) von Professor R. J. S. McDowell und *Scotch Whisky: Its Past and Present* (1969) von Professor David Daiches gehören bereits zur »klassischen« Fachliteratur.

Aus jüngerer Zeit empfehle ich besonders drei Bücher, die auch in deutscher Sprache erhältlich sind: Wallace Milroy: *Der Malt Whisky Almanach* (1995), Walter Schoberts *Malt Whisky Guide* (1996) und Michael Jacksons *Malt Whisky*.

PERSÖNLICHE DANKSAGUNG

Wie so oft haben auch bei diesen Recherchen Persönlichkeiten und Experten aus der Whiskyindustrie ihre Zeit geopfert, Rat gegeben, Archive und Betriebe geöffnet. Besonders danken möchte ich:

Bill Bergius (Allied Distillers), Sheila Burtles (Scotch Whisky Research Institute), Dr. Bill Crilly (Highland Distilleries), Brian Fallon (The Cumberland Bar), dem Earl of Elgin and Kincardine, Marion Fergusson (Highland Distilleries), Matthew Gloag (Matthew Gloag & Son), Richard Gordon (Scotch Malt Whisky Society), Alan Grant (Grant & Shaw), Martin Green (Christie's), Ross Gunn (Chivas Glenlivet), John Hansell (The Malt Advocate), James Hardie (Clear Cut), Brian Hennigan (Macallan Distillery), Mark Hunt (Allied Distillers), Steve Jervis (United Distillers), Watson und Tristram Kerr (The Canny Man's), Dennis Malcolm (Chivas Glenlivet), Chris Martin (Justerini & Brooks), Anne Miller (Chivas Glenlivet), Patrick Millet (Justerini & Brooks), Robin Lambie (Macallan Distillery), Dr. Nicholas Morgan (United Distillers), Archie Orr-Ewing (The New Club), Richard Paterson (Whyte & Mackay), Jill Preston (Chivas Glenlivet), David Robertson (Macallan Distillery), Jim Robertson (Highland Distilleries), Drew Sinclair (Whyte & Mackay), A. M. Stevenson (Royal College of Surgeons), Ian Stothard (Highland Distilleries), Dr. Jim Swan (Tatlock & Thomson), Andrew und Brian Symington (Signatory), Iain Urquhart (Gordon & Macphail), Jamie Walker (Adelphi Distillery), Ian White (Frazer's Bar) und Neil Wilson (Neil Wilson Publishing).

Es war ein Vergnügen, mit Jason Lowe zusammenzuarbeiten, der wunderschöne Fotos für dieses Buch gemacht hat, wie auch mit George Bernard, der für die Fotos im geschichtlichen Kapitel zuständig war. Mein Dank gilt außerdem Sue Jamieson, Fiona Knowles und Wayne Blades für ihre Unterstützung, meinem Herausgeber Philip Woyka für seine Umsicht und meiner Frau Sheila für ihre Geduld und Mithilfe.

CHARLES MACLEAN

Geschichte

Einige Historiker glauben, dass das lateinische Wort aqua vitae – Wasser des Lebens – von den Römern, als diese Britannien besetzt hatten, aus dem gälischen Wort für Whisky übernommen wurde: uisge beatha. Der gleiche Begriff findet sich aber auch in anderen Sprachen, etwa als eau-de-vie im Französischen oder als akvavit im Dänischen.

In den 30er-Jahren vermutete der schottische Romancier Neil Gunn, die Whisky-Destillation sei aus purem Zufall entdeckt worden. Er zeichnete mit seinen Worten das Bild eines Kelten in grauer Vorzeit, der zusieht, wie sich der Dampf aus einem Kessel mit vergorenem Haferschleim in eine hochprozentige Spirituose verwandelt.

LINKS: *Das Wasser der Destillerie Glengoyne auf seinem Weg durch eine malerische Sandsteinschlucht.*
RECHTS: *Werbung für Johnnie Walker, um 1948.*

»Es ist reiner als Quellwasser. Seine Kälte spürt man an den Fingern kälter als Eis. Eine wundersame Verwandlung … Doch im Mund – was für ein Gefühl! Der Gaumen prickelt, die Kehle brennt wie Feuer, das bis in die Fingerspitzen züngelt, in die Füße und zum Schluss in den Kopf … Es war kein Wasser, das er getrunken hatte – es war das Leben.« Im folgenden Einführungskapitel wenden wir uns der oft dramatischen, manchmal auch romantischen Geschichte des Whiskys zu – vom bäuerlichen Nebenerwerb bis hin zur internationalen Großindustrie unserer Zeit.

»Diese bewunderungswürdige Essenz ... eine Verkörperung des Göttlichen, ein Element, das der Menschheit erst unlängst enthüllt wurde – im Altertum war die menschliche Rasse zu jung, als dass es dieses Getränkes bedurft hätte, um der Altersschwäche etwas Belebendes entgegenzusetzen.«

(Raymond Lully, 1236-1315)

Aus unserer Sicht – der des modernen Verbrauchers – gibt es zwei »rote Fäden«, die sich durch die Geschichte des Scotch Whisky ziehen.

Da ist zum einen der Geschmack. Die ersten Brennblasen waren technisch nicht ausgereift und haben wohl ein kaum trinkbares, geschweige denn genießbares Destillat geliefert. Das schottische Wort »skelp« (vom Gälischen: *sgailc*) bedeutet denn auch so viel wie »ein Schlag aufs Hirn vom Hochprozenter zum Frühstück« – der »gute Schluck« am Morgen.

Und dann ist da noch der Preis. Whisky wird aus den billigsten Rohstoffen – Wasser und Gerste – und in einem technisch simplen Verfahren hergestellt. Der »puritanische« Instinkt sagt uns, dass Genuss seinen Preis hat. Diese Erkenntnis wurde 1644 in Form einer Besteuerung durch ein puritanisches Parlament umgesetzt.

Nachfolgeregierungen standen dem in nichts nach – in der Geschichte des Scotch Whisky haben neue, höhere Steuern die Industrie immer wieder an Wendepunkte geführt, das Streben nach Qualität und Geschmack zu einem akzeptablen Preis wie auch die weltweiten Marketing-Aktivitäten verstärkt. Der schottische Malt Whisky unserer Zeit ist demzufolge von höherer Qualität als je zuvor.

FEUCHTE DÄMPFE

Der Rauch der ersten Brennereifeuer hat sich längst verzogen – und mit ihm das Wissen um den Ursprung der Destillation. Einer Glaubensrichtung zufolge wurde diese Kunst von gälisch sprechenden Kelten in Irland erfunden, die später, Anfang des 6. Jahrhunderts, über die Irische See an die Westküste Schottlands kamen und das Königreich Dalriada gründeten. Das gälische Wort für *aqua vitae* ist *uisge beatha*, aus dem im 17. Jahrhundert *uiskie* und um 1715 *whiskie* wurde. Die moderne Schreibweise, Whisky, erscheint erstmals 1736. Zwei Jahrhunderte bevor sie nach Schottland übersiedelten, sollen die Ur-Iren die Brennkunst vom heiligen Patrick erlernt haben, der dieses Wissen 432 auf seiner Mission nach Irland aus dem französischen Auxerre mitgebracht habe. Als englische Truppen 1170 in Irland einfielen, fanden sie auf der ganzen Insel zahlreiche Klosterbrennereien.

Andere Historiker sind der Auffassung, dass die Geheimnisse der Destillation um das Jahr 1150 von den Mauren nach Europa gebracht wurden. Zweifelsohne ist der Nahe Osten die Wiege medizinischer und chemischer Kenntnisse. *Kemi* war ein früher Name des antiken Ägypten, wo schon vor 3000 v. Chr. trinkbare Spirituosen destilliert worden sein sollen. Weiter im Osten destillierten die Chinesen, Tibetaner, Inder und Singhalesen aus Reis, Hirse, vergorener Stutenmilch, Kokosnüssen und Palmensaft oder -mark.

Das Alte Testament erwähnt *maaim haaim*, ein Getränk, das die Herzen der Menschen erfreut habe und später als *aqua vitae* übersetzt wurde.

Im antiken Hellas wurde aus Kiefernharz Terpentin destilliert. Im 4. Jahrhundert v. Chr. beschrieb Aristoteles, wie »Meerwasser durch Destillation trinkbar gemacht werden kann: Weine und andere Flüssigkeiten können demselben Verfahren unterworfen werden. Nach ihrer Umwandlung in feuchte Dämpfe werden sie wieder flüssig.« Daneben bemerkte er, dass von »starken Getränken« Betrunkene immer auf den Hinterkopf, von Wein Berauschte dagegen vornüber fallen. Die Technik, die man damals einsetzte, war primitiv – Süßwasser beispielsweise erhielt man, indem man in den Dampf über einem Kessel mit kochendem Meerwasser Schwämme hängte; im 1. Jahrhundert beschreibt Plinius der Ältere, wie Dämpfe von kochendem Harz mit Vliesen aufgefangen wurden, um Terpentin herzustellen.

Trotz allem – nirgends in der klassischen Literatur findet sich eine Erwähnung des geselligen Trinkens von Spirituosen, obwohl ja gerade die Römer keine Kostverächter gewesen sind. Der Hintergrund ist wohl, dass die meisten Destillate als Basis für Arzneien oder Parfüm genutzt wurden.

DIE BEWUNDERNSWERTE ESSENZ

Es scheint, als seien die Geheimnisse der Destillation auf dem europäischen Festland irgendwann im frühen Mittelalter verloren gegangen. Wiederentdeckt oder wiederbelebt wurden sie im 13. Jahrhundert von Arnold de Villa Nova, einem in Spanien geborenen und in Sizilien aufgewachsenen maurischen Gelehrten, der in Avignon und Montpellier Alchemie, Medizin und Astronomie lehrte. Er wurde oft als »Vater der Destillation« beschrieben, denn er studierte nicht nur die Destillation von Salpetersäure, Salzsäure und Schwefelsäure, sondern brannte auch selbst Wein und bezeichnete das Ergebnis

als *eau de vie* und *aqua vitae* – das »Wasser des Lebens«.

Seinem Zeitgenossen und Schüler Raymond Lully wird die Bezeichnung von Destillaten als »Alkohol« zugeschrieben – dieses Wort ist vom arabischen *al kohl* entlehnt, einem Puder, das die alten Ägypter als Lidschatten verwendeten. Auch Theophrastus Bombastus von Hohenheim (Paracelsus, 1490-1541), der berühmteste Alchemist und Arzt des Mittelalters, bezieht sich oft auf Alkohol.

Auch wenn ein paar Adelige in der Wissenschaft dilettierten – die ersten europäischen Brennmeister waren in aller Regel Mönche, deren Hauptinteresse an der Destillation der Herstellung von Medizin galt. Sie wendeten ihre Brenntechnik zunächst an zum Teil mit Kräutern versetztem Wein an. Später, im kühleren Klima Nord- und Westeuropas, in dem Trauben nicht gediehen, verwendeten sie Maischen aus vergorenem Getreide.

Berühmte Liköre aus jener Zeit – wie etwa der 1510 in der Abtei von Fécamp in der Normandie erfundene Benedictine oder auch der Chartreuse, der von Kartäusermönchen in Voiron bei Grenoble nach einem Rezept aus dem Jahre 1605 hergestellt wird – setzen diese Tradition fort.

Die Destillation von Maische aus Getreide war schon in der Antike bekannt. Edward Gibbon

OBEN: *An diesem traditionellen Bauernhaus auf der Insel Skye verhindern Steingewichte, dass der Wind das Reetdach wegbläst.*

OBEN: *Das Wappen der Chirurgen und Barbiere von Edinburgh, verliehen im Juli 1505.*

beispielsweise erwähnt in seinem Buch über den Aufstieg und Fall des Römischen Reiches einen »Likör« namens *camus*, der aus Gerste destilliert worden sei.

AQUA VITAE

Die erste urkundliche Erwähnung einer destillierten Spirituose findet sich in Aufzeichnungen der Finanzbehörden aus dem Jahre 1494. Darin wird ein Bruder John Cor im Namen des Königs beauftragt, aus acht Boll Malz *aqua vitae* herzustellen. König James IV. (1488-1513) war der beliebteste König aus dem unglücklichen Hause Stuart. Ihm wurde nachgesagt, er habe eine Vorliebe für *aqua vitae* entwickelt – oder *uisge beatha*, wie man es im Gälischen nannte. Auf den Geschmack sei er auf der Insel Islay gekommen. Bruder Cor gehörte zum Benediktinerorden der Lindores-Abbey in der Grafschaft Fife. Acht Boll waren etwa 870 Kilogramm – heute würde diese Menge Malz ungefähr 1250 Flaschen Whisky ergeben. Eine weitere Eintragung vom 22. Dezember 1497 verzeichnet die Zahlung von neun Shilling an einen Barbier (d.h. Chirurgen) für *aqua vitae.*

1505 wurde die Gilde der Chirurgen und Barbiere von Edinburgh gegründet. Zu ihren Privilegien gehörte das Exklusivrecht auf Herstellung und Verkauf von *aqua vitae* innerhalb des Stadtbezirkes – ein weiterer Beleg für die Verwendung von Destillaten zu medizinischen Zwecken. Es wird berichtet, die Chirurgen hätten *aqua vitae* dazu verwendet, Leichenteile vor der Sezierung haltbar zu machen.

Die Erfindung effizienter Methoden zur Kondensierung alkoholischer Dämpfe und die Entdeckung der Vorteile, die sich bei mehrfacher Destillation ergaben, waren entscheidender für die Herstellung eines Getränks als für die Produktion einer Arznei oder eines Mittels zum Einbalsamieren. Die frühen Brennblasen waren klein, und die Dämpfe kondensierten ausschließlich durch die kühlere Umgebungsluft. Im 15. Jahrhundert entdeckte man die Vorteile der Wasserkühlung, doch erst Mitte des 16. Jahrhunderts wurde aus dem Kühlrohr eine Kühlschlange. Etwa zur selben Zeit wurde der obere Teil der Brennblase birnenförmig verlängert, wodurch mehr Kondensat in den Kessel zurücklief, eine bessere Trennung von Alkohol und Wasser möglich und das Destillat reiner wurde.

- **1493** – Kolumbus geht auf seine zweite Seereise und entdeckt Jamaika, Dominica und Puerto Rico
- **1494** – Leonardo da Vinci malt das *Abendmahl*; Erste urkundliche Erwähnung von *aqua vitae* in Schottland
- **1495** – Gesetzliche Neufassung der Destillationsvorschriften und Steuersenkung – Motivation für viele Brenner, ihr Geschäft zu legalisieren
- **1497** – John Cabot landet in Nordamerika
- **1505** – Die Gilde der Chirurgen und Barbiere von Edinburgh erhält das Monopol auf die Herstellung von *aqua vitae*
- **1513** – Schlacht von Flodden; Tod von König James IV.
- **1523** – Englische Truppen fallen in Schottland ein
- **1527** – Die *Canterbury Tales* von Chaucer werden posthum publiziert; Veröffentlichung von Rabelais' *Pantagruel*; Das *Vetuose Boke of Distyllacyon* von Hieronymous Braunschweig wird in englischer Sprache publiziert, das erste Buch zum Thema
- **1532** – Exekution von Anne Boleyn
- **1536**

1560 wurden die schottischen Klöster aufgelöst. Viele Mönche wurden Bürger der umliegenden Gemeinden – ihr Wissen um die Destillation war hoch willkommen. Es etablierten sich überall, wo Getreide angebaut wurde, bäuerliche Hausbrennereien. Sie verbreiteten sich derart, dass das Parlament 1579 – als sich eine Missernte und die Rationierung von Nahrungsmitteln abzeichneten – die Herstellung von *aqua vitae* landesweit gesetzlich einschränkte und »Earls, Lords, Barons und Gentlemen für deren eigenen Bedarf« vorbehielt.

Fynes Moryson, ein Reiseschriftsteller der spätelisabethanischen Zeit, hielt fest, dass auf den Inseln vor der Westküste drei verschiedene Arten von Hochprozentern destilliert wurden: *usquebaugh* (doppelt destilliert), *trestarig* (dreifach destilliert) und *usquebaugh-baul* (vierfach destilliert); sie wurden auch als *simplex*, *composita* und *perfectissima* bezeichnet. Raphael Holinshed unterscheidet in seinen *Chronicles* aus dem Jahre 1577 dieselben Qualitätsstufen und beschreibt den medizinischen Nutzen von *aqua vitae*:

»In Maßen genossen,
vertreibt er den Schnupfen,
klärt den Geist und
beflügelt die Sinne,
heilt Wassersucht,
löst Nierensteine,
beseitigt Harngrieß und
lässt Verdauungsstörungen verpuffen,
bewahrt und schützt
die Augen vorm Brennen,
die Zunge vorm Lispeln,
die Zähne vorm Klappern,
die Kehle vorm Kratzen,
die Luftröhre vor Verhärtung,
den Magen vor Krämpfen,
das Herz vor Schwellung,
den Bauch vor Blähung,
die Därme vorm Rumpeln,
die Hände vorm Zittern,
die Sehnen vor Schrumpfung,
die Venen vor Verkalkung,
die Knochen vor Schmerzen,
das Mark vor Schwund.
Wahrlich, es ist ein königlicher Schnaps,
wenn er maßvoll getrunken wird.«

UNTEN: *Frühe Brennblasen wurden durch Abnehmen des Deckels befüllt – diese Darstellung stammt aus dem ausgehenden 17. Jahrhundert.*

1542, 1544 – weitere Invasionswellen aus England; Edinburgh und Leith gehen in Flammen auf

1542

Am 28. Januar besteigt Eduard VI. als 10-Jähriger den Thron – er regiert nur sechs Jahre, bevor er stirbt

1547

Elizabeth I. besteigt den Thron am 17. November 1558

1558

1561

Maria Stuart, Königin von Schottland und Frankreich, kehrt zurück

1567

Maria Stuart dankt unter Zwang ab, zugunsten ihres Sohnes James VI. von Schottland (der spätere James I. von England)

1577

Raphael Holinshed veröffentlicht die *Chronicles of England, Scotland and Ireland*

1579

Schottisches Parlamentsgesetz beschränkt die Herstellung von *aqua vitae* wegen Ernteausfällen

Die frühen Whiskys wurden aus einer Mischung aller möglichen leicht verfügbaren Getreidesorten hergestellt – etwa aus Hafer, Weizen und diversen Gerstensorten. Fest steht auch, dass ein Großteil der damaligen Destillate »gemischt«, also mit Kräutern, Zucker und Gewürzen versetzt wurde. Auch die Rektifizierung, die Redestillation mit aromagebenden Pflanzen, wie sie etwa beim Gin angewendet wird, gab es damals bereits. Einige Experten, einschließlich des großen Lexikographen Dr. Johnson in seinem Wörterbuch aus dem Jahre 1755, definieren *usquebaugh* als »vermischtes« aromatisches Destillat.

Bereits Ende des 16. Jahrhunderts wurde in Schottland so viel davon hergestellt, dass ein Teil nach Irland und Frankreich exportiert wurde.

UISGE BEATHA

Obwohl »Lebenswasser« unscharf definiert und in den verschiedenen Landesteilen auch jeweils etwas anders hergestellt wurde, war es dennoch bereits im frühen 17. Jahrhundert fest im sozialen Leben und in der Wirtschaft Schottlands etabliert. Es wurde überall im Land auf Bauernhöfen und in Schlössern hergestellt, vor allem im Hochland, nach dem Einbringen der Ernte in den Herbst- und Wintermonaten. Dies blieb im Prinzip bis in die Neuzeit so. Die proteinreichen Gerstenschalen und Brennrückstände waren im Winter eine wichtige Futterquelle für das Vieh. Gebrannt wurde mit kleinen, 90-220 Liter fassenden zylinderförmigen Brennblasen, die über einen abnehmbaren kuppelförmigen oder konischen Deckel befüllt wurden. Eine bäuerliche »Teilzeit-Industrie«, aus der sich zunächst nur eine Hand voll echte Brennereien entwickelten.

UNTEN: *Titelseite eines Pamphlets gegen die Malt-Steuer von 1725.*

MEMORIAL
CONCERNING THE
Malt=Tax.
EDINBURGH,
Printed in the Year M. DCC. XXVI.
[Price Three Pence.]

Die hergestellte Menge jedes Haushaltes beziehungsweise jeder Gemeinde hing vom verfügbaren Getreideüberschuss ab. Meist jedoch reichte die Ernte aus, um mit dem Whisky den lokalen Bedarf zu befriedigen, Pachten zu bezahlen und auch einiges in die Lowlands, nach England und Frankreich zu exportieren. Schottische Hochprozenter werden in den Schriften aus jener Zeit selten erwähnt – hier und da bei Berichten von einer Hochzeit oder einem Begräbnis oder einem Präsent an einen Rekruten. Dennoch war die Produktion so groß, dass das schottische Parlament 1644 die erste Branntweinsteuer erhob, um finanzielle Mittel für die Bündnisarmee gegen Karl I. aufzubringen. Die erste Destillerie, die in einem offiziellen Dokument erwähnt wurde, war die Brennerei Ferintosh auf Black Isle, gegründet um 1670 von Duncan Forbes. Er war ein prominenter Nationalrepublikaner und Anhänger von Wilhelm von Oranien – als Reaktion wurde seine Destillerie 1689 von Gefolgsleuten von James II. geplündert. Als Kompensation erhielt er später das Privileg, Whisky aus eigenem Getreide zu destillieren – gegen Entrichtung einer Jahresgebühr von 22 *merks* (ca. £ 22). Diese Regelung galt 95 Jahre fort und brachte der Familie Forbes ein Vermögen ein.

Die Forbes' waren mit ihrer Brennerei so erfolgreich, dass das Wort »Ferintosh« zum Synonym für Qualität wurde. Ende der 1760er-Jahre produzierte ihre Destillerie fast zwei Drittel des legal in Schottland hergestellten Whiskys – mehr als 400 000 Liter im Jahr. Die Familie soll damit einen Jahresgewinn von damals 18 000 Pfund gemacht haben, was auf den heutigen Wert umgerechnet etwa 2 Millionen Pfund entsprechen würde. 1784

- **1587** Enthauptung von Maria Stuart
- **1590** Export von *aqua vitae* nach Irland
- **1603** James I. besteigt am 24. März den Thron von England und vereinigt die Königreiche Schottland und England
- **1609** Whiskybrennerei im Hochland und auf den Inseln wird durch die Statuten von Iona legalisiert
- **1618** Erste Erwähnung von *uisge*, anlässlich der Beerdigung eines Highland-Clan-Oberhauptes
- **1627** Robert Haig gründet seine Destillerie in Stirlingshire
- **1638** Erster nationaler Bund Schottlands; Religionskrieg gegen Karl I. im darauffolgenden Jahr
- **1644** Ein neues Gesetz des schottischen Parlaments erhebt Steuern auf Spirituosen, um Geld für die Bündnisarmee zu erhalten
- **1649** Enthauptung von Karl I.; Schottland proklamiert Karl II.; Oliver Cromwell fällt in Schottland ein
- **1651** Krönung Karls II., der den Thron aber erst 1660 besteigt
- **1655** Steuersenkung
- **1661** Einführung eines Ausfuhrzolls für *aqua vitae*
- **1679** Schlacht von Drumclog und Bothwell Bridge

schaffte die Regierung dieses Privileg ab – gegen die Zahlung der vergleichsweise lächerlichen Summe von 21 000 Pfund. In seinem berühmten Gedicht zur Abschaffung dieses Privilegs beklagt Robert Burns:

»O Ferintosh! Wie traurig verloren!
Schottland klagt übers ganze Land!
Magenschmerzen und bellender Husten
werden uns jetzt alle töten,
da das gerühmte gesetzliche Recht
des treuen Forbes beseitigt wird.«

TORFGERUCH UND FEUERWASSER

Als Folge der Vereinigung der Parlamente von Schottland und England im Jahre 1707 wurde die Branntweinsteuer auf den englischen Satz angehoben und in Edinburgh eine mit englischen Beamten besetzte Steuerbehörde eingerichtet. Sechs Jahre später wurde die englische Malt-Steuer auf Schottland ausgedehnt (bei halbem Steuersatz), trotz vehementer Gegenwehr schottischer Parlamentsmitglieder, die argumentierten, dies sei ein Bruch des Unionsvertrages.

Diese und andere Strafmaßnahmen führten zum ersten Jakobiteraufstand von 1715, der im selben Jahr mit der Schlacht von Sheriffmuir im Sande verlief. Als die Malt-Steuer 1725 angehoben wurde, kam es zu Aufständen in Glasgow. Letztendlich aber führte dies dazu, dass weniger Bier – das bevorzugte Volksgetränk – hergestellt und stattdessen mehr Whisky getrunken wurde. Die legale Produktion verdoppelte und verdreifachte sich anschließend bis Mitte der 1720er-Jahre auf fast 700 000 Liter. Nach dem Erlass des Gin-Gesetzes

OBEN: *Eine satirische Szene, die Johnson und Boswell während ihrer Reise auf den Hebriden in einer Schmugglerhöhle zeigt.*

von 1736, das Schottland nicht betraf, ging der Anstieg weiter.

Dieses Wachstum war nur dank der Verwendung von Mischgetreide möglich – ungemälzte Gerste und Weizen ebenso wie gemälzte Gerste. Es gab eine dramatische Zunahme kleiner und mittlerer Destillerien im ganzen Land und – gegen Ende des 18. Jahrhunderts – auch zunehmend neue Betriebe in den Lowlands, die zum Großteil den Familien Haig und Stein gehörten. Hausbrennereien waren von der Besteuerung ausgenommen, sofern sie eigenes Getreide verwendeten und nur für den häuslichen Bedarf produzierten.

Ein Ernteausfall führte 1757 zu einem Brennereiverbot in ganz Britannien, das bis 1760 in Kraft blieb und das Aus für die meisten lizenzierten De-

1688		Erster Versuch der Besteuerung von Spirituosen nach dem Alkoholgehalt
1692	Das Massaker von Glencoe	
1713		Englische Malt-Steuer wird auf Schottland ausgedehnt
1715	Erster Jakobiteraufstand	
1725		Ausdehnung des englischen Steuersatzes auf Schottland führt zu Unruhen in Glasgow
1736	Gin-Gesetz reduziert den Ginkonsum in England, Schottland bleibt ausgenommen	Aufstand in Edinburgh
1746	Schlacht von Culloden; brutale Unterdrückung des Hochlandes durch den Duke of Cumberland	
1751	Gründung des Golfclubs von St. Andrews	Gründung der Destillerie Gilcomston in Aberdeen
1755	Dr. Johnson veröffentlicht sein Wörterbuch	
1757		Brennereiverbot (bis 1760) wegen Missernten
1774		Verbot kleiner Brennblasen
1775	Johnson und Boswell bereisen das Hochland	

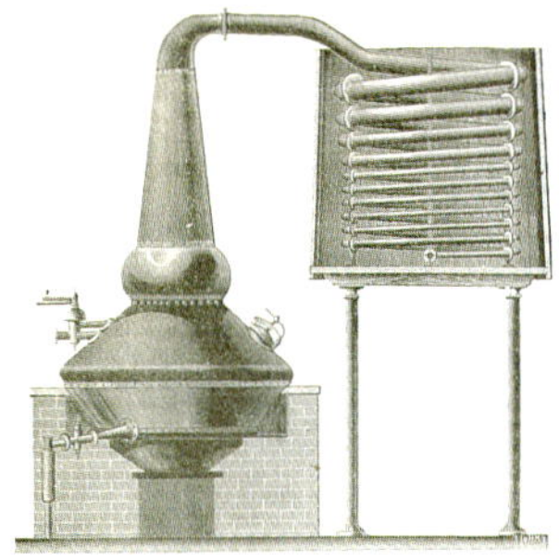

stillerien bedeutete. Die häuslichen Brennereien waren von dem Bann nicht betroffen und begannen, den Bedarf an Whisky zu decken. Dies war der Beginn der Schmuggel-Ära.

Um dem Anstieg des Schwarzhandels (und der Konkurrenz durch die quasi zollfreie Ferintosh-Produktion, die immerhin im Jahre 1770 zwei Drittel der gesamten legalen Whiskymenge Schottlands ausmachte) zu begegnen, begannen viele lizenzierte Destillerien, ihre Steuererklärungen zu manipulieren. Die Regierung erließ als Reaktion darauf eine Reihe drakonischer Verordnungen: Verbot der Destillation in Brennblasen von weniger als 1 000 Liter Fassungsvermögen, Zollverschluss und Verplombung der Brennblasendeckel. All dies heizte den Schmuggel weiter an und entmutigte Brenner, eine Lizenz zu erwerben. Hugo Arnot schätzt in seiner geschichtlichen Abhandlung über Edinburgh, dass im Jahre 1777 in der Stadt rund 400 Schwarzbrennereien betrieben wurden – bei nur acht lizenzierten Destillerien. Angeführt von den Familien Haig und Stein, den zu diesem Zeitpunkt größten Produzenten von legalem Whisky, bildeten die registrierten Destillerien ein Monopol, um den Lowland-Markt mit rauem, dafür aber billigem Getreidewhisky zu überschwemmen. Genießbar gemacht wurde der damals produzierte Whisky durch Vermischen mit anderen Zutaten wie etwa Zitronensaft und Gewürzen, oder er wurde mit warmem Wasser und Zucker als »Punsch« oder »Toddy« serviert.

1777 exportierten die Steins erstmals 2 000 Gallonen (9 100 Liter) ihres rauen Brandes nach London, um ihn rektifizieren und zu Gin verarbeiten zu lassen. Das Experiment wurde zu einem großen Erfolg: Innerhalb von nur fünf Jahren stieg der Export auf fast 184 000 Gallonen (835 360 Liter). Das Jahr 1783 jedoch brachte eine katastrophale Ernte und eine Hungersnot mit sich. Das Brennen wurde vielerorts verboten, die Steuer wieder angehoben.

Im Jahre 1784 wurde die Steuer wieder gesenkt und gleichzeitig an die Maisch- und Brennkapazität gekoppelt. Das entsprechende Gesetz definierte auch die »Hochlandlinie«, die erste offizielle Unterscheidung und Festlegung von Herkunftsregionen.

Die Brenner im Hochland wurden von nun an niedriger besteuert und durften wieder kleinere Brennblasen (Mindestkapazität 20 Gallonen oder 91 Liter) einsetzen, die sie mit schwach alkoholischen Maischen befüllten; langsames Brennen erlaubte die Herstellung eines besonders aromatischen Whiskys. Das Gesetz schrieb jedoch fest, dass nur vor Ort angebautes Getreide verwendet werden durfte; auch ein Export außerhalb der Herkunftsregion war verboten. Die Brenner in den Lowlands reagierten auf dieses Gesetz durch die Verwendung stärkerer, dickerer Maischen und die Entwicklung einer neuen, breiteren und höheren Brennblase, die besonders schnell arbeitete. Da bei schneller Destillation keine optimale Trennung von

OBEN RECHTS: *Darstellung einer Pot Still mit Kühlschlange, um 1870.*
UNTEN: *John Haig of Cameronbridge (1802-1878).*

- 1779 – Johnson & Justerini verkaufen *usquebaugh* in London / Allgemeine Steuererhöhung um 5%, Maltsteuer um 15%; Hausbrennerei in kleineren Brennblasen wieder erlaubt
- 1781 – James Watt erfindet die Dampfmaschine / Verbot der privaten Brennerei; bisher war das Brennen für den Eigenbedarf erlaubt und steuerfrei
- 1784 – Definition der Hochlandlinie und Steuersenkung, Besteuerung nach Kapazität
- 1787 – Verfassung der USA wird unterzeichnet
- 1788 – Lowland-Destillerien müssen Exporte nach England 12 Monate vorher anmelden – Produktionsausfall für mindestens ein Jahr, viele Firmen gehen bankrott
- 1789 – Ausbruch der Französischen Revolution
- 1792 – Hungersnot in Irland wegen Kartoffelfäule
- 1793 – Exekution von Ludwig XVI. / Krieg mit Frankreich beginnt; Verdreifachung der Whiskysteuer
- 1795 – Napoleon heiratet Josephine Beauharnais und erobert Norditalien / Verdopplung der Whiskysteuer, 1797 nochmalige Verdreifachung
- 1796 – Napoleon wird Konsul von Frankreich; George Washington stirbt
- 1799

Wasser und Alkohol stattfindet, litt die Qualität der Lowland-Whiskys in der folgenden Zeit. Whisky aus dem Hochland wurde zwar bei weitem höher eingeschätzt, legal war er jedoch in den Lowlands nicht erhältlich.

DIE SCHMUGGEL-ÄRA

Den Nutzen, den Reife im Fass auf Wein ausübt, entdeckte man etwa um das Jahr 1740 herum. Es kann als sicher angenommen werden, dass man im schottischen Hochland nicht sehr viel später begonnen hat, mit der Fassreifung von Whisky zu experimentieren. Der Großteil der Destillate wurde aber ungereift verkauft. Im Jahr 1814 berichteten Pubs in Glasgow stolz, dass sie Whisky aus Sommergerste schon weniger als sechs Wochen nach der Ernte ausschenkten. Ein solcher Whisky galt bei den Leuten als »bekömmlich, genießbar und in Maßen genossen medizinisch nützlich« – Lowland-Whisky dagegen wurde als abscheulich eingestuft. Ein zeitgenössischer Beobachter schrieb: »Whisky aus den Brennblasen von Kilbagie, Kermetpans und Lochryan war nur für den vulgärsten Geschmack jener, die das raue Kratzen liebten; konnte man jedoch etwas vom echten Bergtau aus Glenlivet oder Arran erhaschen, was schwierig und gefährlich war, so wurde er Gästen so sparsam ausgeschenkt wie der feinste Maraschino … und nur als Ausklang eines erstklassigen Mahles.«

In den 1790er-Jahren ergab sich eine unmögliche Situation. Die Brenner in den Lowlands überlebten mit ihren Rachenputzern, während die aus dem Hochland ihr besseres Produkt südlich der Hochlandlinie legal nicht auf den Markt bringen durften. Die mächtigen englischen Brennereien senkten ihre Preise, um die nach Süden flutende Whisky-Welle zum Versiegen zu bringen und gegen die Schotten gerichteten Druck auf die Regierung auszuüben. 1788 schließlich hatten sie Erfolg. Die Regierung erhob Steuern auf alles Mögliche – Ziegelsteine, Kerzen, Baumwollstoffe, Papier, Salz, Seife, Felle und Leder –, um den Krieg gegen Frankreich zu finanzieren. Und wenn ihnen keine neue Steuer einfiel, erhöhten sie die alten. Unterdessen wurden die Schmuggler immer tolldreister.

Ein offizieller Bericht aus dem Jahr 1790 beschreibt Schmuggler als »Banden, die mit 50, 80, 100 oder 150 Pferden mit großer Geschwindigkeit durchs Land reisen und so verwegen sind, sich bei hellem Tag selbst auf öffentlichen Straßen auch in Städten und Dörfern unbehelligt zu zeigen«.

Die Regierung hatte keinerlei Idee, wie sie mit dieser Situation umgehen sollte. 1793 wurde die Steuer verdreifacht, 1795 nochmals verdoppelt, und dies noch einmal 1800. Weitere Steuererhöhungen folgten 1804, 1811 und 1814. Das Kleinbrennereigesetz aus dem Jahr 1816 schaffte die Hochlandlinie wieder ab und erlaubte schottlandweit die Verwendung von Brennblasen mit einer Mindestkapazität von 40 Gallonen (180 Liter).

Die Landbesitzer waren zunehmend besorgt über das Anwachsen der Gewaltkriminalität im Hochland. Sie war größtenteils durch Rationierung von Nahrungsmitteln, Zwangsräumungen und Umwälzungen in der Landwirtschaft bedingt.

Verbesserte Kommunikationswege mit den Lowlands ermutigten eine Reihe von Gutsherren, eine eigene Brennlizenz zu erwerben – was natürlich Konkurrenz für die Schwarzbrenner bedeutete. Der 4. Duke of Gordon brachte das Thema 1820

- **1800** – Napoleon erobert ganz Italien / Abermalige Steuerverdopplung
- **1804** – Napoleon wird zum Kaiser gekrönt
- **1809** – Geburt von Abraham Lincoln
- **1811** – Jane Austen veröffentlicht *Sinn und Sinnlichkeit* / Zoll auf Whisky-Exporte nach England steigt
- **1814** – Im Hochland werden Brennblasen kleiner als 500 Gallonen verboten; Matthew Gloag eröffnet seinen Laden in Perth
- **1815** – Napoleon wird in der Schlacht von Waterloo geschlagen
- **1816** – Messung des Alkoholgehaltes mit dem Sykes-Hydrometer; neues Kleinbrennergesetz
- **1822** – König Georg IV. besucht Edinburgh und verleiht dem Whisky das königliche Siegel / Gesetz gegen Schwarzbrennerei
- **1824** – Lord Byron stirbt

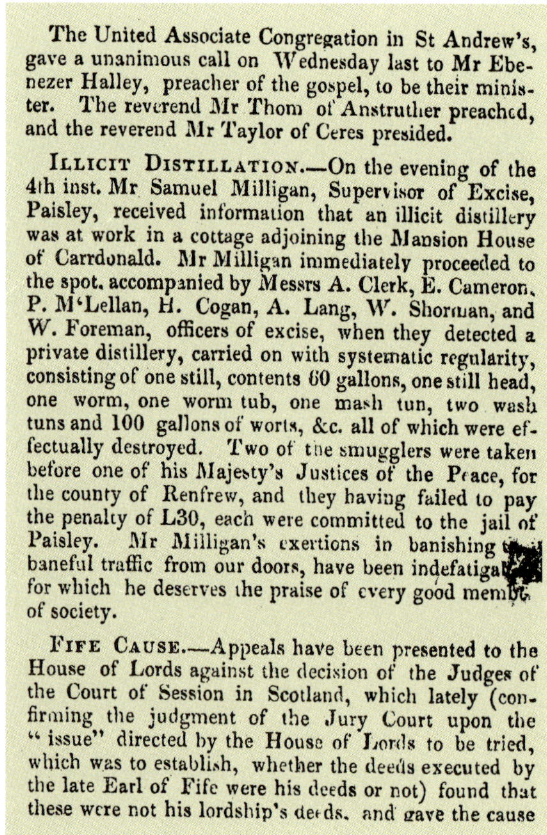

The United Associate Congregation in St Andrew's, gave a unanimous call on Wednesday last to Mr Ebenezer Halley, preacher of the gospel, to be their minister. The reverend Mr Thom of Anstruther preached, and the reverend Mr Taylor of Ceres presided.

ILLICIT DISTILLATION.—On the evening of the 4th inst. Mr Samuel Milligan, Supervisor of Excise, Paisley, received information that an illicit distillery was at work in a cottage adjoining the Mansion House of Carrdonald. Mr Milligan immediately proceeded to the spot, accompanied by Messrs A. Clerk, E. Cameron, P. M'Lellan, H. Cogan, A. Lang, W. Shorman, and W. Foreman, officers of excise, when they detected a private distillery, carried on with systematic regularity, consisting of one still, contents 60 gallons, one still head, one worm, one worm tub, one mash tun, two wash tuns and 100 gallons of worts, &c. all of which were effectually destroyed. Two of the smugglers were taken before one of his Majesty's Justices of the Peace, for the county of Renfrew, and they having failed to pay the penalty of L30, each were committed to the jail of Paisley. Mr Milligan's exertions in banishing this baneful traffic from our doors, have been indefatigable, for which he deserves the praise of every good member of society.

FIFE CAUSE.—Appeals have been presented to the House of Lords against the decision of the Judges of the Court of Session in Scotland, which lately (confirming the judgment of the Jury Court upon the "issue" directed by the House of Lords to be tried, which was to establish, whether the deeds executed by the late Earl of Fife were his deeds or not) found that these were not his lordship's deeds, and gave the cause

RECHTS: *Bericht über einen Fall von Schwarzbrennerei in der Zeitung* The Scotsman, *März 1823.*

im Oberhaus zur Sprache – er forderte eine weitere Steuersenkung und eine moderatere Haltung den legalen Destillerien gegenüber.

Unter dem Vorsitz von Lord Wallis wurde eine Untersuchungskommission ins Leben gerufen, auf deren Ergebnis und Empfehlung hin schließlich 1823 der *Excise Act* verabschiedet wurde – die Steuern wurden um mehr als die Hälfte gesenkt, die jährliche Lizenzgebühr bei 10 Pfund festgesetzt. Dieses Gesetz erlaubte dünne Maischen, führte die zollfreie Lagerung von Exportspirituosen ein und öffnete den Exporthandel für jedermann. Veränderungen, mit denen die Grundlage der modernen Whisky-Industrie geschaffen wurde. Die Brenner konnten nun mit Blick auf die bestmögliche Qualität ihre eigenen Produktionsverfahren frei wählen – den Alkoholgehalt der Maische oder auch die Größe und Bauart ihrer Brennblasen.

BLENDED WHISKY

Zwischen 1823 und 1825 stieg die Zahl der lizenzierten Destillerien in Schottland von 125 auf 329 – 100 davon sollten nicht länger als zehn Jahre Bestand haben. Viele der neuen Brennereien wurden von ehemaligen Schmugglern betrieben, auch wenn dies nicht ganz ungefährlich war. Der Erste, der eine Lizenz erwarb, war George Smith aus Glenlivet, einem Distrikt in der Region Speyside, wo Anfang der 1820er-Jahre noch 200 Schwarzbrennereien betrieben wurden. Nachbarn wollten seine neue Brennerei niederbrennen – ein Schicksal, das so manch anderen ereilte. Jahrelang ging Smith nicht ohne seine zwei Pistolen aus dem Haus.

Neue Destillerien wurden oft an Standorten erbaut, die früher von Schwarzbrennern genutzt wurden. Nicht nur wegen des dort vorhandenen Wassers, sondern auch wegen eingespielter Geschäftsbeziehung zu örtlichen Bauern. Sie verkauften Getreide und nahmen Brennrückstände als Viehfutter zurück. Aus ähnlichen Gründen wurden Brennereien in der Nähe von Viehtreibergasthöfen gegründet, wo es reichlich Kundschaft gab.

Manche Landbesitzer im Hochland bauten ihre Destillerien auf dem eigenen Anwesen, namentlich

Steuersenkung führt zu einer Zunahme lizenzierter Brennereien

1823

Robert Steins kontinuierlicher Brennapparat wird patentiert

1826

1827

Erfindung des Streichholzes

George Ballantine gründet ein Lebensmittel- und Spirituosengeschäft in Edinburgh

1830

Steuererhöhung für Spirituosen, Abschaffung der Biersteuer

William Teacher eröffnet seinen Laden in Glasgow

1831

Aeneas Coffey lässt seine verbesserte Brennanlage für Grain Whisky patentieren

1832

Der *Great Reform Act* verleiht der oberen Mittelschicht das Wahlrecht

1833

Fall von Khartum

Die erste Coffey-Brennanlage Schottlands wird in der Destillerie Grange in Alloa installiert

1836

Der große Treck der Buren in Südafrika

Lord Lovat bei Beauly, der Duke of Argyll bei Campbeltown (wo zwischen 1823 und 1837 siebenundzwanzig Brennereien entstanden), Mackenzie of Seaforth auf der Insel Lewis und Campbell of Shawfield auf Islay. Nachdem der Schmuggel zurückgedrängt war, hofften alle auf ein profitables Geschäft – die Zahl der Verurteilungen fiel von 14 000 im Jahr 1823 innerhalb von neun Jahren auf nur noch 85. Dennoch: dem explosionsartigen Produktionsanstieg von 3 auf 10 Millionen Gallonen (45,5 Millionen Liter) von 1823 bis 1828 stand bei weitem keine entsprechende Nachfrage gegenüber.

Die Wirtschaftskrise von 1829 wie auch der Druck der englischen Brauer und Brenner brachten die Regierung des Duke of Wellington dazu, die Spirituosensteuer wieder zu erhöhen und die Biersteuer im Jahreshaushalt von 1830 abzuschaffen. Die Brenner in den Lowlands ließen sich davon nicht erschrecken. Einige von ihnen hatten bereits erfolgreich mit der kontinuierlichen Destillation experimentiert. Dieses Verfahren verwendete völlig andere Brennapparate – es wurde erstmals 1827 als Erfindung von Robert Stein patentiert und 1830 von Aeneas Coffey, einem früheren Finanzinspektor in Dublin, perfektioniert. Sie produzierten einen mit 94-96 Vol.-% besonders alkoholreichen, reinen Neutralsprit in kürzester Zeit, da sie nicht nach jedem Brennvorgang gereinigt und neu befüllt werden mussten.

Inzwischen quälte das Hochland eine Serie von Missernten, die vom Ende der 1830er-Jahre bis 1850 andauerten. Hinzu kam die Kartoffelfäule Ende der 1840er-Jahre. Zwischen 1835 und 1844 fiel die Zahl der lizenzierten Destillerien von 230 auf 169 – viele Firmen gingen bankrott.

Große wie kleine Brennereien verkauften ihre Produkte fassweise. Grain Whisky aus dem erwähnten Patent-Brennapparat hatte seinen Markt bei ärmeren Schichten in den zentralen Lowlands, doch der überwiegende Teil ging zur Weiterverarbeitung zu Gin nach England. Einige Brenner arbeiteten mit Agenturen zusammen; die meisten verkauften direkt an Wein- und Spirituosenhändler, die den Whisky in bis zu 45 Liter fassenden Steinkrügen oder, nach 1845, zunehmend in Flaschen an ihre Kunden verkauften. Früher war Glas zu teuer gewesen – im genannten Jahr jedoch wurde die Steuer darauf abgeschafft.

Viele Spirituosenhändler handelten auch mit Lebensmitteln. Sie verkauften Tee und Kaffee und vieles andere. Matthew Gloag, dessen Enkel später den Blend Famous Grouse kreierte, eröffnete um das Jahr 1814 seinen eigenen Laden. Charles Mackinlay war 1824 Lehrling bei der Tee-, Wein- und Spirituosenhandlung Walker, Johnston & Co. Johnnie Walker eröffnete sein Lebensmittelgeschäft 1820 in Kilmarnock, George Ballantine 1827 in Edinburgh und James Chivas im selben Jahr in

VON LINKS OBEN:
George Ballantine (1809-1891), Johnnie Walker (1805-1857), Andrew Usher II. (1826-1898) und John Dewar (1806-1880).

1837 – Victoria besteigt den Thron am 20. Juni 1837

1839 – James Chivas gründet seine Handelsfirma in Aberdeen

1840 – Einführung der *Penny Post*

1843 – Stapellauf der SS Great Britain

1846 – John Dewar macht sich als Wein- und Spirituosenhändler in Perth selbständig

1847 – Gründung der Firma Charles Mackinlay & Co.

1850 – Robert Louis Stevenson wird geboren

1850 – Arthur Bell wird Mitinhaber der Firma seines Arbeitgebers, die er später ganz übernimmt

1851 – Wiederaufbau von Schloss Balmoral unter Leitung von Prinz Albert

1851 – Der erste echte Blended Whisky von Andrew Usher; weitere Steuererhöhung

1853

RECHTS: *Abfüllhalle für »Old Vatted Glenlivet«, Usher, Edinburgh.*

Aberdeen. 1828 ging John Dewar nach Perth, um dort im Wein- und Spirituosengeschäft eines Verwandten zu arbeiten. Arthur Bell war anfangs Handlungsreisender bei Thomas Sandeman, einem Weinhändler in Perth.

Das Mischen von Whiskys aus verschiedenen Destillerien wurde schon lange praktiziert, ja sogar das Mischen von Whisky mit anderen Spirituosen oder Kräutern. Doch immer mit dem Ziel eines billigeren Getränks, dessen Qualität in jedem Fall angezweifelt worden wäre. Man kann aber davon ausgehen, dass auch mit besseren Whiskys Mix-Experimente durchgeführt wurden. 1853 wurde das Vermischen von Whiskys verschiedener Altersstufen, die jedoch aus derselben Destillerie stammten, rechtlich gestattet und der Besteuerung unterworfen – ein solches Produkt wird als »Vat« bezeichnet, seine Herstellung als »Vatting«.

Im selben Jahr brachte die Firma Andrew Usher and Company, die Agentur für Smith's Glenlivet mit Sitz in Edinburgh, den ersten schottischen Markenwhisky heraus. Sein Name: »Usher's Old Vatted Glenlivet«.

Das Verschneiden verschiedener Malts mit billigerem, geschmacklich zurückhaltenderem Grain Whisky war der nächste logische Schritt. Ihn gingen als Erste Andrew Usher jr., Charles Mackinlay und W. P. Lowrie. Ein neues Gesetz aus dem Jahr 1860 erlaubte das Verschneiden unter Zollverschluss, so dass nun erstmals größere Mengen an Blended Whisky hergestellt werden konnten.

Blended Whisky bot drei große Vorteile: Er sprach mehr Verbraucher an als die stark aromatischen, rauchigeren Malts oder die rauen Grain Whiskys jener Zeit, er konnte nach einem bestimmten »Rezept« hergestellt und damit eine geschmackliche Kontinuität erreicht werden, und er ließ sich konstengünstig herstellen.

Der Auf- und Ausbau des Eisenbahnnetzes verschaffte den Spirituosenhändlern Zugang zu den Whisky-Herstellern und ermöglichte ihnen zugleich, ihre Märkte zu erweitern.

Die Aufhebung eines Gesetzes im Jahr 1845 öffnete auch die Exportmärkte in den Kolonien und den Ländern des britischen Staatenbundes – nur zehn Jahre später wurden relativ große Mengen

- **1854** Ausbruch des Krimkrieges; Steuererhöhung; Eisenbahnbau zwischen Aberdeen und Huntly
- **1856** Erstes Handelsabkommen zwischen Grain-Herstellern
- **1859** Arthur Conan Doyle wird geboren
- **1860** Steuererhöhung; Verschneiden wird unter Zollverschluss erlaubt, dramatische Zunahme der Verschnitte (Blends)
- **1863** Eröffnung der Strathspey-Eisenbahn, weiterer Ausbau des Verkehrsnetzes
- **1863** John Dewar verwendet erstmals Etiketten aus Papier
- **1865** Ende des amerikanischen Bürgerkrieges; die Konföderierten ergeben sich
- **1867** Alexander Walkers schräges Etikett wird als Markenzeichen eingetragen
- **1869** Eröffnung des Suezkanals
- **1870** Reblauskatastrophe in Frankreich; Kriegsausbruch zwischen Frankreich und Preußen; Ausrufung der Dritten Republik in Paris

an Grain Whisky nach Kanada, Indien, Neuseeland und Südafrika ausgeführt.

Ende des 19. Jahrhunderts und noch bis Ende der 70er-Jahre des 20. Jahrhunderts wurden rund 99% des Malt Whisky für die Herstellung von Blends verwendet – sie hievten den Scotch auf die Weltbühne.

Sir Robert Usher, der Sohn von Andrew Usher jr., schrieb 1908: »Vor 1860 wurde nur wenig Scotch Whisky nach England verkauft (d. h. nicht für die Ginproduktion exportiert), doch anschließend stieg der Handel sprunghaft.« Sir Winston Churchill, ein leidenschaftlicher Whiskytrinker, sah es 1945 so: »Mein Vater hätte nie Whisky getrunken, außer vielleicht bei der Jagd im Hochmoor oder an irgendwelchen langweiligen, kalten Plätzen. Er lebte im Zeitalter von Brandy mit Soda.«

Dank des Verschneidens wurde es möglich, große Mengen eines Produkts von immer gleich bleibender Qualität zu erzeugen, das viele Menschen durch seinen Geschmack ansprach. Da sich die Kunden nun auf die Beständigkeit ihres Lieblingswhiskys verlassen konnten, war der Herstellung und Vermarktung einer großen Palette an Markenwhiskys Tür und Tor geöffnet. Der extensive Ausbau der Bahnnetze in Europa und den USA und die schneller und zuverlässiger gewordenen Dampfschiffverbindungen trugen das ihre dazu bei, einen Weltmarkt zu öffnen.

DER WHISKY-BOOM

Die 70er- und 80er-Jahre des 19. Jahrhunderts waren eine Ära großen Vertrauens in Schottland. Da die Menschen dem Vorbild der damaligen Monarchin folgten, kam alles Schottische in Mode.

Diese Ära brachte eine große Zahl bemerkenswert fähiger Schotten in Politik, Architektur, Wissenschaft und Wirtschaft hervor, darunter auch im Whiskygeschäft. Viele der Marken, die damals entstanden, sind noch heute geläufige Namen. Namen von Männern wie John und Thomas Dewar (Dewar's White Label), James Buchanan (Black & White), Alexander Walker (Johnnie Walker), Peter Mackie (White Horse) und Thomas Sandeman (VAT 69). Ihre Durchsetzungsfähigkeit war phänomenal, doch ihre Anstrengungen wurden auch von der Natur unterstützt – in Form der kleinen Reblaus, der *Phylloxera vastatrix*. Ab Mitte der 1860er-Jahre wurden die Weinbaugebiete Frankreichs von dieser Pest heimgesucht und verwüstet, nach 1880 auch die Rebhänge der Grande Champagne. Die Cognac-Produktion kam zum Erliegen und beraubte die englische Mittelklasse ihres Lieblingsdrinks – »Brandy mit Soda«. Blended Whisky war rechtzeitig zur Stelle, um den Cognac zu ersetzen.

Nicht alle Käufer von Fasswhisky waren so gewissenhaft wie die Unternehmen, die Blended Whisky herstellten. Als Whisky immer beliebter wurde, kauften schlichte Pubs und Spirituosenläden den billigsten Sprit, den sie auftreiben konnten, und panschten ihn so lange, bis er einigermaßen trinkbar war. Pflaumenwein und Sherryessenz wurden hineingekippt, um Fuselöle zu verdecken; Glyzerin, Karamel und grüner Tee sollten für Körper und Farbe sorgen; für Süße und Geschmack wurden Weinsäure, Essigsäure, Zucker, Ananas- und andere Fruchtessenzen eingesetzt. Es gab noch schlimmere Zutaten, etwa Terpentin, Lack, Naphtha, ja sogar Schwefelsäure. Das alles war völlig legal, doch in den 1870er-Jahren kamen

1873 – Erfindung des Rasentennis

1874 – Erste Impressionistenausstellung in Paris

1876 – Alexander Graham Bell erfindet das Telefon

1877 – Die Distillers Company Limited wird gegründet

1879 – Ausbruch des Zulu-Krieges; die britische Armee wird bei Isandhlwana geschlagen
Gordon Graham & Co., Aberdeen, lassen die *Black Bottle* registrieren

1880 – Johnnie Walker etabliert sich in London; ein Gericht legt fest: Nur die Firma George and J. G. Smith darf den Namen *The Glenlivet* verwenden

»Der Gedanke, dass wir alle vielleicht einen Geschmack für Whisky entwickeln können, wird bei vielen Unternehmen ein spöttisches Lächeln auslösen – nicht so bei Gutsherren, Farmern, Wildhütern und Stadtverordneten, die das goldene Zeitalter noch kennen gelernt haben, als die ›Jahrgänge‹ des Nordens ihre Liebhaber fanden.«

(Aeneas MacDonald, *Whisky*, 1930)

ernsthafte Bedenken auf. Charles Cameron, Herausgeber der Zeitung *North British Daily Mail* und von der Ausbildung her Arzt, recherchierte die schlimmsten Auswüchse von Panscherei in Glasgow. Er versicherte sich der Mithilfe des Chemikers Dr. James Gray, und gemeinsam trugen sie Whiskyproben zusammen. Die Resultate veröffentlichten sie 1872 in der *Mail.* Dies provozierte lautes Protestgeschrei unter anderem seitens der lizenzierten Hersteller, so dass die Affäre bald im Sande verlief. Weitere Proben wurden von dem Industriechemiker R. R. Tatlock analysiert, was aber keine schlechten Ergebnisse brachte, so dass angenommen werden kann, dass die Panscherei irgendwann aufhörte.

Einen Effekt hatte sie jedenfalls, und zwar auf Marken und Marketing: Immer mehr Flaschen mit Korken und Metallkapsel wurden verwendet, Qualitätsbezeichnungen wie »pure«, »fine old« auf den Etiketten angegeben, die Namen der Brenner, Blender und Händler genannt und häufige Qualitätskontrollen durchgeführt.

In den 60er-Jahren des 19. Jahrhunderts wurden zahlreiche Destillerien umgebaut und modernisiert. Innerhalb dieses Jahrzehnts verdoppelte sich die Produktion. 1877 wurde ein neuer Umsatzrekord erreicht, was zu weiterer Bautätigkeit führte. In den 1870er- und 80er-Jahren wurden 11 Destillerien eröffnet, meist von Blending-Unternehmen. Bei allem Erfolg führte die hohe Produktivität der kontinuierlichen Brennapparate zu Überkapazitäten und destabilisierte den Markt.

1877 verschmolzen die wichtigsten Hersteller von Grain Whisky – Port Dundas, Carsebridge, Cameron Bridge, Glenochil, Cambus, Kirkliston – zur Distillers Company Limited (DCL), zur Selbstregulierung und der Vermeidung eines »Handelskrieges«.

Zwischen 1884 und 1888 führte eine Wirtschaftsdepression zu einer Reihe von Fusionen und Übernahmen, die die Verbindung zwischen Brennern und Blendern stärkten. 1885 brachten Spirituosen dem Fiskus knapp 14 Millionen Pfund.

Im ausgehenden 19. Jahrhundert war die Nachfrage nach Blends so groß, dass eine neue Destillerie nach der anderen aus dem Boden schoss. Die bevorzugte Lage war die Region Speyside: Der elegante, süße und komplexe Stil der »Glenlivet-Whiskys«, wie sie damals auch genannt wurden, erfüllte die Anforderungen der Blender besser als die robusteren Malts von der Westküste oder

RECHTS:
Die charakteristischen Pagodendächer der Destillerie Strathisla.

1880
Erstes Tennismatch zwischen England und Australien

1881
Abschaffung der Prügelstrafe in der britischen Marine und Armee

James Whyte und Charles Mackay etablieren sich als Whiskyhändler und lassen ihre Marke *Whyte & Mackay Special Reserve* registrieren

1882
R. L. Stevenson veröffentlicht *Die Schatzinsel*

William Sanderson kreiert den *Vat 69*
James Buchanan den *Black & White*

1883
James Logan Mackie kreiert *White Horse*

1884
Mark Twain veröffentlicht *Huckleberry Finn*; Einweihung der Londoner U-Bahn

1885
Arthur Bells Söhne übernehmen das Geschäft

1887
Königin Victorias goldenes Jubiläum

Gründung der Firma *Highland Distilleries*

die weniger ausdrucksstarken Malts aus den Lowlands.

Zwei Jahrzehnte zuvor hatten die Blender nach kräftigen, torfigen Malts von den Inseln und aus Campbeltown verlangt, die einen großen Anteil an Grain Whiskys vertragen konnten – bis zu 95 %. Nur eine Hand voll Whiskys wurden unverschnitten als Single Malts vermarktet, etwa Smith's Glenlivet, Caol Ila, Springbank und Bowmore.

Die Nachfrage nach leicht getorften Malts führte zur Entwicklung hoher Malzdarren mit Pagodendächern – seither ein architektonisches Erkennungszeichen fast jeder Malt-Whisky-Destillerie. Der Schriftsteller Alfred Barnard schrieb auf seiner Reise zu den Destillerien in den 1880er-Jahren: »Die Höhe der Dächer soll von großem Vorteil sein, wo nur Torf zum Feuern verwendet wird. Dieser gibt dem Malt ein delikates Aroma, ohne Koks verwenden zu müssen, um einen zu käftigen Geschmack zu vermeiden.«

In den späten 1880er-Jahren machte Malt aus der Brennblase 37 % der in Schottland hergestellten Spirituosen aus. Der Rest war Grain Whisky aus Patent-Brennanlagen. Die Marktdominanz der Hersteller von Grain Whisky und der Blender machte die unabhängigen Malt-Destillerien nervös. 1890 wollten sie die Definition von Scotch Whisky auf Produkte aus Brennblasen beschränkt wissen. Ein Komitee unter Vorsitz von Sir Lionel Playfair wurde einberufen, das den Antrag schließlich abschmetterte – es wurde erlaubt, auch Blended Whisky als »Scotch« zu bezeichnen. Für die Blender sah nun alles rosig aus: Riesige Lagerbestände wurden aufgebaut, die Produktionsmenge sprang von 19 Millionen Gallonen (85 Millionen Liter) 1889 innerhalb von zehn Jahren auf fast das Doppelte.

Die Seifenblase platzte auf dramatische Weise mit dem Zusammenbruch des extravagantesten Blending-Unternehmens: Pattison, Elder & Company in Leith. Die extrovertierten Geschäftsführer Walter und Robert Pattison hatten die Kosten in die Höhe getrieben: 1898 sollen sie 60 000 Pfund allein für Werbung ausgegeben haben. Robert Pattison gab auch ein Vermögen für sein Haus bei Peebles aus.

Es lag etwa 35 Kilometer von Edinburgh entfernt, und wenn Pattison die letzte Bahn nach

LINKS: *Kühne Werbung für Pattison's Whisky, 1897. Zwei Jahre später ging die Firma bankrott.*
UNTEN: *Haigs typische »Pinch« oder »Dimple«-Flasche, die erste Flaschenform, die in den USA patentiert wurde.*

1889 – Jerome K. Jerome veröffentlicht *Drei Mann in einem Boot*

1890 – Einweihung der Eisenbahnbrücke über den Forth, eines der »sieben Wunder der modernen Welt«

Karl Benz baut sein erstes Auto

1893 – *Dimple/Pinch* wird als erste Marke der Firma Haig & Haig eingetragen

Rudyard Kipling veröffentlicht das *Dschungelbuch*

Matthew Gloag stellt *The Grouse Brand* vor, der 1900 in *The Famous Grouse* umbenannt wird.

1894 – Lumière erfindet die erste Filmkamera

1895

Erste magnetische Tonaufzeichnung

1899 – Konkurs der Firma Pattison, Elder & Company in Leith

Hause verpasst hatte, soll er einen ganzen Zug gechartert haben! Zu Finanzierungszwecken verkauften die Brüder Lagerbestände, die sie später zu überhöhten Preisen zurückkauften, überbewerteten ihre Aktivposten und zahlten Dividenden aus dem Kapitalstock. Als die Firma 1899 in Liquidation ging, wurde ein Fehlbestand von 500 000 Pfund festgestellt – ihre gesamten Aktiva waren nicht einmal die Hälfte wert.

MALT WHISKY

Der Whisky-Boom des ausgehenden 19. Jahrhunderts wäre wahrscheinlich auch ohne den Bankrott der Pattisons zum Stillstand gekommen. Lagerbestände und Produktionsmengen waren nicht im Gleichgewicht mit dem Absatz. Außerdem gab es nach 1900 einen dramatischen Verfall der britischen Wirtschaft. Die Zahl der in Betrieb befindlichen Destillerien fiel zwischen 1899 und 1908 von 161 auf 132. In dieser Zeit wurde es immer schwieriger, die großen Vorräte an ausgereiftem Malt Whisky noch mit Gewinn zu verkaufen. Die Brenner wurden nervös, da sie völlig von der Fähigkeit der Blender abhingen, Neukunden zu gewinnen, und trauerten der Zeit nach, als die Brennereien den Markt kontrollierten.

In dem Bemühen, einen Rest an Marktmacht wiederzugewinnen, forderten sie die Beschränkung der Bezeichnung »Whisky« auf Malt Whisky allein und lancierten 1903 eine entsprechende Pressekampagne. Die Debatte ging weiter bis 1905 – im Oktober dieses Jahres wurden im Londoner Stadtteil Islington zwei Spirituosenhändler angeklagt, Whisky verkauft zu haben, der »nicht von der geforderten Art und Qualität« war. Ihre Blends enthielten nur 10 % Malt gegenüber 90 % Grain. Obwohl die DCL die Verteidigung bezahlte, verloren sie – im Februar 1908 wurde auf Antrag aller Betroffenen eine königliche Kommission ins Leben gerufen, um Whisky und andere Spirituosen klar zu definieren. Im Juli 1909 wurde entschieden, dass der Begriff »Scotch Whisky« Malt, Grain und Blended Whisky umfasst, unabhängig davon, wie wenig Malt in einem Blend enthalten war.

Als die Frage »Was ist Whisky« endlich beantwortet war, sah sich die Industrie vor einem weit schwerer wiegenden Problem. Im April 1909 präsentierte Schatzkanzler Lloyd George seinen »Volkshaushalt«. Neben anderen Reformen wurden ein Rentensystem und eine Arbeitslosenver-

UNTEN: *Diese Werbung der Dalmore Distillery erläutert die Feststellungen der* Royal Commission on Whisky.

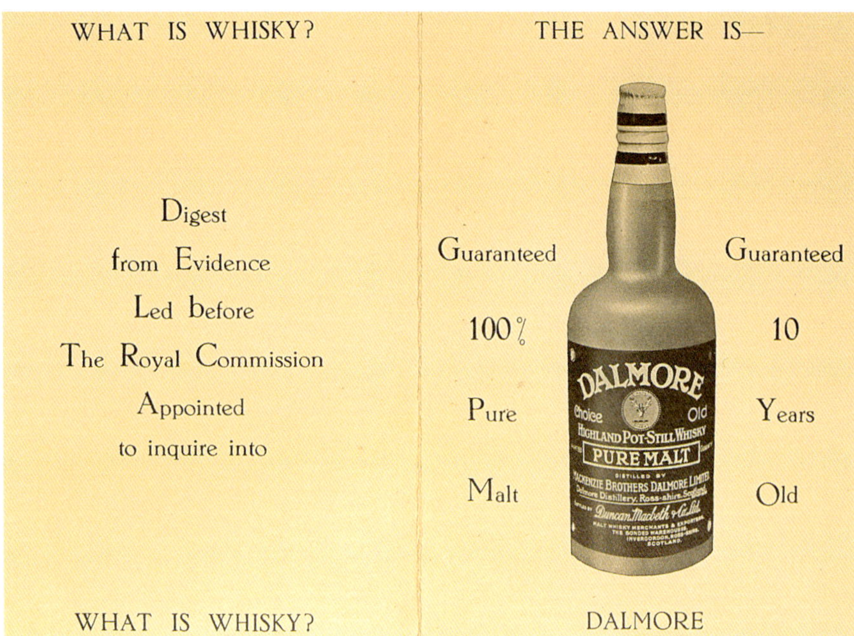

1900 – Joseph Conrad veröffentlicht *Lord Jim* / Steuererhöhung

1901 – Queen Victoria stirbt; Eduard VII. besteigt den Thron

Ausbruch des Russisch-Japanischen Krieges / Arthur Bell & Sons führen die Marke *Bell's Special Reserve* ein

1904

Paul Cézanne malt die *Badenden*; Erfindung der Neonwerbung – die größte wirbt für Dewar's Whisky / Dewar's bringt *White Label* auf den Markt; der »Was ist Whisky« Fall vor dem Gerichtshof von Islington

1905

1906

H. H. Asquith wird Premierminister, mit Lloyd George als Schatzkanzler / Königliche Kommission entscheidet, dass Grain, Malt und Blended Whiskys als »Whisky« bezeichnet werden dürfen

1908

1909 – Einführung von Johnnie Walkers Marken *Red Label* und *Black Label*; im Volkshaushalt werden die Steuern angehoben

Tod von Eduard VII., sein Nachfolger wird Georg V.

1910

sicherung eingeführt und die Spirituosensteuern um ein Drittel erhöht. Peter Mackie von White Horse kommentierte: »Das ist der Haushalt eines Spinners, nicht der eines Staatsmannes. Doch was kann man von einem walisischen Rechtsanwalt ohne Wirtschaftsausbildung als Schatzmeister auch mehr erwarten?« Der Haushalt wurde im Oberhaus zunächst abgelehnt, nach Neuwahlen jedoch angenommen. Ein zeitgenössischer Beobachter schrieb später: »Von diesem Tag an krankte der heimische Markt, der fortan kontinuierlich schrumpfte.«

Es sollte noch schlimmer kommen. Im August 1914 brach der Erste Weltkrieg aus, und als es bis Weihnachten noch nicht nach dem erwarteten Sieg aussah, kam der britische Vormarsch in Flandern ins Stocken – die Munitionsknappheit wurde zu einem nationalen Skandal. Die Regierung suchte einen Sündenbock, den sie in den Arbeitern der Waffen- und Munitionsfabriken fand – ihnen wurde vorgeworfen, wegen übermäßigen Alkoholkonsums zuviel Ausschuss zu produzieren.

»Das Trinken richtet im Krieg mehr Schaden an als alle deutschen U-Boote zusammen«, sagte Lloyd George und schlug eine Verdopplung der Steuer vor. Als das Parlament rebellierte, richtete er eine zentrale Kontrollbehörde ein, die mehr oder weniger das Management der Whisky-Industrie übernahm. 1916 senkte sie die Produktion von Malt um 30% und verbot sie im folgenden Jahr ganz. Sie schrieb auch einen Alkoholgehalt von 40 Vol.-% vor, beziehungsweise 26 Vol.-% in »Munitionsgebieten«.

1918 wurden der Export untersagt, die Steuern verdoppelt und Preise festgesetzt, damit die Steuererhöhung nicht vom Hersteller an den Verbraucher weitergegeben werden konnte. Der inländische

Whiskykonsum fiel auf 10 Millionen Gallonen (45 Millionen Liter), und trotz Aufhebung des Brennverbotes 1919 sank die Gesamtproduktion auf 13 Millionen Gallonen (59 Millionen Liter).

PROHIBITION

Im Herbst 1920 geriet die Weltwirtschaft in eine zehn Jahre währende Rezession. Im selben Jahr

OBEN LINKS. *Der Haushalt des Jahres 1909 – 16 Millionen Pfund aus der Besteuerung von Scotch zugunsten von Sozialreformen.*

1912	1913	1914	1915	1916	1917	1918	1919	1920
Untergang der *Titanic*		Erzherzog Franz Ferdinand wird ermordet, Ausbruch des Ersten Weltkriegs		Lloyd George wird Premierminister	Beginn der Brotrationierung	Ende des Ersten Weltkriegs		
Erfindung des wiederverwendbaren Stopperkorkens			Einrichtung einer Spirituosen-Kontrollbehörde; Buchanan und Dewar fusionieren		Gründung der *Whisky Association*	Steuerverdopplung	Weitere drastische Steuererhöhung durch Chamberlain; Chamberlain erhöht die Abgaben auf Spirituosen abermals	

RECHTS: »*Speakeasy*«: *illegale Bar in New York während der Prohibition.*

verbot die US-Regierung den Import alkoholischer Getränke (ausgenommen für medizinische Zwecke) und untersagte die Destillation in den USA.

Paradoxerweise legte gerade die Prohibition die Basis für den phänomenalen Erfolg von Scotch Whisky in den Vereinigten Staaten – sie regte die Nachfrage nach Qualitätsspirituosen an. Whiskyfirmen arbeiteten mit Agenturen in der Karibik zusammen, die Scotch legal importierten und dann mit kleinen Schnellbooten in die USA schmuggelten. Die Whiskyimporte der Bahamas etwa schnellten von 540 000 Litern im Jahr 1918 innerhalb von vier Jahren auf 1,75 Millionen Liter hoch. Die kleinen französischen Kolonien St. Pierre und Miquelon importierten 1922 539 000 Liter Scotch – eine ansehnliche Menge bei einer Bevölkerungszahl von 6 000!

Der schwarz gebrannte »Moonshine-Whisky« in den USA war von minderer Qualität, so dass die Nachfrage nach gutem Scotch enorm war. Ein bekannter Schmuggler war Captain Bill McCoy, den Berry Bros & Rudd als Agenten für ihren Cutty Sark einstellten – sein Name wurde zum Synonym für guten Whisky: »The Real McCoy«.

Der Großteil des Scotch, der den Weg in die illegalen Bars fand, wurde von den Wirten dieser *Speakeasies* stark verdünnt. Aus diesem Grund bevorzugten die Schmuggler dunklen Whisky mit kraftvollem Geschmack, den man ohne großen Aromaverlust verwässern konnte. Die schweren Malts aus Campbeltown waren besonders begehrt, und die Brenner der früheren selbst ernannten »Whisky-Hauptstadt« verschifften ihre Produkte nur zu gern gleich direkt in die Karibik. Leider überstieg die Nachfrage ihre Ressourcen, und so begannen sie, die Qualität der Quantität zu opfern. In den 20er-Jahren verschwanden 16 Campbeltown-Destillerien von der Bildfläche.

DIE TURBULENTEN JAHRE

Zu dieser Zeit wurde nur wenig Whisky als Single Malt abgefüllt. Fast die gesamte Produktion ging in Blends ein. Der Rest wurde meist von Spirituosenhändlern und unabhängigen Abfüllern lokal vermarktet, namentlich Gordon & Macphail aus Elgin und William Cadenhead aus Edinburgh.

Es gab auch Ausnahmen: Cardhu (früher Cardow), Craigellachie, Glenfarclas, The Glenlivet, Glenmorangie, Glen Grant, Highland Park, Lagavulin, Laphroaig, Macallan und Talisker bei-

1922 – *Ulysses* von James Joyce wird in Paris veröffentlicht; in Europa kommen Cocktails in Mode

1923 – P. G. Wodehouse veröffentlicht *Jeeves rettet die Situation*
John Haig & Co. fusioniert mit der DCL

1924 – *British Imperial Airways* nimmt den Flugbetrieb auf
Buchanan-Dewars und John Walker fusionieren ebenfalls mit der DCL

1925 – Bei White Horse wird der Schraubverschluss erfunden

1926 – Generalstreik; A. A. Milne veröffentlicht *Pu der Bär*

1927 – White Horse Distillers wird von der DCL aufgekauft

1928 – Feldmarschall Haig stirbt; D. H. Lawrence veröffentlicht *Lady Chatterleys Liebhaber*

1929 – Börsencrash an der Wall Street, die große Depression beginnt
Hiram Walker aus Ontario kauft die Destillerie Glenburgie-Glenlivet; *J & B Rare* und *Cutty Sark* werden für den US-Markt kreiert

1930 – Haile Selassie wird Kaiser von Äthiopien

spielsweise wurden alle in kleinen Mengen vom Hersteller abgefüllt, waren aber schwer zu bekommen. Professor George Saintsbury schrieb in seinen *Notes on a Cellar Book* (1921) über seinen Kellerbestand in Edinburgh vor dem Ersten Weltkrieg: »Ich hatte ein Fass und Krüge mit Clyne Lish, Smith's Glenlivet, Glen Grant, Talisker und eine Inselmarke wie Lagavulin, Ardbeg Caol Ila etc. … Ben Nevis ist weniger hervorstechend im Geschmack als die Letzteren, eignet sich aber gut zum Verschneiden. Glendronach, von dem ich vor 40 Jahren keine hohe Meinung hatte, hat sich später sehr verbessert …«

Bis 1913 wurden alle Flaschen wie Wein mit einem Korken verschlossen. In jenem Jahr erfand William Manera Bergius, der 1923 Geschäftsführer von William Teacher & Sons wurde, den wiederverwendbaren »Stopperkorken«. Jahrzehntelang wurde Teacher's Highland Cream mit dem Slogan »Bury the Corkscrew« beworben – Korkenzieher überflüssig. 1926 führte White Horse den Schraubverschluss aus Metall ein, eine Innovation, die der Firma eine Absatzverdopplung innerhalb von sechs Monaten bescherte.

Die Produktion von Malt stieg von 1927 bis 1930 von 25 auf knapp 40 Millionen Liter – allerdings auf Kosten eines Preisverfalls. Die Depression beutelte den Absatzmarkt: 1932 fuhr die DCL ihre Produktion um 25% herunter. Bis 1932 fiel die Produktion unter 10 Millionen Liter, weniger als die Hälfte des Vorjahresergebnisses. In diesem Jahr schlossen alle Malt-Destillerien ihre Pforten, außer Glenlivet und Glen Grant.

Anfang der 30er-Jahre kommentierte Sir Alexander Walker, der Geschäftsführer von Johnnie Walker: »Ein kompletter Produktionsstopp würde die Regierung und den Kanzler den Effekt ihrer indifferenten Politik spüren lassen und Farmer und andere Interessierte dazu anregen, mehr zu unternehmen als bisher.« Getan wurde jedoch nichts.

Präsident Roosevelt hob 1933 die Prohibition auf, und die Wirtschaft in Großbritannien begann sich allmählich wieder zu erholen. Die gesamte Whiskyproduktion war 1935 wieder bei 114 Millionen Litern, 1938 waren es gar 136 Millionen Liter. Der Kriegsausbruch 1939 führte wiederum zu Steuererhöhungen, und der Mangel an Importgetreide zwang 1941 zur Schließung sämtlicher Grain-Destillerien. Es blieben 72 Malt-Brennereien in Betrieb. 1942 gab es noch 44 Brennereien, 1943/44 keine mehr.

Schon vor Ende der Feindseligkeiten erkannte das Kriegskabinett die Bedeutung von Whisky als Devisenbringer, mit dem sich die Schulden den USA gegenüber verringern ließen. 1945 machte Winston Churchill folgende Notiz: »In keinem Fall die Gerstenmenge für Whisky reduzieren. Dieser braucht Jahre zur Reifung und ist ein unschätzbares Exportgut und Dollarproduzent.« Doch die im folgenden Jahr gewählte Labour-Regierung war entschlossen, in die Wirtschaft einzugreifen. Sie gab zwar mehr Gerste frei, erhöhte aber die Steuern 1948 um 31%. 1950 gab es ausreichende Gerstenvorräte, um die Produktion wieder auf Vorkriegsniveau hochfahren zu können, doch die Bestände an ausgereiftem Whisky waren gering. Lange Zeit stillgelegte Destillerien wurden wiedereröffnet (etwa Tamdhu, Blair Athol, Tullibardine, Pulteney und Bladnoch). 1957 wurde, bei

Präsident Roosevelt ruft das Ende der Prohibition aus

1932

Neue Gesetzesvorschrift legt fest, dass Scotch Whisky mindestens drei Jahre reifen muss

Adolf Hitler wird Kanzler

1933

James Buchanan stirbt; sein Besitz wird mit über 7 Millionen Pfund bewertet

1935

Hiram Walker übernimmt George Ballantine & Co.

Georg V. stirbt; sein Nachfolger wird Eduard VIII., der später abdankt; auf ihn folgt Georg VI.

1936

Weitere Steuererhöhungen

Ausbruch des Zweiten Weltkriegs

1939

Churchill wird Premierminister; Italien erklärt Frankreich und Großbritannien den Krieg

1940

Glen Keith, erstmals seit 1900 eine neue Brennerei erbaut. Die Distillers Company Limited erhöhte die Zahl der Brennblasen in ihren Betrieben um mehr als die Hälfte.

Expansion, Umbau und Neubau gingen weiter bis in die 60er-Jahre. Glenturret, Benriach, Jura und Caperdonich wurden wiedereröffnet. Tomintoul, Tamnavulin, Loch Lomond, Deanston, Glen Flagler, Ben Wyvis und Ladyburn wurden erbaut. Glenfarclas verdoppelte sein Produktionsvolumen, ebenso wie Bunnahabhain, Dalmore, Fettercairn, Knockdhu, Glen Spey und Tomatin. Es war eine Ära ohnegleichen, die sich bis 1976 fortsetzte, als vier neue Brennereien gebaut wurden: Braes of Glenlivet (heute Braeval), Allt a Bhainne, Pittyvaich und Auchroisk.

1975/76 gab es wieder einen scharfen Rückschlag, ausgelöst durch die Ölkrise und das Ende des Vietnamkrieges, der die US-Wirtschaft angekurbelt hatte. Ab 1977 ging es wieder aufwärts, bis die Weltwirtschaft 1979 abermals in eine tiefe Rezession fiel. Die Nachfrage nach Scotch ging auch in viel versprechenden neuen Märkten wie Europa und Japan leicht zurück, während sie in den USA von 1978 bis 1980 um über 18 Millionen Liter absackte. In Großbritannien wurde die Mehrwertsteuer von 8 auf 15% angehoben, was zusammen mit höheren Abgaben den Whisky enorm verteuerte.

1983 und 1985 schloss die Distillers Company Limited 21 von 45 Destillerien – 14 wurden nie wieder eröffnet. Andere Betreiber folgten: Zwischen 1981 und 1986 wurden weitere acht Destillerien zumindest vorläufig stillgelegt.

RECHTS: *Werbung für den »Black & White« von Buchanan, Weihnachten 1948.*

OBEN: *Ballantine's-Flasche um 1940, geborgen aus dem Wrack der vor Eriskay in den Äußeren Hebriden 1941 auf Grund gelaufenen* SS Politician *(dieses Ereignis inspirierte den Roman* Whisky Galore*).*

AUSBLICK

Bis in die 80er-Jahre waren Single Malt Whiskys außerhalb Schottlands wenig verbreitet. Viele waren sogar in Schottland nur regional erhältlich. Der Anstoß zur Förderung von Malt kam von unabhängigen Whiskyfirmen, die sich von der sinkenden Zahl unabhängiger Blender bedroht sahen. Großunternehmen waren schon immer gegen die Förderung von Malt Whiskys, schließlich war ihr Erfolg auf Blends gebaut.

1963 beschlossen die Direktoren von Wiliam Grant & Sons, die Eigentümer von Glenfiddich,

1941 – Schlacht von El Alamein; T. S. Eliot veröffentlicht *Vier Quarttete*
– Die »SS Politician« sinkt vor Eriskay mit einer Ladung Scotch an Bord. Das Ereignis wurde von Sir C. Mackenzie im Roman *Whisky Galore* verewigt

1942

1945 – Deutschland kapituliert; die USA werfen Atombomben über Hiroshima und Nagasaki ab
– Die Scotch-Produktion wird begrenzt; erstmals wird die Destillation auch am Sonntag gestattet

1946

1947 – Indien wird unabhängig, Pakistan wird abgespalten

1952 – Queen Elizabeth II. besteigt den Thron
– Ende der Regulierung des Marktes für Gerste, die Rationierung von Whisky bleibt bis 1959 bestehen; Einführung des *Chivas Regal*

1953 – Drastischer Preisanstieg für Whisky auf dem heimischen Markt

1957

1960 – John F. Kennedy wird US-Präsident
– Die *Scotch Whisky Association* wird gegründet, als rechtliche Interessenvertretung im Ausland

1962 – Kuba-Krise
– Aus W. A. Gilbey, Justerini & Brooks, United Vintners wird International Distillers and Vintners (IDV)

ihren Whisky zunehmend als Single Malt zu vermarkten. Andere unabhängige Destillerien, namentlich Macallan und Glenmorangie, folgten Mitte der 70er-Jahre. Anfang der 80er-Jahre brachte die DCL ihren »Malt Whisky Cellar« auf den Markt: Single Malts von Lagavulin, Linkwood, Rosebank, Royal Lochnagar und Talisker.

1980 schätzte ein Symposium von Whiskyfirmen eine Exportsteigerung von Single Malts für die folgenden fünf Jahre auf 8 bis 10 %. Tatsächlich war der Zuwachs fast doppelt so hoch und steigt seither weiter. Gleichzeitig ist der Absatz von Blended Whisky in den traditionellen Märkten zurückgegangen.

1988 brachten United Distillers mit großem Werbeaufwand ihre Kollektion der »Classic Malts« heraus – sechs Whiskys, die jeweils den Stil ihrer Herkunftsregion repräsentieren: Cragganmore, Dalwhinnie, Glenkinchie, Lagavulin, Oban und Talisker. Auf ähnliche Art packten Allied Distillers ein Paket mit Laphroaig, Miltonduff und Glendronach. Chivas & Glenlivet folgten 1994 mit einer »Heritage Selection« getauften Serie aus Longmorn, Glen Keith, Strathisla und Benriach. Auch einzelne führende Marken wie Glenfiddich, Glenmorangie, The Glenlivet und The Macallan werden mit großem Marketingaufwand gefördert.

Nie zuvor waren so viele Malt Whiskys derart verbreitet. Und noch nie hatte der Malt eine so große Schar von Anhängern wie heute.

Auktionsergebnisse bei Christie's, 1996. VON LINKS NACH RECHTS: *1882er Long John, 1 400 Pfund; ein Usher-Blend vom Anfang der 20er-Jahre, 400 Pfund; und ein Macallan aus dem Jahre 1928 für 3 500 Pfund.*

1963 – Ermordung von John F. Kennedy

1970 – Großbritannien stellt seine Währung auf das Dezimalsystem um
Glenlivet & Glen Grant gehen mit Hill Thomson und Longmorn-Glenlivet zusammen; 1972 entsteht daraus The Glenlivet Distillers Ltd.

1973 – Einführung der Mehrwertsteuer in Großbritannien (zunächst 10 %, ab 1974 8 %)
Whitbread übernimmt Long John International von Shenley Industries

1975 – Großbritannien tritt der EWG bei
Erhöhung der Mehrwertsteuer auf 15 %; Übernahmeversuch von Highland Distilleries durch Hiram Walker

1979
DCL wird United Distillers; Gründung von Allied Distillers; Gründung von United Malt and Grain Distillers, die Scottish Malt Distillers und Scottish Grain Distillers übernehmen

1987

1988 – Gründung der *Keepers of the Quaich* zur Förderung des Scotch; Einführung der »Classic Malt«-Serie von United Distillers

1994 – 500. Jahrestag der ersten urkundlichen Erwähnung von Whisky

Herstellung von Whisky

Jeder Malt Whisky schmeckt anders. Sogar der Inhalt jedes Fasses schmeckt anders als der Malt im Nachbarfass. Drei Dinge sorgen für diese wunderbare Vielfalt der Aromen: die Rohstoffe, der Herstellungsprozess und die Fassreife.

Die Wechselwirkungen sind so komplex, dass sie noch nicht vollständig erforscht sind. Die Fachleute streiten immer noch darüber, welchen Beitrag der jeweilige Faktor für den Geschmack des Whiskys leistet.

Der Romancier Maurice Walsh schrieb in seiner Einführung zu Marshall Robbs Buch Scotch Whisky (1950): »Ich kannte eine kleine

LINKS: *Zwiebelförmige Brennblasen in der Destillerie Highland Park.* RECHTS: *Durch das Mannloch auf der Seite der Brennblasen können diese gereinigt werden.*

Stadt mit sieben Brennereien, und ich kannte einen Experten, der ihre Malts allein am Duft unterscheiden konnte. Die sieben Destillerien erstreckten sich über eine Meile an einem Flussufer im Hochland; sie verwendeten das gleiche Wasser, den gleichen Torf, das gleiche Malz, und auch das Herstellungsverfahren war identisch – und doch zeigte jeder Malt sein eigenes, individuelles Bukett. Einer [...] reifte in sieben Jahren zu perfekter Milde aus; der Nächste [...] brannte noch nach zehn Jahren wie Feuer.« Lassen Sie uns der Alchemie auf den Grund gehen, die jedem Malt Whisky einen eigenen Charakter verleiht.

Wasser

OBEN: *Entnahme einer Wasserprobe aus der Quelle der Destillerie Strathisla.*

Der Volksmund sagt, es sei das verwendete Wasser, das einen Malt von allen anderen unterscheidet. Noch heute hegen viele Brennereiarbeiter eine Art Wunderglauben an ihr Wasser, während die Betriebsleitung alles unternimmt, die Quelle etwa durch Aufkauf des umgebenden Landes und die Kontrolle seiner Nutzung zu schützen.

HARTES UND WEICHES WASSER

Es wird immer wieder gesagt, dass der beste Malt mit weichem Wasser gemacht wird, also Wasser mit einem niedrigen pH-Wert. »Weiches Wasser, das im Torf entspringt und über Granit fließt« – ein alter Marketing-Spruch.

Die Wahrheit sieht anders aus: Granit ist so hart, dass er dem Wasser keinerlei Mineralien mit auf den Weg gibt. Und viele bekannte Destillerien leiten ihr Wasser über eine Rohrleitung von der Quelle ab, noch bevor es die Chance hat, mit Torf in Berührung zu kommen. Mehr noch, einige der berühmtesten Brennereien verwenden hartes Wasser – Glenmorangie, Glenkinchie und Highland Park beispielsweise – und machen plausibel, dass die im harten Wasser enthaltenen Mineralien dem Endprodukt mehr Ausdruck verleihen. Bestimmte Mineralien, etwa Kalzium, Magnesium und Zink, sollen den Verlauf der Fermentation fördern.

Den Haupteinfluss übt das Wasser wohl nicht so sehr auf den Geschmack, sondern vielmehr auf die Alkoholausbeute aus – die zugegebenermaßen auch etwas mit dem Geschmack zu tun hat. Viele Brennmeister haben mir erzählt, dass eine hohe Alkoholausbeute die Aromen abschwächt. Vielleicht wirken sich Mikroorganismen im Wasser auf die Gerste und die Hefe aus, und damit auf Alkoholgehalt und Geschmack? In jedem Fall beeinflussen Bakterien und Mineralien je nach ihrem Gehalt im Wasser die Fermentation, wie es auch beim Bierbrauen der Fall ist.

Wasser mit hohem pH-Wert muss nicht unbedingt einen besseren Whisky ergeben. Der anerkannte Whiskyexperte Professor McDowell argumentiert dagegen, dass sich Stoffe in weichem Wasser besser lösen als in hartem, so dass das weiche Wasser der Maische mehr Spurenelemente entziehen kann. »Tee aus hartem Wasser aus London ist wesentlich besser als der gleiche Tee, der in weichem Wasser gezogen hat – Letzteres entzieht dem Tee auch Bitterstoffe. Das kann zu Irritationen beim Wasserlassen führen … Der Stadtrat von Kirkaldy kam daher sogar einmal zu dem Schluss, Tee sei schädlicher als Whisky!«

Man könnte noch hinzufügen, dass der Gehalt an Kohlendioxid und säureproduzierenden Bakterien aus dem Torf die Lösungsfähigkeit des Wassers weiter erhöht.

TORFIGES WASSER

Viele Experten beharren darauf, dass die Verwendung von torfigem Wasser, besonders auf der Insel Islay, zum Charakter des Produktes beiträgt. J. R. Nettleton etwa ist der Überzeugung, dank des »Mooswassers« der Destillerien im Hochland und im Westen sei es möglich, ein weniger alkoholreiches Destillat zu erzeugen: 48-51 Vol.-% statt 74-75 Vol.-%. »Die Praxis scheint die Auffassung zu stützen, dass sich je nach Wasserqualität zwangsläufig ein Unterschied im Alkoholgehalt ergibt, während alle anderen Faktoren identisch sind. Dem Mooswasser werden geheimnisvolle Mächte zugeschrieben. Sicher ist, dass seine Verwendung zu extrem niedrigalkoholischen Destillaten führt, die sich aber durch einen vollen Körper auszeichnen ... Ihr Geschmack und andere Charakteristika werden von Kennern geschätzt.«

Nettleton weist auch darauf hin, dass andere Destillerien im Hochland einen höheren Alkoholgehalt vorziehen, da sie andere Vorteile bieten. Möglicherweise hat der Alkoholgehalt doch mehr mit den angestrebten Whisky-Stil zu tun als mit Mooswasser.

REINHEIT

Brennmeister sind sich weitgehend darüber einig, dass das Wichtigste am Wasser seine Reinheit ist. Das Wasser soll so frei von organischen und mineralischen Stoffen sein wie möglich. Einige Destillerien bestrahlen ihr Wasser mit UV-Strahlen, um bestimmte eventuell vorhandene Bakterien abzutöten. In keiner Brennerei jedoch wird destilliertes Wasser verwendet, obwohl dies zu den möglichen Opfern gehört, die die schottische Whisky-Industrie möglicherweise auf Druck der EU eines Tages wird bringen müssen.

Viele Brenner sind überzeugt, das Wasser verhalte sich neutral und selbst das beste Wasser trage nur sehr wenig zum Geschmack des Whiskys bei. Weiches Wasser – Regenwasser – ist fast so rein wie destilliertes Wasser, sofern es nicht mit verschmutzter Luft in Berührung kam.

Das Wasser ist fast überall in Schottland besonders weich, vor allem in den Highlands – statt Luftverschmutzung gibt es hier stetige frische Winde aus Westen und Südwesten, die dafür garantieren, dass das Regenwasser absolut rein ist.

WASSERMENGE UND TEMPERATUR

Zwei weitere mit Wasser zusammenhängende Faktoren, die die Standortwahl für eine Destillerie mit entscheiden können, sind die Menge des vorhandenen Wassers und seine Temperatur. Whiskybrennereien benötigen viel Wasser, zum Kühlen der Kondensatoren und zum Reinigen der Anlagen wie auch zur Herstellung der Destillate und zur Herabsetzung auf Trinkstärke. Reichliche Vorräte sind also unabdingbar. Sollte die Wasserquelle einmal austrocknen, und sei es vorübergehend, müsste die Destillerie schließen – es wäre nicht das erste Mal, dass so etwas selbst etablierten Destillerien passiert. Die Temperatur ist deshalb so wichtig, weil für die Produktion möglichst kaltes Wasser benötigt wird – ansonsten müsste man das Wasser kühlen, bevor es durch die Kondensatoren gepumpt wird. Dies geschieht in den meisten Destillerien unserer Zeit aber ohnehin, da die Temperatur des Kühlwassers die Qualität einiger Destillate beeinflussen kann. Manche Brenner behaupten, sie könnten am Whisky erkennen, ob er im Herbst oder im späten Frühling oder mitten im Winter gebrannt wurde. Das mag auch mit den Temperaturverhältnissen in und um den Betrieb zu tun haben – bei höherer Temperatur im Brennhaus gelangen mehr unerwünschte Elemente mit in die Brennblasen, bei niedrigerer Temperatur lässt sich der reine Mittellauf des Destillats nicht so genau abtrennen.

Im Sommer ist der Wasserstand in Schottland generell niedriger, für gewöhnlich zumindest im Juli und August. Dieser Umstand hat immer eine wichtige Rolle gespielt und dazu geführt, dass vorzugsweise in der kühleren Jahreszeit gebrannt wird.

OBEN: *Die Quellen, aus denen das für seine Weichheit und Reinheit berühmte schottische Wasser sprudelt, werden auch von den Brennereibetreibern sorgfältig geschützt.*

Gerste

Gemälzte Gerste ist der wichtigste Rohstoff für die Herstellung von Malt Whisky. Entsprechend wichtig sind ihre Qualität und Konsistenz für die Brennmeister.

Die Qualität von Gerste wird in eine Rangfolge von 1 bis 9 eingeteilt. Nur die drei besten Qualitäten (20 % der Ernte) eignen sich zum Mälzen, nur sie können in der gewünschten Weise keimen und wachsen.

Mälzer definieren die Qualität nach folgenden Kriterien:

Hoher Stärkegehalt. Stärke verwandelt sich in Zucker, dieser in Alkohol; je mehr Stärke, desto höher die Alkoholausbeute.

Niedriger Proteingehalt (unter 1,5 %). Je mehr Eiweiß, desto weniger Stärke ist enthalten.

Niedriger Stickstoffgehalt (unter 1,7 %). Ein hoher Stickstoffgehalt weist auf einen hohen Proteingehalt hin. Stickstoff ist auch Bestandteil von Düngemitteln, die für die Bauern ein wachsendes Problem darstellen. Zugunsten ertragreicher Ernten müssen sie düngen; überdüngen sie, wird ihre Gerste für das Mälzen unbrauchbar.

Hohe Keimwahrscheinlichkeit. Wie wir noch sehen werden, ist das Keimen eine Grundvoraussetzung für das Mälzen.

Reife und Trockenheit. Mälzer wünschen sich, dass die Bauern das Getreide stehen lassen, bis es absolut reif ist und mit der Ernte nicht länger gewartet werden kann – und dann doch noch einmal drei Tage zugeben. Gerste mit mehr als 16 % Feuchtigkeit kann im Lagerhaus schimmlig werden. Dieser Aspekt ist aber heute nicht mehr so entscheidend, da die Gerste meist künstlich getrocknet wird.

Wenn man diese Qualitätsanforderungen betrachtet, muss man Sympathie mit den Bauern haben, speziell im Hochland, wo die Böden keine reiche Ausbeute zulassen und Stürme im Sommer die ganze Ernte vernichten können. Doch genau in diesem Klima wächst die beste Gerste zum Mälzen.

Mälzer sind der festen Überzeugung, dass es keine Rolle spielt, wo die Gerste herkommt, solange sie die geschilderten Anforderungen erfüllt. Dennoch haben viele Brenner das Gefühl, schottische Gerste sei die beste – Tradition, romantische Verklärung und Marketing tragen sicher dazu bei. In dem Rechtsstreit von 1909, der die Frage »Was ist Whisky?« klären sollte, wollten die Malt-Brennereien die Definition von »Scotch« auf Whisky aus schottischer Gerste begrenzt sehen. Damals kauften viele Destillerien ihre Rohstoffe bei Bauern in der näheren Umgebung, manchmal gezielt von einem ganz speziellen Feld einer bestimmten Farm. Gleichzeitig importierten die Grain-Hersteller Gerste aus Kalifornien, Dänemark, ja sogar aus Australien. Auch heute wird noch Gerste aus England und dem Ausland zugekauft, obwohl in Schottland mehr als genug davon angebaut wird. Das Importproblem liegt in Qualitätsschwankungen – mangelhafte Gerste kann schlecht zurückgeschickt werden.

Das Gefühl der Brenner, schottische Gerste sei die beste, hat auch einen realen Hintergrund. Die kalten Winter im Norden töten Insekten im Boden, so dass gefährliche Pestizide überflüssig sind. Da es hier im Sommer lange hell bleibt, konzentrieren sich mehr Aromastoffe im Korn. Auch Himbeeren beispielsweise gedeihen in Schottland besser als in

wärmeren Klimazonen. Auf der anderen Seite bedeuteten späte Ernten, dass das Getreide manchmal nass geschnitten werden musste – da die Trocknungstechnik in früheren Zeiten noch nicht weit genug entwickelt war, schimmelte die Gerste schnell und wurde unbrauchbar.

Mälzer wie Brenner kaufen entweder direkt vom Bauernhof, der eine bestimmte Tonnage garantiert, aber keine bestimmte Qualität; oder gezielt nach Qualität und Verfügbarkeit auf dem Spotmarkt beziehungsweise bei einem Händler. Letzteres ist weit verbreitet, obwohl es manche Mälzer ablehnen, einen Mittler zu bezahlen.

Destillerien kaufen ihr Malz in ganz Schottland, um das Risiko lokaler Missernten zu umgehen. Dabei spezifizieren sie ihre das ganze Jahr über geltenden Anforderungen an Qualität, Quantität und Torfrauchgehalt sehr genau. Ein Getreidehändler trocknet und lagert die Gerste und verkauft sie in Losgrößen zwischen 500 und 2 000 Tonnen.

GERSTENSORTEN

Vor dem Zweiten Weltkrieg kaufte man schottische oder englische Gerste, ein Teil kam auch aus Dänemark, Kalifornien, Australien und anderen Ländern. Heute wird Großbritannien in fünf Regionen eingeteilt: Nord-West (einschließlich Nord-Irland und Nordwales), Nord-Ost, Zentralregion, Süd-West und Süd-Ost. Bis in die 50er-Jahre hinein beherrschten zwei Gerstensorten den Markt: Spratt Archer und Plumage Archer. Dann erschienen einige Hybride auf der Bildfläche, darunter Proctor, Pioneer, Maris Otter (ein Hybride der ersten zwei und die wichtigste Gerstensorte der 70er-Jahre für den Malt) und Golden Promise. Letztere wurde 1966 eingeführt und war in manchen Regionen besonders verbreitet, weil es auch in Hochlagen gedieh, höhere Erträge einbrachte und schnell keimte. Die Destillerie Macallan verwendet diese Sorte bis heute.

Aber Golden Promise wurde bald von neuen Gerstensorten abgelöst, die einen höheren Alkohol-

GANZ LINKS: *Gerste wird zu Malz (Mälzboden bei Benriach).*
LINKS: *Die ausgedehnte und kontinuierliche Suche und Forschung nach den besten Sorten geht weiter.*

OBEN: *Sonnenlicht fällt auf den Mälzboden, wo die sorgfältig ausgebreitete feuchte Gerste zu keimen beginnt.*

gehalt erbrachten und weniger anfällig gegen Mehltau und Krankheiten waren. In den 80er-Jahren konnte man den Aufstieg und Fall der Sorten Halcyon, Pipkin and Puffin beobachten, die in den 90er-Jahren durch Optic, Chariot, Derkardo, Delibes und Prisma ersetzt wurden. Zur Zeit beherrschen Optic, Chariot und Decanter den Markt.

Die Destillerien Macallan und Glengoyne sind Golden Promise treu geblieben – und haben heute Schwierigkeiten, beliefert zu werden.

Spielt es nun eine Rolle, welche Sorte der Brenner benutzt? Es gibt Hunderte von Sorten, und jedes Jahr kommen neue hinzu, die zum Teil zwölf Jahre oder länger getestet wurden. Für gut befunden, werden sie vom Brauereiinstitut empfohlen.

Whisky-Autoren früherer Zeiten zufolge hat die Gerste keinen Einfluss auf den Geschmack des Whiskys. Der Destillationsprozess sei zu heftig, der Alkoholgehalt des Destillats zu hoch, als dass der Eigengeschmack der Gerste durchdringen könnte.

Einige Sorten enthalten mehr Ester als andere. Wintergerste ist weniger esterhaltig als Sommergerste, so dass manche Highland-Destillerien diese nicht kaufen.

Viele Brenner befürchten zudem, dass die neuen Sorten Geschmack zugunsten der Alkoholausbeute und der Resistenz gegen Krankheiten opfern und dass die Hybride sich im Laufe der Zeit weiter verändern werden.

1967 äußerte Professor McDowall die Meinung, dass die moderne Praxis der Verwendung von fetter Gerste dem Aroma des Whiskys abträglich sei. Kürzlich berichtete mir ein Destillerieleiter von einer Sorte, deren Vorlauf anderthalb Stunden lief, bevor das gewünschte Destillat aufgefangen werden konnte. Normalerweise dauert es halb so lang.

So gesehen scheint die Gerste, die der Mälzer verwendet, in der Whiskyproduktion doch einen Unterschied auszumachen: Ein kleiner und subtiler Einfluss auf den Geschmack ist gegeben.

Hefe

Die einzige weitere Zutat ist Hefe – ein Thema, dem oft nicht genügend Aufmerksamkeit geschenkt wurde. Hefen sind Pilzen verwandte Mikroorganismen. Ihre Zellen sind mit dem bloßen Auge nicht erkennbar – ein Gramm Hefe enthält rund zehn Milliarden Zellen! Es gibt zahllose Hefen in der Luft und wo immer sonst sie sich vermehren können. Etwa 1 000 Hefearten werden kommerziell genutzt, doch nur ein paar davon eignen sich für die Herstellung von Whisky. Mit Hilfe anderer wird Brot hergestellt; im Französischen heißt Hefe *levure*, im Spanischen *levadura* – beides leitet sich vom lateinischen *levare* ab: heben, so wie sich etwa der aufgehende Teig hebt. Deutsche und Dänen waren Vorreiter der Hefeforschung im 19. Jahrhundert, als Wissenschaftler noch darüber debattierten, ob das Zeug tierischer, pflanzlicher oder mineralischer Natur sei. Interessanterweise erzeugen Bierhefen beim Brotbacken einen bitteren Geschmack, aber nicht genügend Alkohol, um Whisky herzustellen.

Wie Pilzsporen können auch Hefen jahrelang in schlafendem Zustand überleben und erwachen erst wieder zum Leben, wenn sie auf die richtige Nahrung (im weitesten Sinne Zucker) und günstige Umgebungsbedingungen (Wärme und Feuchtigkeit) treffen. Dann sind sie plötzlich hellwach und stürzen sich auf den Zucker wie Piranhas und verdoppeln die Zahl ihrer Zellen innerhalb von nur zwei Stunden. Dabei produzieren sie Kohlendioxid und – erstaunliche Mengen an Alkohol.

Tempo und Heftigkeit eines solchen Gärvorganges (siehe Seite 51) sind erstaunlich. Dem eingemaischten Malz werden 2,2% Hefe beigemischt, so dass ein typischer, acht Tonnen fassender Maischebottich etwa 175 Kilogramm Hefe enthält. Innerhalb von ein paar Stunden beginnt die sichtbare Reaktion, die 50 Stunden dauern kann, in denen die Maische brodelt und schäumt. Als sich das Verhalten der Hefe noch weniger gut vorhersagen ließ, konnte der gesamte Gärbottich (genannt *washback*) wie ein Schiff in stürmischer See schwanken, und Jungen wurden extra dazu eingestellt, um dem Schaum mit Heidekrautzweigen Herr zu werden. Heutige Washbacks sind hierfür mit mechanischen Rührlöffeln ausgerüstet.

Die von Brennereien verwendeten Hefen sind eine Kreuzung aus Brauhefe und Zuchthefen. Erstere ist ein Nebenprodukt und weniger beständig als Letztere, die aus einer einzelnen Zelle gezüchtet wird. Die hauseigene Hefekultur muss kühl und vollkommen sauber gelagert werden.

LINKS: *In den Maischbottich wird Hefe geschüttet, um die Gärung zu starten.*

HEFE UND GESCHMACK

Welchen Beitrag leistet die Hefe zum Geschmack des Endprodukts?

Neben Alkohol produziert Hefe auch eine Reihe verwandter Stoffe, etwa Ester, Aldehyde, Säuren und höhere Alkohole. Viele dieser Nebenprodukte sind Aromaelemente. Es wird davon ausgegangen, dass Zuchthefe den Alkohol maximiert, während Brauhefe mehr Geschmack entwickelt. Je komplexer die Hefemischung, desto komplexer der Brand, meinen manche Brenner und verwenden einen »Cocktail« aus verschiedenen Arten von Brau- und Zuchthefen. Andererseits gehen viele Destillerien dazu über, eine reine Brennereihefe zu verwenden, die unter gleich bleibenden Bedingungen immer wieder den gleichen Gärverlauf erzeugt.

Mälzen

OBEN: Mälztrommeln in Port Ellen, Insel Islay. Solche automatischen Systeme haben die traditionellen Mälzböden, auf denen die Gerste noch von Hand gewendet wird (OBEN RECHTS), weitestgehend verdrängt.

Der Vorgang des Mälzens trägt erheblich zum Geschmack von Scotch Whisky bei. Wie die meisten Getreidearten besteht auch Gerste aus zwei Teilen: dem Keim, aus dem eine neue Pflanze wachsen kann, und dem Endosperm, dem stärkehaltigen Nährgewebe des Samens.

Während des Keimens produzieren die Gerstensamen Enzyme. Vorwiegend Zystase, die die Zellwände aufbricht und die Stärke freisetzt, sowie Amylase, die Stärke in ihre lösliche Form Dextrin aufspaltet. Beim Maischen wandelt Amylase das Dextrin in Maltose um, einen löslichen Malzzucker.

Das Mälzen ist im Grunde ein kontrollierter Keimvorgang. Das Handwerk des Mälzers besteht darin, die Gerste so lange keimen zu lassen, bis die Zellwände aufgebrochen sind, die Stärke von der wachsenden Pflanze aber noch nicht verbraucht wurde. Er stoppt diesen Wachstumsprozess durch das Darren, das die Enzyme, die Stärke in Zucker verwandeln, deaktiviert.

EINWEICHEN

Trockene Gerste enthält weniger als 12% Feuchtigkeit, die man auf 46% anheben muss, um die Enzyme zu aktivieren. Nach sorgfältiger Reinigung wird die Gerste für zwei bis drei Tage in Wasser eingeweicht. Die Dauer hängt von der Wassertemperatur ab, von der Größe der Gerstenkörner und ihrer Aufnahmefähigkeit. Unter Wasser wird die Gerste ständig belüftet, um eine gleichmäßige Wasseraufnahme sicherzustellen und Klumpenbildungen zu vermeiden. Wenn die Gerste zu trocken bleibt, kann sie nachträglich noch mit Wasser besprüht werden, nimmt sie zu viel Wasser auf, kann man sie in einem Trockner auf den richtigen Feuchtigkeitsgehalt bringen.

KEIMUNG

Traditionell wird die feuchte Gerste anschließend in einer etwa 30 Zentimeter dicken Schicht auf einem Mälzboden aus Beton ausgebreitet. Schon bald beginnen die Keime auszutreiben. Dadurch entsteht vor allem am Boden Hitze, so dass die Gerste regelmäßig mit Holzschaufeln und -rechen gewendet werden muss, um die Temperatur gleichmäßig zu halten und zu verhindern, dass sich die kleinen Sprossen ineinander verheddern. Dieses Wenden und Belüften dauert etwa eine Woche. Mit jedem Tag verliert die Gerste etwa ein halbes Prozent Feuchtigkeit. Schließlich beginnen die Triebe zu welken, die Gerste wird mehlig. Mälzer nennen dies »Modifikation«. Sie testen den Keimungsfortschritt, indem sie in das grüne Malz beißen und seine Süße prüfen, es zwischen den Fingern zerreiben, um seine Struktur zu spüren – fühlt es sich kreidig und weich an, ist es fertig, wenn Klümpchen fühlbar sind, braucht die Keimung noch etwas Zeit. Der Grad der Modifikation kann den Geschmack des Whiskys beeinflussen, auch wenn Mälzer dagegenhalten, dass sich unter- und überentwickeltes grünes Malz die Waage halten.

Brennereien, die über eigene Mälzböden verfügen, können den gewünschten Geschmack gezielter erzeugen. Das traditionelle Verfahren ist langsamer, natürlicher und forciert die Keimung nicht.

Das Problem mit den Mälzböden ist ihre begrenzte Kapazität. Außerdem ist das Mälzen arbeitsaufwendig und kann je nach Gelingen zu Qualitätsschwankungen des Endprodukts führen. Aus diesen Gründen wurden die traditionellen Böden größtenteils durch pneumatische Mälzanlagen ersetzt.

Es gibt drei pneumatische Systeme: die Saladin-Box (erfunden Ende des 19. Jahrhunderts von Charles Saladin), rotierende Trommeln sowie *Steep, Germinate and Kilning Vessels* (SGKVs), Behälter, in denen Gerste eingeweicht wird, keimt und gedarrt wird. Das Saladin-System besteht im Prinzip aus einer langen Rinne aus Beton oder Metall, durch die mechanische Rechen laufen und in die feuchte Luft geblasen werden kann. Normalerweise kann man damit 200 Tonnen Gerste auf einmal verarbeiten. Trommelmälzanlagen haben eine Kapazität zwischen 9 und 50 Tonnen; hier wird die Gerste durch Schwerkraft bewegt, da die Trommel langsam rotiert (neun Umdrehungen am Tag). Feuchtigkeit und Temperatur werden durch automatische Wasser- und Luftzufuhr reguliert. SGKVs wurden Ende der 70er-Jahre bei der Moray-Firth-Mälzerei entwickelt, um den gesamten Mälzvorgang in einem Behälter abwickeln zu können. Inzwischen wurden verschiedene Hybrid-Kessel kreiert, mit denen dies ebenfalls möglich ist.

DARREN

In der Malzdarre wird das grüne Malz gleichmäßig auf einem perforierten Metallboden ausgebreitet. Es gibt heute zwei Arten von Malzdarren: direkt befeuerte, bei denen die Verbrennungsgase durch das Malz ziehen, und indirekt befeuerte, in denen mit Dampf aufgeheizte Luft durch das Malz strömt. Malzdarren haben spitz zulaufende Dächer, aus denen die Hitze abziehen kann. Seit dem 19. Jahrhundert kennt man die typischen Pagodendächer – weithin sichtbare architektonische Wegweiser zu den Malt-Destillerien.

Die erste Stufe des Darrens besteht im Antrocknen. Hierzu wird 60 bis 65 °C heiße Luft durch die Malzschicht geblasen (wobei die Menge an Luft wichtiger ist als die Temperatur).

Als Nächstes kommt eine weitere Trocknungsphase, bei der die Temperatur auf 70 bis 75 °C gesteigert und die Luftzufuhr reduziert wird. Bei diesem Vorgang sinkt der Feuchtigkeitsgehalt des Malzes auf etwa 5 %.

Daran angeschlossen werden kann eine Kühlstufe, für die die Temperatur auf etwa 30 °C abgesenkt wird. Der gesamte Kühlvorgang dauert zwischen 20 und 48 Stunden, je nach angewendetem Verfahren, Größe der Darre und Menge an Malz. Das Brennmaterial zum Befeuern der Darre kann ebenfalls zum Geschmack des Whiskys beitragen. Als den Destillerien im Hochland ausschließlich Torf zur Verfügung stand, fielen ihre Malts entsprechend rauchig aus. Der Ausbau der Eisenbahn ermöglichte eine stetige Versorgung mit Koks und Kohle als Alternative. Auch dadurch ließ sich der gewünschte Geschmack des Whiskys gezielter herausarbeiten – ab Ende der 1870er-Jahre produzierten die Destillerien von Speyside Malts, die im Vergleich zum altbekannten »Glenlivet«-Stil wesentlich leichter getorft waren als zuvor.

Torf

OBEN RECHTS: *Torf findet man überall im westlichen Hochland und auf den Inseln Schottlands. Manche Torfmoore sind bis zu 10 000 Jahre alt.*

Torf besteht aus verrotteten Moorpflanzen wie Moosen, Heidekraut und Riedgräsern und ist säuerlich. Seine genaue Zusammensetzung hängt vom Ort und der Vegetation des Torfmoores ab. Torf braucht zu seiner Entwicklung viel Regen und Kälte. Der Untergrund muss das Wasser halten und darf nicht zu luftdurchlässig sein. Auf einem solchen mit Wasser voll gesogenen Boden kann sich eine immer dicker werdende Schicht Torf bilden. Manche Torfmoore sind bis zu 10 000 Jahre alt – hier kann die Torfschicht bis zu neun Meter tief sein.

Von alters her war Torf, im Überfluss vorhanden, das frei verfügbare Brennmaterial im Hochland. Allerdings war das Torfstechen harte Arbeit, und es lieferte beim Verbrennen auch keine besonders große Hitze. Trotzdem war es für die Destillerien im Hochland eine ökonomische Notwendigkeit. Viele Brennereien verfügten über eigene Torfvorkommen.

Immer im Mai oder Juni stachen die Brennereiarbeiter den Jahresbedarf ab. Eine ganze Menge also, wenn man bedenkt, dass schon eine durchschnittliche Bauernfamilie rund 15 000 Torfsoden im Jahr verbrauchte. Nach dem Stechen wurden die Soden für etwa zwei Wochen auf dem umliegenden Heidekraut ausgelegt und anschließend zu kleinen Pyramiden aufgeschichtet, um ein Jahr lang zu trocknen.

In den 30er-Jahren musste man schon weiter fahren, um Torf zu gewinnen. Die Arbeiter von Glenmorangie beispielsweise fuhren nördlich bis nach Forsinard in Sutherland. Viele Destillerien in Speyside kauften Torf aus Pitsligo in Aberdeenshire, der hart wie Kohle war und einen penetranten Geruch ausströmte.

Die Beschaffenheit von Torf variiert von Ort zu Ort, je nach den fossilen Pflanzen in den übereinander liegenden Schichten. Torf aus den Lowlands etwa ist locker und weich, verbrennt schnell und raucht stark. Torfmoore am Meer werden von salziger Gischt besprüht und enthalten manchmal Stränge von Seegras – Relikte aus Zeiten, als das Land vom Meer überspült wurde. Auf Orkney differenziert man nach verschiedenen Torfschichten und Torfqualität. Highland Park bevorzugt Torf aus der oberen Lage, die Heidekraut-Wurzeln enthält.

Heute kann man anhand des Phenolgehalts im Rauch sehr viel genauer kontrollieren als früher, wie stark das Malz beim Darren getorft wird. Die Intensität lässt sich in drei Kategorien einteilen: leicht getorft (1-5 ppm Phenol), mittelstark getorft (10-20 ppm) und stark getorft (30-50 ppm). Manche Firmen messen etwas anders, einige Destillerien, etwa Glengoyne, verwenden keinen Torf, während ein durchschnittlicher Speyside-Malt mit 2 ppm leicht getorft ist. Manche Mälzer im Hochland torfen mittelstark; Highland Park auf 20 ppm, Clynelish auf etwa 30 ppm. Andere bevorzugen schweren Torfrauch, vor allem die Brennereien auf Islay mit 35-50 ppm (der am stärksten getorfte Malt ist Ardbeg mit 50 ppm). Sämtliche Destillerien mischen getorftes mit ungetorftem Malz, um genau den gewünschten Phenolgehalt zu erzielen. Die einzige Ausnahme war die Destillerie Malt Mill, die von 1908-1960 bei Lagavulin existierte. Hier wurde ausschließlich getorftes Malz verwendet, um den Whisky-Stil vergangener Zeiten zu imitieren.

Auch Malts aus dem Hochland waren früher stärker getorft; seit dem Zweiten Weltkrieg jedoch geht der Trend weg von den allzu rauchigen Whiskys.

LINKS: *In der Mälzerei von Port Ellen wird die Darre auch mit Torf geschürt.*

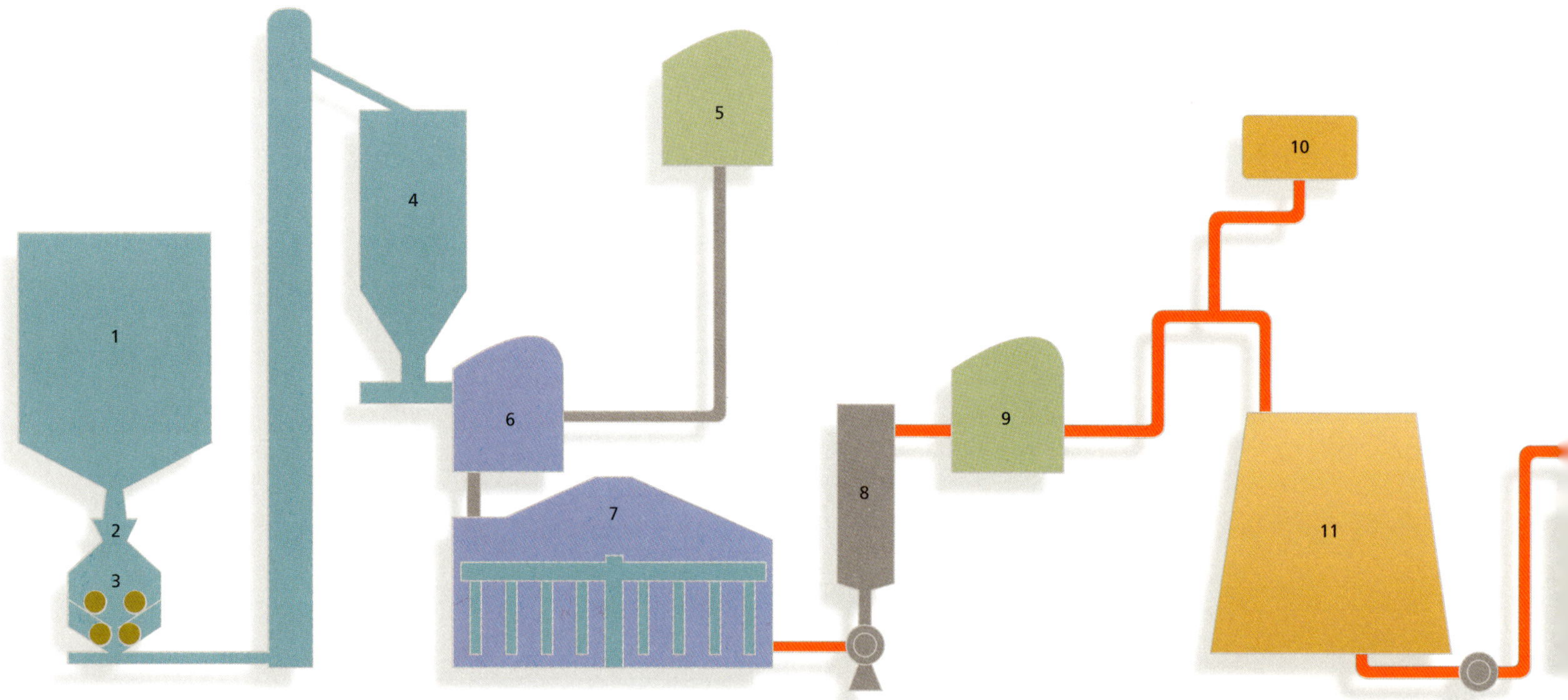

Nach dem **Mälzen** (oben) wird fertiges Malz angeliefert und in einem **Silo** gespeichert (1). In einer **Zurichtemaschine** (2) werden verbliebene Wurzelfasern entfernt, bevor es in die Malzmühle (3) weitergeführt und gemahlen wird.

Das Malzschrot wird anschließend zwischengelagert (4). Das Maischen entzieht dem Malz Stärke und aktiviert das Enzym Amylase, das die Stärke in Maltose umwandelt. Dieser Prozess beginnt in der **Maischmaschine** (6), wo das Schrot mit kochendem Wasser aus dem **Wassertank** (5) gemischt wird. Die Mischung wird dann in den *mash tun* genannten **Maischbottich** (7) geleitet, einen Kessel aus Edelstahl oder Gusseisen, der einen geschlossenen Deckel hat, um die Hitze zu speichern. Maischbottiche haben einen perforierten Boden, durch den die maltosereiche Flüssigkeit (*wort* – Würze) abfließt und sich im ***underback*** (8) sammelt.

Die *wort* wird gekühlt (9), bevor sie in den **Gärtank** (*washback*; 11 und Bild oben) gepumpt wird. Hier wird die **Hefe** untergemischt (10). Die schäumende Flüssigkeit (*wash*) produziert innerhalb von zwei Tagen Alkohol und Kohlendioxid.

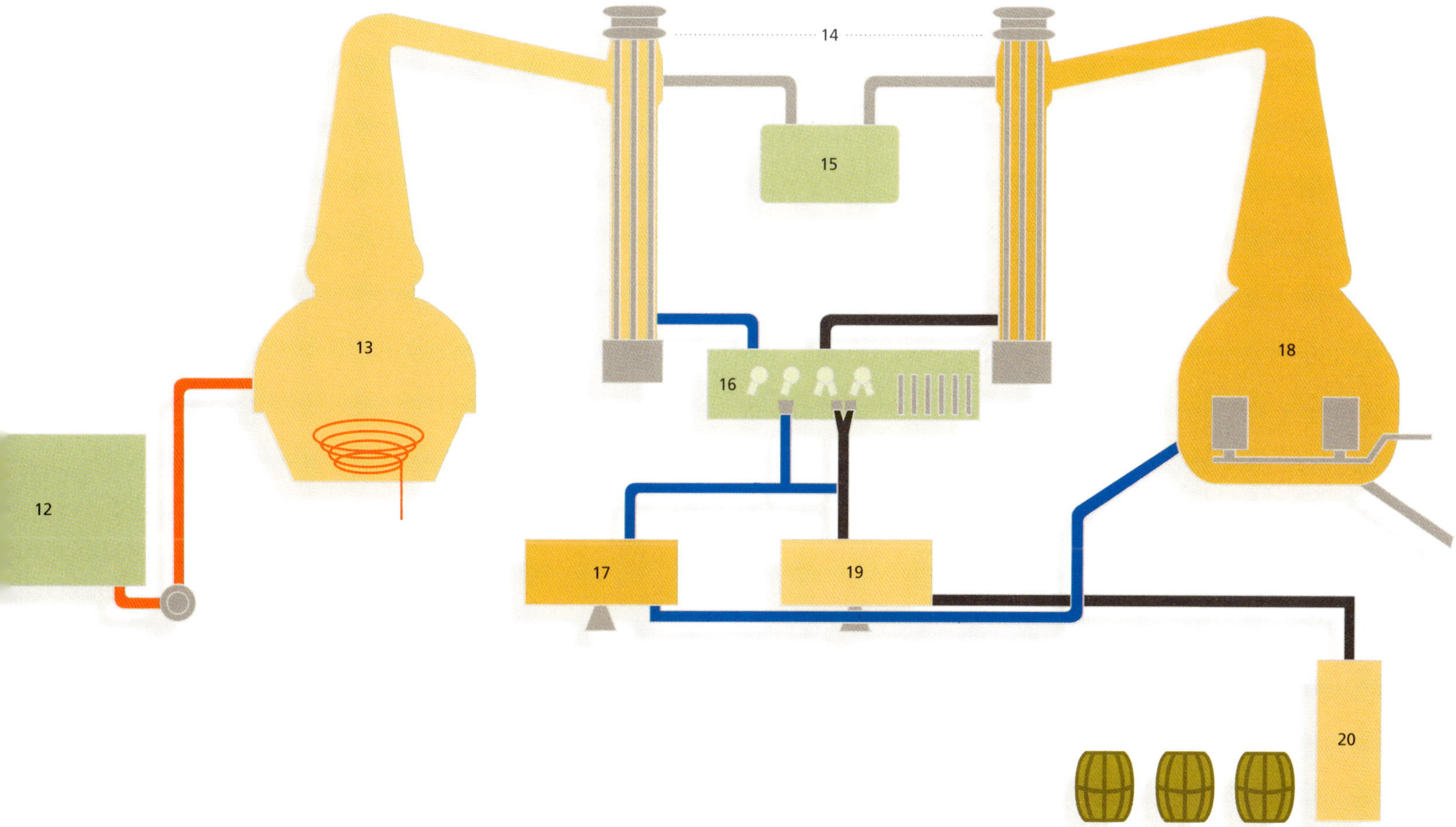

Es folgt die Destillation, das Herzstück der Whiskyproduktion. Sie vollzieht sich in zwei kupfernen Brennblasen. Nach der Gärung sammelt sich die *wash* im *wash charger* (12) und läuft dann in die erste Brennblase, die *wash still* (13), in der der Rohbrand entsteht. Die fermentierte Maische *(wash)* wird hierzu zum Kochen gebracht, so dass die bereits bei niedrigeren Temperaturen entstehenden alkoholischen Dämpfe in den wassergekühlten Kondensator (14) aufsteigen. Kaltes Wasser aus einem Tank (15) fließt durch Kupferrohre, an denen die Dämpfe kondensieren. Das Destillat der *wash*, genannt *low wine*, fließt durch den *spirit safe* (16) [einen verplombten Kasten mit Sichtfenster] in einen Sammeltank (17). Der Destillationsprozess wird nun in der *low wine still* (18) wiederholt, doch diesmal beobachtet der Brennmeister äußerst sorgfältig, wie die Flüssigkeit durch den *spirit safe* läuft. Er muss entscheiden, wann er beginnt, Destillat zur Reifung abzuziehen, und wann er damit aufhört: Fängt er zu früh an, verunreinigt beißender Vorlauf das Destillat, genau wie dieses durch öligen Nachlauf verdorben werden kann. Vorlauf und Nachlauf werden zurück zum *low wine* in den Sammeltank (17) geleitet. Der Brennmeister zieht das »Herz«, das höchstens ein Drittel des Durchlaufes ausmacht, ab und leitet es zum Auffangbehälter (19). Das »Herz« wird in einen Tank (20) gepumpt, mit Wasser verdünnt und in Fässer abgefüllt. Nach drei Jahren Reifung darf das Destillat als Scotch Whisky bezeichnet werden.

Maischen

OBEN: *Maischbottich mit Kupferdeckel bei Bowmore. Die Kapazität solcher Kessel reicht von einer bis zu 15 Tonnen.*

Die Herstellung von Malt Whisky beginnt mit dem Maischen. Sattelschlepper bringen mehrmals in der Woche Malz aus einer der zentralen Mälzereien, in der Regel ca. 5000 Tonnen, und deponieren ihre Ladung in den Silos der Destillerie.

In der Mälzerei wurden bereits mechanisch die beim Mälzen entstandenen Wurzelfasern entfernt. Diese und andere Abfallprodukte werden später aufbereitet und als Viehfutter verwertet – eine wertvolle Nahrungsquelle im Winter.

In der Destillerie wird das Malz auf seinen Feuchtigkeitsgehalt (maximal erlaubt: 12%), auf seine Keimfähigkeit (Minimum 99%) und auf Insektenbefall hin untersucht, bevor die Ware angenommen wird. Anschließend werden in einer Rüttelmaschine restliche Verunreinigungen entfernt. Dann kommt das Malz in eine Mühle – ein Satz Walzen bricht die Schalen auf, der nächste schrotet das Malz. Als Ergebnis wird ein Verhältnis von 10% Mehl, 20% Hülsen und 70% Schrot angestrebt. Dieses wird sorgfältig überwacht. Wenn das Schrot zu fein gemahlen ist, läuft die Maische zu langsam aus dem Maischbottich ab, bei zu grobem Schrot geht es zu schnell und verhindert maximale Extraktion.

EINMAISCHEN

Das Schrot wird mit kochendem Wasser vermischt, um die maximale Menge löslicher Stärke zu extrahieren. Das Einmaischen aktiviert auch erneut das Enzym Amylase, das zuvor beim Darren zur Ruhe gekommen war. Nun wandelt es Stärke in Maltose um.

Eingemaischt wird in einem großen, runden Kessel, dem Maischbottich (*mash tun*). Er besteht aus Edelstahl oder Gusseisen und ist mit einem Deckel (oft aus Kupfer) verschlossen, der die Hitze zurückhält. Maischbottiche verfügen über einen perforierten Boden, durch den die Flüssigkeit (*wort*) nach dem Einmaischen abfließt. Weiterhin sind sie

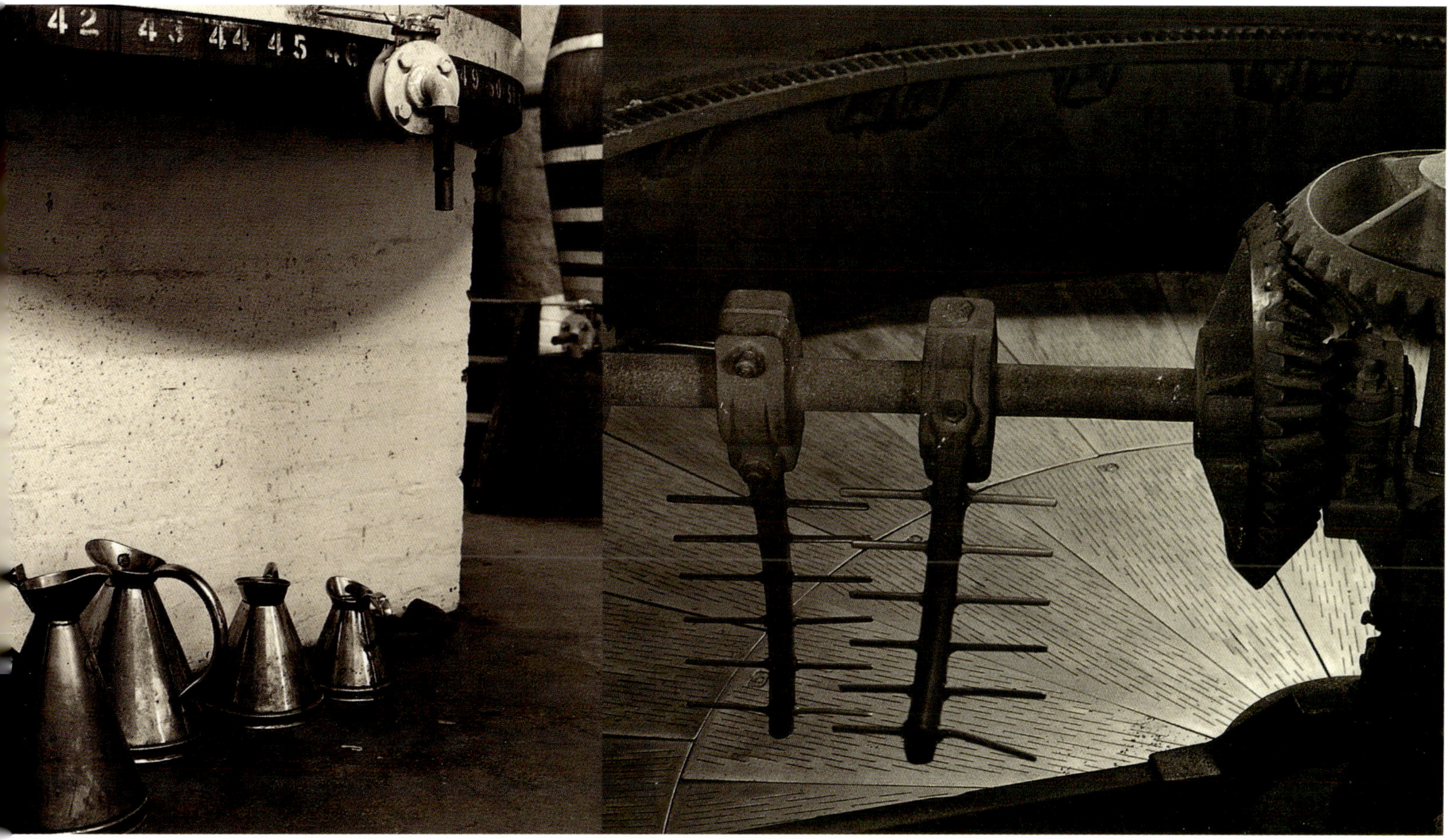

mit sich drehenden mechanischen Rechen ausgestattet, die die Maische regelmäßig umrühren. Die Größe von Maischbottichen kann sehr unterschiedlich sein: Sie reicht von einer Tonne (Edradour) bis zu 15 Tonnen (Miltonduff) und richtet sich nach der Kapazität der Gärtanks. Eine Tonne Malz ergibt 5 000 Liter Maische. Viele Destillerien haben »Lauter-Bottiche« übernommen, eine deutsche Erfindung für Brauereien, die eine höhere Extraktion ermöglicht. Dieses System wurde erstmals bei Tomatin eingerichtet.

Das Maischen vollzieht sich in drei Stufen. Zunächst wird der Rest der zuletzt abgezogenen Maische auf 63 bis 64°C erhitzt, in einer Maischmaschine mit dem Schrot vermischt und wieder in den Maischbottich gefüllt. Hier muss die für das Aufbrechen der Stärke optimale Temperatur eingestellt werden. Ist das Wasser zu heiß, werden die Enzyme abgetötet, ist es zu kühl, muss man weniger Schrot verwenden.

Nach etwa 20 Minuten beginnen die Rührrechen zu rotieren, die Flüssigkeit wird durch die Löcher im Boden abgezogen und gelangt in den *underback.*

Zum zweiten Mal wird nun Wasser in den Maischbottich gepumpt, diesmal mit 70 °C. Es wird umgerührt und nach einer halben Stunde ebenfalls in den *underback* abgezogen.

Im dritten Durchgang wird Wasser mit 85 °C in den Maischbottich geleitet. Es verbleibt dort 15 Minuten, bevor es in den Heißwassertank gepumpt wird – es dient bei der nächsten Charge als erstes Wasser beim Einmaischen. Es enthält nur etwa 1 % Zucker. Die am Boden des Maischbottichs zurückbleibenden Feststoffe ergeben ein ausgezeichnetes Viehfutter.

Schließlich läuft die warme *wort* (»Würze«) aus dem *underback* in einen Wärmetauscher, wo sie auf unter 20 °C abgekühlt wird. Das ist sehr wichtig. Ohne Kühlung würde sich die Maltose zersetzen und die Hefe absterben.

OBEN: *Destillerie Springbank in Campbeltown. Rührrechen stellen sicher, dass die Umwandlung von Stärke in Maltose so effizient wie möglich verläuft.*

Fermentation

RECHTS: *Die hefeüberzogene Innenwand eines Gärtanks bei Glen Grant. Während sich die Hefe vermehrt, wandelt sie Zucker in Alkohol und Kohlendioxid um.*

GANZ RECHTS: *Gärtanks aus Oregon-Pinie bei Bowmore. Traditionalisten sehen im Holz Vorteile für den Geschmack, während Edelstahltanks leichter zu reinigen sind.*

Die Fermentation oder Vergärung findet in einem *washback* statt, einem großen Fass mit einer Kapazität zwischen 1 000 (bei Edradour) und 69 000 Litern (Tamnavulin). Diese Gärtanks bestehen aus Lärchen- oder Pinienholz (Oregon-Pinie wird bevorzugt, da sie hoch wächst, ihr Holz kleinporig ist und nur wenige Astlöcher aufweist) oder – was heute üblich geworden ist – aus Edelstahl.

Der Vorgang der Fermentation bei der Herstellung von Whisky ähnelt dem des Bierbrauens, mit einem entscheidenden Unterschied: Hier verläuft er nicht steril.

Das Prinzip der Fermentation ist recht einfach: Hefe braucht zum Atmen Sauerstoff, den sie aus dem Zucker in der Maische bezieht, indem sie gleichzeitig Alkohol und Kohlendioxid produziert.

Zu diesem Zweck wird die *wort* durch den Wärmeaustauscher in den Gärtank gepumpt, der bis zu zwei Dritteln gefüllt wird. Normalerweise wird, wenn die *wort* in den Tank strömt, eine genau bemessene Menge Hefe in einer Lösung zugegeben. Dadurch wird die *wort* zur *wash*. In der folgenden ersten, einige Stunden dauernden Phase des Fermentationsprozesses wird die Hefe an die Umgebung akklimatisiert.

In der zweiten Gärphase vermehren sich die Hefezellen rasant, verbrauchen den Zucker und wandeln ihn in Kohlendioxid und Alkohol um. Die gärende Maische brodelt dabei oft vehement und kann sogar den Gärtank zum Schwanken bringen. Die Temperatur steigt nun auf etwa 35 °C.

In der letzten Phase, die etwa 12 Stunden dauert, beruhigt sich die Maische – der Alkohol hemmt die Aktivität der Hefezellen, und es kommt zu einem sprunghaften Wachstum von Bakterien. Letzteres ist sehr wichtig, denn daraus entsteht eine zweite, bakteriologische Gärung. Die Bakterien (hauptsächlich Milchsäurebakterien) stammen vorwiegend aus dem Malz. Sie senken den pH-Wert und ermöglichen damit, dass sich weitere Aromen entwickeln.

Der bakteriologischen Gärung muss genügend Zeit eingeräumt werden. Ein Destillat aus einer fünf Tage fermentierten *wash* weist komplexere Züge auf, die einem nur zwei Tage fermentierten Destillat fehlen. Die *wash* muss mindestens 60 Stunden gären, um eine solche Komplexität zu erreichen.

Nach Abschluss der Fermentation hat die Maische einen Alkoholgehalt von 5-8 Vol.-% und einen gestiegenen Säureanteil. Etwa 85 % der in der Maische gelösten Feststoffe wurden in Alkohol, Kohlendioxid und neue Hefezellen umgewandelt. Die restlichen 15 % fließen mit der Maische in die erste Brennblase.

Die Gärtanks müssen vor jeder Neubefüllung sorgfältig gereinigt werden – ein exzessiver Bakterienbefall könnte die Hefe unbrauchbar machen. Sterilität ist einer der Vorteile, die Edelstahl bietet; außerdem ist die Lebensdauer von Holztanks begrenzt, sie liegt bei etwa 40 Jahren.

Traditionalisten sehen aber immer noch bestimmte Vorteile durch das Holz. Sie glauben an eine positive Reaktion zwischen dem Alkohol und den Bakterien, die dem Holz immer anhaften – schließlich ist es unmöglich, vollkommene Sterilität zu erreichen. Manche Brenner schworen darauf, dass ältere Gärbottiche aus Holz den Esteranteil der Maische erhöhen.

Andere setzen auf die Wärmeisolierung, die das Holz der gärenden Maische im Winter bietet. Wie dem auch sei, es gibt kaum einen Zweifel, dass Holz eine Auswirkung hat – ob positiv oder negativ, bleibt offen. Bei der Destillerie Bowmore denkt man positiv und ist kürzlich von Edelstahl zu Holz zurückgekehrt.

Saubere Gärtanks, niedrige Gärtemperatur, langsame Fermentation und reines Wasser maximieren die Alkoholausbeute. Angestrebt werden gut 4 000 Liter Alkohol pro Tonne Malz. Eine zweite Gärung führt zwar zu einer höheren Aromakomplexität, kann diesen Ertrag jedoch um 50 bis 60 Liter reduzieren.

Destillation

OBEN: *Brennblasen bei Strathisla. Ihre Form beeinflusst die Reinheit des Destillats.*

Die Destillation trennt den Alkohol in der vergorenen Maische vom Wasser und konzentriert ihn. Dies geschieht durch Erhitzen und Kondensieren: Alkohol hat einen niedrigeren Siedepunkt als Wasser, so dass beim Erhitzen zuerst die alkoholischen Dämpfe aufsteigen. In einem Kondensator kondensieren sie wieder zu einer Flüssigkeit.

Die Kessel, in denen das passiert, nennt man Pot Stills – große kupferne Brennblasen mit einem schmalen, abknickenden Hals, der in den oft im Freien installierten Kühler führt. Ursprünglich war der Kühler ein Schlangenrohr mit abnehmendem Durchmesser, *worm* genannt, das durch eine Wasserwanne lief. Nur dreizehn Destillerien, darunter Talisker und Springbank, verwenden heute solche Kühler. Verbreiteter sind heute Rohrbündelwärmeaustauscher, bei denen der Dampf um die Wasserrohre geleitet wird.

Zur Herstellung von Malt benötigt man zwei Brennblasen, eine für den Rohbrand und eine für den Feinbrand. In manchen Destillerien ist eine dritte installiert. Brennereien, die nur über eine Pot Still verfügten, wickelten die Brenndurchläufe nacheinander darin ab. Die Brennblasen für den ersten Brand sind meist etwa doppelt so groß wie die zweite, da sie eine größere Flüssigkeitsmenge aufnehmen müssen. Die größten (z. B. bei Glenfarclas) fassen bis zu 30 000 Liter, die kleinsten (Edradour) gut 4 000 Liter. Sie werden zu etwa zwei Dritteln gefüllt.

FORM DER BRENNBLASEN

Es gibt drei grundlegende Ausführungen: die am weitesten verbreitete Zwiebelform, eine mit Ausbuchtung in der Mitte (*boil ball*) und eine Laternenform (*lantern*). Kapazität, Höhe, Art der Befeuerung, Knickwinkel des Schwanenhalses und so weiter unterscheiden sich von Brennerei zu Brennerei und wirken sich auf die Zusammensetzung des Destillats aus. Sehr große Brennblasen wie bei Glenmorangie lassen nur die leichteren, flüchtigeren alkoholischen Dämpfe bis nach oben aufsteigen, schwerere fallen zurück (Reflux) und werden redestilliert. Eine ähnliche Funktion erfüllen die *boil balls*, bauchige Kammern zwischen Körper und Kopf der Brennblase. Um den Rückfluss zu erhöhen, modifizieren manche Destillerien den Schwanenhals, unter anderem durch einen steileren Winkel. Bei Dalmore wird der Hals der Feinbrandbrennblasen seit 1874 mit Wasser gekühlt, was denselben Zweck erfüllt.

Wichtig ist auch der Kupfermantel, mit dem die Flüssigkeit in Berührung kommt. Kupfer löst sich im Laufe der Zeit auf, was einen wesentlichen Einfluß auf die Qualität des Destillats hat – durch eine chemische Reaktion mit den Kupferpartikeln verschwinden schweflige oder pflanzliche Aromen. Das ist besonders wichtig für die erste Destillation. Generell gilt, je kleiner die Brennblase, desto größer die Kupferoberfläche pro destilliertem Volumen. Enge Hälse erhöhen die Geschwindigkeit des aufsteigenden Dampfes und führen dadurch zu einem reduzierten Kupferkontakt.

Seit den 80er-Jahren des letzten Jahrhunderts werden die meisten Brennblasen indirekt mit Wasserdampf beheizt – ähnlich wie ein elektrischer Wasserkocher. Auf diese Weise lässt sich die Temperatur besser kontrollieren und genauer einstellen.

Eine Hand voll Brennblasen werden immer noch direkt, mit einem Kohle- oder Gasfeuer unter dem Brennkessel, befeuert. Damit keine Feststoffe am Kesselboden anhängen und anbrennen, sind solche Pot Stills innen mit einer Art rotierendem Kupferbesen (*rummager*) ausgerüstet. Brennereien mit solchen Anlagen – etwa Macallan, Glen Grant, Glenfiddich, Ardmore, Springbank, Longmorn – glauben fest an deren Nutzen für den Geschmack des Destillats. Nach Experimenten mit indirekter Beheizung führte Macallan die Direktbefeuerung wieder ein.

DIE ERSTE DESTILLATION

Hier geht es darum, der Maische Alkohol zu entziehen. Dazu wird die vergorene Maische aus dem Gärtank in einen Zwischentank und weiter in die erste Brennblase gepumpt, die halb oder bis zu zwei Dritteln gefüllt wird, damit sich die Maische beim Erhitzen ausdehnen und schäumen kann. In diesem Stadium hat die Flüssigkeit einen Alkoholgehalt von etwa 8 Vol.-% und eine Temperatur von 26 bis 32 °C.

Beim Befüllen der Brennblase wird die Hitze hochgefahren und die Maische bis an den Siedepunkt erhitzt. Nach kurzer Zeit beginnt es im Kessel zu schäumen, wie der Brennmeister durch zwei Sichtfenster beobachten kann. Er möchte natürlich vermeiden, dass die Maische überschäumt und Schaum durch den Schwanenhals bis ins Destillat gelangt. Zu große Hitze kann auch zur Abnutzung des Schwanenhalses führen, wodurch der Rohbrand schweflig werden kann. Also wird die Hitze reduziert, sobald die Maische zu schäumen beginnt.

Schaumentwicklung war vor der Einführung der Sichtfenster ein großes Problem. Der Brennmeister musste die Füllhöhe akustisch mit einer an einer Kette angebrachten Holzkugel, die er gegen den Hals der Brennblase schlug, prüfen. Bis vor kurzem wurde der Maische oft Seife als oberflächenaktives Mittel untergemischt, um die Schaumbildung zu reduzieren. Das hat zwar noch niemand zugegeben, doch dieser Trick soll noch heute angewendet werden!

Je länger die Maische gegoren hat, desto weniger »unruhig« ist sie. Eine Maische, die das Wochenende über gestanden hat, setzt sich innerhalb von 15 Minuten; bei einer Maische, die keine Ruhe hatte, die zweite Gärung abzuschließen, kann das eine Stunde dauern. Sobald sie sich gesetzt hat und man durch das untere Sichtfenster wieder etwas sieht, wird die Hitze langsam wieder hochgefahren. Dies wird einige Male wiederholt, während die Alkoholdämpfe nach und nach aufsteigen. Langsames, kontrolliertes Erhitzen ist wichtig, damit sich keine öligen oder hefigen Stoffe im Schwanenhals absetzen, was wiederum zu einem beißenden Aroma führen könnte. Solche Ablagerungen werden bei der Reinigung dennoch nicht entfernt, da eine kleine Menge dem Geschmack durchaus guttut.

Die Geschwindigkeit des ersten Brenndurchlaufs hängt von Größe und Form der Brennblasen ab, vom Alkoholgehalt der Maische und von der Effizienz des Kondensators. Eine 30 000-Liter-Brennblase, mit 20 000 Litern gefüllt, schafft etwa 1 000 bis 1 500 Liter Destillat in der Stunde. Insgesamt wird etwa ein Drittel der Maische zu Destillat.

Es wird so lange gebrannt, bis die verbleibende Flüssigkeit einen Alkoholgehalt von nur noch 1 Vol.-% hat, dann wird das Beheizen beendet. Der proteinreiche Rest mit einem Feststoffgehalt von 4% wird zu einem Sirup (Feststoffanteil 45-50%) reduziert und zusammen mit den Resten vom Maischen als Viehfutter abgegeben.

Der Rohbrand hat nun einen Alkoholgehalt von etwa 21 Vol.-%. Er durchläuft einen Zwischentank, in dem er durch Mischen mit abgezogenem Vor- und Nachlauf auf 28 Vol.-% gebracht wird. Das ist wichtig, da Whisky unterhalb dieser Marke nicht fraktioniert. Ein Gutteil des Vor- und Nachlaufs zirkuliert immer wieder und wird nie zu einem trinkbaren Destillat. Dies ist zwar ineffizient, aber bedeutsam für die Fraktionierung.

DIE ZWEITE DESTILLATION

Die zweite Stufe der Destillation reinigt den Rohbrand. Neben Ethylalkohol und Wasser enthält er anfangs eine große Zahl unreiner Alkohole und Öle, hauptsächlich Ester, Aldehyde, Furfurale und andere Verbindungen aus Wasserstoff, Sauerstoff und Kohlenstoff. In Malt Whisky wurden Hunderte solcher organischer Stoffe identifiziert, und Chemiker räumen ein, dass es noch Aberhunderte gibt, die isoliert werden müssen. Auch wenn es sich im Grunde um Verunreinigungen handelt,

RECHTS: *Ein Brenner bei der Arbeit. Im* spirit safe*, durch den das Destillat fließt, kann er Messungen vornehmen, um Vor- und Nachlauf sauber abzutrennen.*
GANZ RECHTS: *Kupfersulfatkristalle im* spirit safe*, um auf Reinheit geprüft zu werden.*

geben sie dem Malt doch seinen Geschmack und sollten nicht in ihrer Gesamtheit eliminiert werden. Die Könnerschaft besteht darin, für die richtige Menge im aufgefangenen Destillat zu sorgen.

Unreine Alkohole werden am Anfang und am Ende der zweiten Destillation freigesetzt. Den ersten Teil bezeichnet man als Vorlauf, den letzten als Nachlauf. Nur der reine Mittellauf des Destillats wird aufgefangen. Der »Schnitt« muss präzise gesetzt werden, da ein zu hoher Anteil unerwünschter Bestandteile den Whisky ungenießbar machen würde. Es ist die Kunst des Brennmeisters, ein Destillat zu erzeugen, das diese höheren Alkohole in hinreichender Menge enthält, um dem Whisky seinen individuellen Charakter zu verleihen.

Der Vorlauf beginnt, wenn die Temperatur 90 °C erreicht – falls es früher losgeht, kann man mit einem längeren und stärkeren Mittellauf rechnen. Der Vorlauf ist sehr alkoholreich (75-80 Vol.-%) und riecht stechend. Der Brenner beobachtet seinen Durchfluß im *spirit safe*, einem Glaskasten mit Messingrahmen. Die Reinheit prüft er durch Wasserzugabe: Wird das Destillat trübe, ist es noch nicht rein. Mit einem Hydrometer misst er auch den Alkoholgehalt und lässt das Destillat so lange in einen Auffangbehälter abfließen, bis es sich klärt. Dann legt er einen Hebel um und fängt den reinen Mittellauf auf. In manchen Destillerien verzichtet man auf Tests und orientiert sich statt dessen an einer vorgegebenen Durchlaufzeit.

Der Alkoholgehalt des Destillats sinkt während des Brenndurchlaufs kontinuierlich auf 72 bis 75 Vol.-%. Das dauert etwa 15 bis 30 Minuten. Den genauen Zeitpunkt zu erkennen ist entscheidend für den Charakter des Endprodukts.

Der Beginn des Mittellaufs ist reich an den erwünschten aromatischen Estern. Dieses Destillat ist wohlriechend, fruchtig und erinnert an Birnen, Bananen und Rosen – herrliche Aromen für einen Malt Whisky.

Man kann mindestens 100 einzelne Ester feststellen. Im Hinblick auf das Aroma sind Isoamylacetat und Ethylcaprylsäure die wichtigsten. Etwa in der Mitte des Mittellaufs kommen andere Aromaten ins Spiel, die sich in der Folgezeit verstärken, während der Anteil der Ester abnimmt. Am Anfang riechen sie angenehm und keksartig, dann honigartig, bevor sie einen breiigen, ledrigen Ton entfalten. Kurz darauf zeigen sich unangenehme Aromen nach Schweiß, verdorbenem Fisch und Erbrochenem. Aus der Sicht des Chemikers handelt es sich bei den keksartigen Aromen um Organo-Stickstoffverbindungen, während die inakzeptablen Aromen von Organo-Schwefelverbindungen herrühren. Die Aromaintensität dieser Verbindungen kann sehr stark sein (noch riechbar in einem Mischungsverhältnis von 1 zu einer Trillion) – diese Gerüche werden auch als schweflig, gummi- oder eierartig umschrieben. Der Brennmeister darf nun kein Destillat mehr auffangen, auch wenn der Alkoholgehalt noch hoch ist. Er scheidet den Nachlauf rechtzeitig ab – ein wesentlicher Moment für den Geschmack des Destillats, da nun die schwerflüchtigeren Unreinheiten nachlaufen. Je länger der Brennmeister abwartet, um so derber fällt der Whisky aus. Wenn er den Hebel andererseits zu früh umlegt, kann es dem Whisky an Charakter mangeln.

Wann genau sie den Mittellauf beenden, ist für die Brennmeister ein streng gehütetes Geheimnis. Manche (speziell in Speyside, wo man einen leichteren Charakter anstrebt) stoppen bei 69 Vol.-% Alkohol, andere erst bei 60 Vol.-%. Leider hat die Kostenkontrolle hier manchmal auch ein Wörtchen mitzureden.

Die dritte Aromagruppe im Whisky sind die Phenole. Ihre Herkunft aus dem Torf haben wir schon erörtert (siehe Seite 44). Phenolische Verbindungen zeigen sich nach etwa einem Drittel des Brenndurchlaufs. Anders als die beiden anderen Aromaten-Familien jedoch bleibt ihre Intensität stets in etwa gleich. Viele Blender beurteilen die Balance von Estern, Nachlauf und Phenolen und werten die Whiskys dementsprechend.

Im Laufe der Destillation steigt die Temperatur auf 100 °C, den Siedepunkt der nun entalkoholisierten Maische. Das Tempo der Destillation beeinflusst die Reinheit und den Geschmack des Destillats. Zu heftiges Erhitzen führt zu vermehrten Verunreinigungen. Ein kräftiger esterartiger Geruch im Brennhaus ist ein Anzeichen dafür, dass die Brennblasen zu schnell betrieben werden. Mancherorts wird die Dampfentwicklung mit automatischen Messgeräten kontrolliert, um den gewünschten Durchfluss zu garantieren, der je nach Brennerei zwischen 40 und 200 Litern pro Minute liegen kann.

Vor der Neubefüllung sollte die Brennblase ruhen können, damit sich das Kupfer erholt – dies ergibt ein leichteres Destillat.

Die Länge des Mittellaufs hat tief greifende Auswirkungen auf den Geschmack des Endprodukts. Der Nachlauf der zweiten Destillation wird zum Vorlauf gegeben und redestilliert. Die Restmaische in der Brennblase wird auf 1 Vol.-% Alkohol gebracht. Vor-, Nach- und Mittellauf der zweiten Destillation summieren sich zu rund einem Zwölftel der Menge der Ursprungsmaische.

Fassabfüllung

OBEN: *Umfüllen von einem Fass in ein anderes bei Caol Ila, Islay.*
OBEN RECHTS: *Leere Fässer warten auf Füllung bei Bunnahabhain.*

Nach der zweiten Destillation gelangt der Mittellauf des Destillats in einen Auffangbehälter. Sein Alkoholgehalt kann unterschiedlich hoch sein, liegt aber durchschnittlich um 70 Vol.-%. Vor ein paar Jahren soll eine bestimmte Brennerei 63,5 Vol.-% angegeben haben – was leider bedeuten würde, dass sehr viel Nachlauf im Destillat war.

Von Gesetzes wegen darf das Destillat erst nach mindestens drei Jahren Fassreife als Whisky bezeichnet werden. Das junge Destillat wird vom Brennhaus ins Abfülllager gepumpt, wo es mit Wasser zunächst auf 63,5 Vol.-% gebracht wird. Erst dann kommt es ins Fass. Vor Jahren entdeckte man, dass die Reifung eines unverdünnten Destillats deutlich langsamer verläuft. Andererseits: Unterhalb von 63,5 Vol.-% kam nach Jahren der Reife ein zu schwacher Whisky heraus, der nicht verkehrsfähig war. Hinzu kommt, dass bei stärkerer Verdünnung weit mehr Fässer benötigt worden wären – ein Kostenfaktor, der zudem eine größere Lagerkapazität nötig gemacht hätte. Kosten, die die Brennereien natürlich scheuten.

Das junge Destillat wird in gebrauchte Fässer gefüllt, in denen zuvor entweder Bourbon-Whiskey oder Sherry ausgereift wurde, in seltenen Fällen auch Port oder andere Weine. Die erste Nutzung »würzt« das Holz und verändert seine chemische Struktur auf eine Art, die dem Whisky zugute kommt. Das Holz enthält Aromen, die vom Whisky freigesetzt werden und sich mit ihm verbinden.

Das Fass erhöht die Komplexität des Whiskys, verleiht ihm mehr Duft, Feinheit, Farbe, Tannine und andere Aromen. Der Chemiker und Fassexperte Dr. Jim Swan drückte es einmal so aus: »Die Verwandlung, die während der Fassreife stattfindet, gleicht der Metamorphose einer Raupe in einen Schmetterling.«

Holz und Reifung

OBEN: *Schmiedearbeiten an einem Fassring in der Speyside-Küferei.*

Wie wesentlich die Reifung für das Endprodukt ist, wurde von der Wissenschaft erst in den letzten Jahren erkannt – Kenner wussten es schon lange. Sensoriker schätzen, dass die Reifung für 60 bis 80 % des Geschmacks eines Malt Whisky verantwortlich sein kann. »Kann« wegen der vielen Einflussfaktoren, die bei der Reifung mitspielen: Art und frühere Nutzung des Fasses; Bauart des Lagerhauses; geographische Lage; das Mikroklima, in dem das Destillat reift, und die Dauer der Reife. Auf diese Faktoren werden wir später noch zurückkommen.

Whiskyfässer werden grundsätzlich aus Eiche hergestellt. Dies ist zum einen gesetzlich vorgeschrieben, zum anderen haben Versuche mit anderen Hölzern (etwa Kastanie) nicht zu befriedigenden Ergebnissen geführt.

Es gibt weltweit etwa ein Dutzend Sorten Eichenholz, die für die Reifung von Weinen und Spirituosen eingesetzt werden. Whisky reift fast ausschließlich in Fässern aus *Quercus-alba*-Eiche (Amerikanische Weißeiche), daneben in Europäischer Eiche, *Quercus robur*. Diese Fässer stammen vorwiegend aus Spanien. Vor dem Ersten Weltkrieg kamen viele Fässer aus Danzig. Auch altes Eichenholz aus England wurde früher verwendet, doch da es spröde war und die Fässer dazu neigten, leck zu werden, konnte man das Holz nicht sägen, sondern musste es aufwendig spalten. Während europäisches Eichenholz dem Whisky mehr harzige Noten, Duftigkeit und oft übermäßig adstringierende Elemente mitgibt, verleiht ihm neue amerikanische Eiche scharfe, terpentinartige Aspekte. Bäume für Fassholz müssen mindestens 80 Jahre alt sein.

Ihre komplizierte chemische Struktur macht Eiche zum idealen Holz für die Fassreifung. Es enthält Zellulose (die nur wenig zur Reife beiträgt), Hemi-Zellulose (die karamellisiert und dadurch zu Süße und Farbe beiträgt), Lignin (gut beim Blenden, steigert die Komplexität und bringt

OBEN: *Abkühlen eines Fasses nach dem Ausbrennen in der Speyside-Küferei.*
GANZ RECHTS: *Beschriften eines Fassdeckels in der Destillerie Glenrothes.*

FASSTYPEN	
Name	**Beschreibung**
GORDA	auch »bodega butt«, 600 Liter
PIPE	früher für Port verwendet; 500 Liter
HOGSHEAD	der meistverwendete Fasstyp; 250 Liter
PUNCHEON	545 Liter
BUTT	gebrauchtes Sherry-Fass; 500 Liter
DUMP PUNCHEON	460 Liter
BARREL	auch: »American Barrel«; 200 Liter
KILDERKIN	in Alt-Schottisch »kinken«; 82 Liter
QUARTER	auch »Firkin«; 45-80 Liter
ANKER	etwa 40 Liter
OCTAVE	22,5 Liter

Vanillenoten mit), Tannine (diese wirken adstringierend und duftig) und Holzextrakte (Bourbon, Sherry etc., siehe unten). Eiche unterstützt auch die Oxidation, durch die das Destillat weicher, fruchtiger und komplexer wird. Vor Verwendung werden die Fässer innen ausgebrannt und angekohlt – dies hilft, unerwünschte Aromabestandteile zu beseitigen.

FÄSSER

Neue Fässer haben noch einen dominanten Holzgeschmack – wie man an manchen Chardonnay-Weinen aus der Neuen Welt feststellen kann. Für Scotch Whisky verwendet man daher grundsätzlich gebrauchte Fässer.

Man muss hinzufügen, dass diese Tradition ursprünglich aus dem guten alten schottischen Geiz heraus entstanden ist. Vor hundert Jahren wurden Fässer, sofern sie billig waren, als Behälter für alles mögliche verwendet – von Butter und Salz bis hin zu Nägeln oder Fisch. Experimente belegten bald, dass Sherry-Fässer den damaligen Whiskys das beste Aroma verliehen.

Heutzutage werden vorwiegend zwei Typen von Fässern eingesetzt: gebrauchte Bourbon-Fässer und solche, in denen zuvor Sherry lagerte.

Bei den Bourbon-Fässern gibt es zwei Arten: **Hogsheads** mit einem Fassungsvermögen von etwa 250 Litern; diese Fässer werden zerlegt verschifft und in Schottland mit einem Anteil von 25% neuer Dauben und mit neuen Deckeln wieder zusammengesetzt. **Barrels** dagegen, mit einem Fassungsvermögen von etwa 200 Litern, werden im Ganzen transportiert.

In beiden Fassarten wurde mindestens vier Jahre lang Bourbon-Whiskey gereift. Die Sherry-Fässer (die so genannten *butts* beziehungsweise *puncheons*) wurden hauptsächlich für die meist vierjährige Reifung von Oloroso, Fino oder Amontillado verwendet. Der Sherry-Stil vermittelt sich dem Whisky in Farbe und Geschmack. Obwohl sich die zwei Arten Sherry-Fässer in ihrer Höhe und Breite unterscheiden, fassen sie beide etwa 500 Liter.

Das Verhältnis von Holzoberfläche zu Inhalt bestimmt die Geschwindigkeit der Reifung: Je kleiner das Fass, umso schneller geht es. Zur Zeit machen die früheren Bourbon-Fässer 93% der

Fassimporte aus, doch da Sherry-Fässer öfter verwendet werden können, liegt ihr Anteil an den etwa 17 Millionen in Schottland eingelagerten Fässern deutlich über 7%. Ein Sherry-Fass kostet mit 250 Pfund (ca. 390,– €) rund zehn Mal so viel wie ein Bourbon-Fass, und die Preise für beide steigen kontinuierlich.

Bei einer Untersuchung der Auswirkungen amerikanischer Eiche auf Scotch Whisky wurde Ende der 80er-Jahre von Swan und Gray festgestellt, dass die Reifung des Destillats besser verläuft und bessere Ergebnisse erbringt, wenn das Holz langsam gewachsen ist und nicht künstlich, sondern an der Luft getrocknet wurde.

Die ursprüngliche Quelle für amerikanische Eiche lag in den Ozark Mountains in Missouri, einer abgelegenen, wenig fruchtbaren Region mit Bäumen, die zu klein bleiben, als dass man das Holz für etwas anderes als für Fässer hätte verwenden können. Heute gewinnt die Bourbon-Industrie ihr Holz in besser zugänglichen, weiter östlich gelegenen Regionen, wo die Böden besser sind, die Bäume schneller wachsen und der Ertrag höher ist. Viele amerikanische Küfer trocknen das Holz heutzutage auch in Darren – das dauert nur 23 Tage, das traditionelle Trocknen an der Luft dagegen 18 Monate.

In der erwähnten Untersuchung wurde herausgefunden, dass sich die künstliche Trocknung zwar nicht auf Bourbon auswirkt, sehr wohl aber auf die zweite Füllung mit Scotch, kanadischem oder irischem Whisk(e)y. Der Bericht regte deshalb an, ein Viertel jedes Fasses aus langsam gewachsener, luftgetrockneter Eiche zu bauen.

Ein anderer bestimmender Faktor für den Geschmack von Malt Whisky ist die Tatsache, dass Bourbon-Fässer vor der ersten Verwendung innen ausgebrannt und angekohlt werden. Dies setzt Vanillin frei und adsorbiert unerwünschte Aromen. Sherry-Fässer werden weniger stark angekohlt.

Alle erwünschten Elemente, die ein Fass zum Whisky beitragen kann, verlieren sich natürlich mit der Zeit. Wenn ein Hogshead drei Mal verwendet wurde (angenommen jedes Mal für zehn Jahre), kann es dem nächsten Destillat nicht mehr viel mitgeben. Daher wird jedes Fass vor der Neubefüllung gründlich untersucht – ausgelaugte Fässer werden nicht mehr verwendet.

Lagerhäuser

RECHTS UND GANZ RECHTS:
Chivas Glenlivet verfügt zur Reifung über 47 Lagerhäuser bei Mulben in Speyside. Zusammen haben sie eine Kapazität von 1,25 Millionen Fässern.

Die traditionellen Lager sind niedrige, aus Steinen gebaute Häuser mit einem Boden aus gestampfter Erde, auf dem drei Fassreihen gestapelt sind. Moderne Lagerhäuser sind sehr viel größer. Hier liegen die Fässer klimatisiert und bis zu zwölf Lagen hoch gestapelt. Macallan verfügt bei Craigellachie über das größte moderne Faßlager – auf 2000 Quadratmetern lagern 70000 Fässer.

Der Reifeprozess hängt auch von Art und Ort des Lagers ab. Whisky »atmet« durch das poröse Fassholz und verdunstet dabei jährlich 2% seiner Menge: der »Anteil der Engel«.

In den alten Lagerhäusern, in denen es feuchter ist und die Luft stärker zirkuliert, verliert der Whisky weniger an Volumen als an Alkohol (etwa 4-5 Vol.-% in zehn Jahren). In einem modernen Lager ist es umgekehrt. Die alten Steinhäuser gaben dem Whisky bei gleicher Reifezeit mehr Milde. In modernen Lagerhäusern, wie z. B. bei Macallan, versucht man die Vorteile beider Arten zu vereinen.

Der Standort des Lagerhauses ist ebenfalls von Bedeutung. Ein und dasselbe Destillat entwickelt sich an verschiedenen Orten anders. Lagerhäuser an der Küste, von Winterstürmen umtost und ständig der salzigen Seeluft ausgesetzt, bringen Whiskys mit anderen Charakteristika (vor allem Salzigkeit) hervor als solche im Landesinneren. Dort sind die Temperaturunterschiede zwischen Sommer und Winter auch größer als an der Küste (Insel Orkney: -3 °C bis +20 °C; Speyside: -25 °C bis +25 °C). Es heißt, dass eine gleichmäßige Reife unter gleichbleibenden Bedingungen Vorteile habe. Es ist ein sehr interessanter Versuch, einmal einen auf der Insel Islay gereiften Bowmore mit einem Bowmore zu vergleichen, der in Bowling am Fluss Clyde gelagert wurde; oder einen Highland Park direkt von Orkney gegen das gleiche Destillat, nur eben ausgereift in den Lagerhäusern in Glasgow.

ZEIT

Von Gesetzes wegen muss Scotch mindestens drei Jahre gelagert werden. Wie lange er in der Praxis reifen sollte, hängt vom individuellen Destillat und vom individuellen Fass ab. Anders als Wein reift Whisky in der Flasche nicht mehr weiter, obwohl er sich auf längere Sicht etwas verändert. Leichtere Alkohole und Ester können sich verflüchtigen, und der Whisky kann ein wenig oxidieren, so dass sich allmählich der Gesamteindruck eines schwereren Whiskys entwickelt.

Allgemein gesagt: Leichtere Whiskys (etwa aus den Lowlands) reifen schneller als schwerere Malts (wie manche von Islay oder aus Campbeltown), alles hängt jedoch vom Charakter des Holzes ab. Kein Fass gleicht dem anderen. Selbst fortlaufend numerierte, völlig gleichartige Fässer mit Destillat aus demselben Produktionslauf können nach gleicher Reifedauer vollkommen unterschiedliche Whiskys hervorbringen. Es ist auch wichtig zu verstehen, dass der Reifeprozess keine lineare Entwicklung darstellt. Das wechselnde Mikroklima im Lagerhaus und saisonale Schwankungen der Reifebedingungen machen ihren Einfluss geltend.

Manche Leute glauben, dass Whisky während seiner Reife mehr als nur einen »Gipfel« erreicht und zwischenzeitlich vorübergehend im Geschmack etwas abflachen kann. Das erscheint mir unwahrscheinlich. Hier spielen sicherlich auch persönlicher Geschmack und die Trinkgelegenheit eine Rolle. Überhaupt scheint es einen Unterschied für den Geschmack zu machen, wo man einen Whisky trinkt. Italienische Verbraucher beispielsweise bevorzugen jüngere Malts, sehr gerne fünf Jahre alte Qualitäten… Manche Whiskys gewinnen noch nach 30 Jahren und mehr – andere sind schon nach der halben Zeit überlagert und schmecken holzig.

Heute weiß man, wie viel Wahrheit in diesem alten Spruch liegt: »Das Holz macht den Whisky.«

MAKE:
AGE:
STRENGTH:
DATE:

Der Genuss von Whisky

Lasst uns ihre Sünden aufzählen. Zunächst trinken sie nicht zum Vergnügen, noch dem Geschmack oder dem Duft zuliebe, den der Whisky besitzen könnte, sondern einfach eines bestimmten physischen Effektes wegen. Sie betrachten Whisky nicht als Getränk, sondern als Droge, nicht als ein Ziel, sondern als einen Weg zum Endpunkt hin … Whisky wird beleidigt in den Händen von Schluckspechten, die trinken um der Trunkenheit willen und die statt Geschmacks- und Geruchsorganen lediglich ein Eichmaß für Alkohol in sich tragen, Säufern, die ›runter damit‹ und ›auf ex‹ brüllen, und all den anderen, für die es keine Whiskys gibt, sondern nur Whisky als solchen – und Soda, natürlich.«

LINKS: *Proben von Malt Whiskys für eine Verkostung unter Laborbedingungen.*
RECHTS: *Verkostung unter weniger kontrollierten Bedingungen in einer Bar in Edinburgh.*

Mit diesen Worten beklagte Aeneas Macdonald in den 30er-Jahren den Mangel an Genussbereitschaft, der dem Malt Whisky entgegengebracht wurde. Über die heutige Situation wäre er ins Schwärmen geraten. Und er war sicherlich auch der Meinung, dass man seinen Drink nach eigenem Gusto genießen sollte, ohne Wichtigtuerei – Geselligkeit gehört zum Whiskytrinken. Was den Genuss noch steigert: passende, schön geformte Gläser, Wasser in der richtigen Menge und Qualität, die richtige Serviertemperatur und: bewusstes Genießen. Darum geht es im folgenden Kapitel.

Sensorische Bewertung

OBEN: *Professionelle Verkostungsgläser sind aus Kristallglas und tragen Eichstriche.* RECHTE SEITE: *Der Autor verkostet eine Probe für die Scotch Malt Whisky Society.*

Whisky-»Verkostung« ist eigentlich eine nicht ganz treffende Bezeichnung. Schließlich findet der Großteil der Bewertung mit Hilfe der Nase statt und nicht über den Gaumen. Professionelle Whisky-Verkoster nennt man auch *noses* – Nasen. Wir sollten also im Grunde korrekterweise von der »sensorischen Bewertung« sprechen, bei der vier unserer fünf Sinne in Anspruch genommen werden: Sehen, Riechen, Schmecken und Fühlen. Die letzteren drei schaffen den Zugang zum Aroma. Man könnte sogar behaupten, dass auch unser Gehör ins Spiel kommt – wenn die Flasche entkorkt wird und der erste Schluck ins Glas gluckert. Wir sollten dabei das Klingen der Gläser beim Anstoßen nicht vergessen und das Zuprosten.

GERUCH

Auch wenn unser Geruchssinn im Alltagsleben unterfordert ist – er ist unser schärfster Sinn und kann unterbewusst unsere Reaktion auf einen Ort oder eine Person enorm beeinflussen. Während es nur drei Grundfarben und vier grundlegende Geschmacksrichtungen gibt, haben Wissenschaftler 32 verschiedene Aromagruppen identifiziert! Professionelle Whisky-Nasen und Weinverkoster speichern bewusst Schlüsselaromen – Typisches, wie auch Ausnahmen von der Regel – in ihrem Gedächtnis. Auf dieser Grundlage bilden sie sich ein Urteil über eine Probe. Auf diese Weise sind sie manchmal in der Lage, Jahrgang und Herkunft zu identifizieren.

Die Nase ist unser empfindlichstes Organ. Sie kann manche Aromen identifizieren, die in einer Verdünnung von eins zu einer Million vorliegen. Und sie kann Einzelaromen aus einer verwirrenden Vielfalt an Aromen herausriechen. Die Duftinformationen werden mittels flüchtigen Estern und Aldehyden entweder durch die Nasenlöcher oder über den Nasen-Rachen-Raum transportiert, Letzteres, wenn man etwas in den Mund nimmt und schluckt. Die Information wird von Rezeptoren im oberen Nasenraum aufgenommen und über olfaktorische Kanäle in die für den Geruchssinn zuständigen Bereiche im Gehirn weitergeleitet.

Längeres Riechen an einem bestimmten Wahrnehmungsgegenstand kann die Geruchsnerven dieser speziellen Aromagruppe gegenüber abstumpfen. Das bedeutet:

a) Die ersten Eindrücke sind die wichtigsten.

b) Wenn der erste Eindruck unscharf oder schwer zu beschreiben ist, hilft es nicht viel, lange herumzuprobieren.

Im Großen und Ganzen ist die Fähigkeit der Menschen, Aromen zu identifizieren, relativ gleich ausgeprägt – die meisten erkennen in einem simplen Vergleichstest 70 bis 80 % der Düfte. Es gibt nur sehr wenige Menschen, die an Anosmia (Verlust des Geruchssinns, »Geruchsblindheit«) leiden oder nur für ganz bestimmte Aromafamilien empfänglich sind. Eine verstopfte Nase oder eine schwere Erkältung sind natürlich hinderlich.

Entgegen einer weit verbreiteten Annahme wird Geruchssinn durch das Rauchen nicht beeinträchtigt – trotzdem sollte man eine halbe Stunde vor und auch während einer Verkostung nicht gerade rauchen. Im Moment des Rauchens kann dies die Geruchsrezeptoren etwas unempfindlicher machen. Jedenfalls sind einige der fähigsten »Nasen« und Weinverkoster leidenschaftliche Raucher.

RECHTS: *Uralte schottische Trinksitte: ein Glas Bier und ein Glas Scotch.* RECHTE SEITE: *Nehmen Sie ein kleines Schlückchen und lassen Sie es über die Zunge gleiten, um zunächst den Grundgeschmack einzuschätzen.*

GESCHMACK

Der Geschmack wird von Rezeptoren auf der Zunge und am Gaumen identifiziert. Diese Geschmacksknospen sind mit dem Rückenmark und schließlich mit den Gehirnbereichen verbunden, in denen der Geschmack interpretiert wird.

Es gibt nur vier grundlegende Geschmacksrichtungen: süß, sauer, salzig und bitter. Welche Rezeptoren im Mund für welchen Geschmack zuständig sind, variiert von Mensch zu Mensch. Als Faustregel scheint jedoch zu gelten: Süß schmeckt man an der Zungenspitze, sauer/säurehaltig an den oberen Zungenrändern, salzig an der Seite und bitter/trocken im hinteren Bereich.

Daher ist es wichtig, einen kleinen Schluck zu nehmen und damit den ganzen Mund zu benetzen, wenn man den Grundgeschmack einschätzen will.

Im 18. Jahrhundert wendete man das »Zungen-Schaben« an, das die Geschmacksknospen frisch halten sollte. Man zog einen kleinen Fischbein-Schaber, der meist an einem Silbergriff befestigt war, über die Zungenoberfläche. Ich persönlich habe diese Methode nie ausprobiert, möchte aber nicht bestreiten, dass sie einen abgestumpften Gaumen erfrischen könnte.

Nach einer ersten Stimulation brauchen die Geschmacksknospen einen Moment oder auch zwei, um zur Normalität zurückzukehren. Wie lange dies dauert, hängt von den Rezeptoren ab: Die hinteren benötigen am längsten, weshalb man manchmal auch eine länger anhaltende Bitterkeit im Abgang verspürt. Physiologisch gesehen sammelt die Zunge nur Primärdaten – es sind die flüchtigen Aromen im Mund, die über die hinteren Nasenwege das Geschmackszentrum im Gehirn erreichen. Eine Verkostung ist also die Kombination von Primärgeschmack und Aromen. So ist es möglich, ein breiteres und präziseres Vokabular für Geschmacksnuancen zu entwickeln, als nur mit »süß, sauer, salzig oder bitter« den Geschmack eines Whiskys zu beschreiben. Sensoriker haben rund 300 Aromen im Malt Whisky ausgemacht und schätzen, dass es noch sehr viel mehr gibt, die noch identifiziert und beschrieben werden müssen. Und dies, obwohl die gelösten aromagebenden Substanzen in einer Flasche mit 40%igem Whisky wohl nur 0,2% des Inhalts ausmachen.

GEFÜHL

Die dritte sensorische Komponente ist das Gefühl – wie fühlt sich etwas im Mund oder in der Nase an? Dieser Aspekt kommt ins Spiel, sobald es um die Struktur oder Temperatur von etwas Ess- oder Trinkbarem geht.

Bei Whisky wird ein Gefühl in der Nase oft mit »stechend« assoziiert – prickelnd, scharf, manchmal schmerzhaft. Es kann aber auch beißend, wärmend oder kühlend wirken. Das »Mundgefühl« kann sehr vielgestaltig sein und wird von Zunge, Gaumen, Wangen, Kehle, ja sogar von den Zähnen wahrgenommen. Gefühle wie adstringierend, trocken, viskos, mundfüllend, mundüberziehend, aufdringlich, wärmend, metallisch, kribbelnd, moussierend oder auch das Gefühl, wenn einem das Wasser im Mund zusammenläuft.

Bei physiologischer Betrachtung müssen wir noch einen anderen Mechanismus erwähnen: freie Nervenenden, mit denen ein stechender, beißender Geschmack wahrgenommen wird.

Vorbereitungen für die Verkostung

OBEN: *Im Verkostungsraum der Destillerie Strathisla.* RECHTS DANEBEN: *Das holzvertäfelte Waschbecken im Verkostungsraum der Scotch Malt Whisky Society in Edinburgh.*

DER VERKOSTUNGSRAUM
Er sollte frei von fremden Gerüchen wie etwa Farbe, Küchendünsten, Rauch oder Bodenpolitur sein. Auch eine ausreichende Beleuchtung sollte vorhanden sein, damit man die Proben optisch begutachten kann. Ich sitze beim Verkosten gerne an einem Tisch. Viele Blendmeister dagegen, die eine große Anzahl an Proben verkosten müssen und genau wissen, wonach sie suchen, tun dies im Stehen.

DIE VERKOSTERGRUPPE
In Gesellschaft zu verkosten und die Eindrücke zu vergleichen ist viel nützlicher als eine einsame Verkostung, und es macht natürlich auch viel mehr Spaß. Allein tappt man leicht in eine Gedankenfalle oder lässt sich von Verkostungsnotizen aus der Literatur beeinflussen. Die Kommentare von Mitverkostern bringen einen auf neue Gedanken und zu neuen Entdeckungen. Kürzlich verkostete ich eine Reihe von Whiskys und schmeckte irgendwann nur noch Getreidenoten heraus – Maismehl, Cornflakes, Weetabix … Ein Mitverkoster war auf Pudding fixiert!

Für ernsthafte Verkostungen sollte der Raum ruhig und gut belüftet sein. Die Verkoster sollten kein Parfüm tragen und ihre Hände nicht unmittelbar vor der Verkostung mit stark duftender Seife waschen. Sie sollten davor auch kein üppiges Essen zu sich nehmen – Hunger schärft die Sinne. Sensorisch am besten in Form sind die meisten Menschen vor dem Mittagessen.

GLÄSER
Die richtige Größe und Form des Glases ist mitentscheidend für die Sensorik und beeinflusst die Wahrnehmung enorm. Die traditionellen zylinderförmigen Whisky-Tumbler sind ein hoffnungsloser Fall. Sie wurden für den Genuss von Whisky mit Soda entworfen – dafür taugen sie auch. Für eine Verkostung benötigt man dagegen ein Degustationsglas, in dem man den Whisky schwenken kann und

das die Aromen bündelt. Eine Sherry-Copita oder ein Cognacschwenker sind ideal. In der Whiskyindustrie wird ein spezielles Verkostungsglas aus Kristall verwendet, das oft mit Unzen-Eichstrichen versehen ist, damit man bei einem mit Wasser verdünnten Whisky den aktuellen Alkoholgehalt ermitteln kann – Beispiel: Eine Unze einer 60 %igen Probe, verdünnt mit derselben Menge Wasser, ergibt rechnerisch ein Getränk mit 30 Vol.-% Alkoholgehalt.

VERDÜNNUNG

Whisky in Fassstärke betäubt die Nase und brennt auf der Zunge – unmöglich, eine solche Probe zu bewerten. Fast alle Whiskys profitieren von der Zugabe von Wasser. Es »öffnet« den Whisky, indem es die Esterketten aufbricht und flüchtige Aromen freisetzt.

Sehr selten trifft man auf einen Whisky, der unverdünnt besser zur Geltung kommt. Außerhalb des Verkostungsraums, zum Digestif, genießen viele Menschen ihren Malt pur – was medizinisch unbedenklich ist: In diesem Fall dient der Speichel als hinreichender Verdünner, wenn man nur sehr kleine Schlückchen nimmt. Blender verkosten bei 20 Vol.-%, doch so viel Wasser kann manche Whiskys ertränken – speziell alte, fragile Malts und Whiskys, die stark nach Sherry schmecken. Ich probierte einmal einen ganz besonderen Blend namens The 500, der zur Feier des 500. Jahrestages der ersten urkundlichen Erwähnung von Scotch herausgebracht wurde und 500 Pfund pro Flasche kostete. Obwohl ich nur ein ganz klein wenig Wasser hineingab, war es doch schon zu viel, und die 50 Pfund in meinem Glas waren wertlos. Es ist immer ratsam, Wasser nur in kleinen Mengen nach und nach in den Whisky zu geben, bis das Prickeln in der Nase verschwunden ist und sich die Aromen der Probe voll geöffnet haben.

WASSER

Das Wasser, das Sie zum Verdünnen verwenden, sollte still und nicht zu mineralhaltig sein. Wahre Aficionados verwenden genau das Wasser, mit dem auch der Whisky in ihrem Glas hergestellt wurde. Es ist meist schwer zu bekommen – doch ich kenne jemanden, der regelmäßig eine halbe Flasche Whisky gegen einen Liter Glenlivet-Quellwasser eintauscht, so hoch schätzt er es ein. Schottisches Wasser ist überwiegend weich. Wenn Ihr örtliches Wasser verdächtig schmeckt oder stark gechlort ist, sollten Sie normales Tafelwasser aus Schottland vorziehen. Wichtig ist, dass das Wasser geruchlos und geschmacklos ist.

TEMPERATUR

Die Idealtemperatur, die ein Whisky haben sollte, hängt vom Klima des Landes ab, in dem Sie ihn trinken. Für Verkostungszwecke jedoch sollte der Malt Whisky die Zimmertemperatur eines alten schottischen Hauses haben (auch wenn sich das in den Zeiten der Zentralheizung und der Isolierfenster schwer machen lässt). Mit anderen Worten: etwa 15 °C. Gekühlter Whisky entfaltet seine Aromen nicht voll, und die Zugabe von Eiswürfeln verschließt sie vollends. Das Glas in der Hand zu erwärmen (wie man es etwa mit Cognac tut) hilft, die flüchtigen Aromen freizusetzen – besonders dann, wenn es sich um eine unverdünnte Probe handelt.

Die Kunst der Verkostung

OBEN: *Diese Probenreihe veranschaulicht die Bandbreite der Farben von Malt Whisky – von wasserklar über helles Strohblond bis hin zu tiefstem Kupfer.*

Wir haben gesehen, dass die Beurteilung eines Scotch Whiskys – wie auch anderer Spirituosen – Augen, Nase und Zunge in Anspruch nimmt. Entsprechend umfasst eine Verkostung in aufeinander folgenden Stufen die drei Aspekte: optischer Eindruck, Geruch und Geschmack.

OPTISCHER EINDRUCK
Die Bewertung von Farbe, Klarheit (Brillanz), Bläschenbildung und Körper.

Farbe – Sie kann von wasserhell bis zu tiefdunkler Lakritzfärbung reichen, mit allen erdenklichen Gold- und Bronzetönen dazwischen. Beim Abfüllen ins Fass ist das junge Destillat wasserklar. Es bezieht seine Farbe während der Reifung aus dem Fassholz. Die Betrachtung der Farbe sagt also etwas über das Fass aus, in dem der Whisky reifte, wie auch über die Dauer der Reifung: je länger, umso dunkler. Doch Vorsicht: Mehrfach verwendete Fässer (insbesondere Bourbonholz) geben selbst bei längerer Lagerung nur noch wenig Farbe, während ein erstmals benutztes Oloroso-Fass in nur fünf Jahren das dunkle Braun eines Sirups hervorbringen kann. Im Allgemeinen färbt amerikanische Eiche den Whisky golden, während europäische Eiche ihm einen Hauch von Bernstein verleiht. Wenn also ein zehn Jahre alter Malt die Farbe von hellem Stroh hat, würde das dafür sprechen, dass er in einem häufig wiederverwendeten Fass gereift ist. Zeigt er die Farbe von poliertem Mahagoni, weist das auf die Erstbelegung eines europäischen Fasses hin. Allerdings muss man vorsichtig bei solchen Schlussfolgerungen sein, denn oft wird die Farbe durch die Zugabe von Karamel verändert, um diese von Abfüllung zu Abfüllung gleich zu erhalten.

Klarheit/Brillanz – Die meisten Whiskys werden vor der Abfüllung kaltgefiltert. Dabei wird die Temperatur auf +2 bis -10 °C abgesenkt, während der

Whisky eine Filteranlage durchläuft. Dies »poliert« und klärt ihn. Das Verfahren kann mit unterschiedlich vielen Lagen von Filtern durchgeführt werden – je mehr, desto mehr Farbe und Geschmack wird dem Whisky auch entzogen.

Diese Technik wurde in den 70er-Jahren entwickelt, um zu verhindern, dass Whisky, gekühlt oder auf Eis serviert, opalisiert, also weißlich trüb wird. Das Pentlands Scotch Whisky Research Institute entwickelte das Verfahren im Auftrag von Teacher's, die eine Lieferung Scotch aus Chicago mit der Begründung zurückhielten, der Whisky sei »wolkig«. Wegen eines Streiks hatte die Ware ein paar Wochen bei Minustemperaturen im Dock gelegen. Am Geschmack des Whiskys war nichts auszusetzen, aber er sah seltsam aus …

Beim Kaltfiltern wird das Ausfällen gezielt provoziert, um die Trübungen herausfiltern zu können. Bei manchen Weinen wurde das schon länger so gehandhabt, während Whisky nur bei Normaltemperatur gefiltert wurde, um Schwebstoffe zu entfernen.

Kaltfiltern sorgt für größere Farbbrillanz, beeinträchtigt aber auch den Geschmack und das »Mundgefühl«. Wenn Ihr Whisky also etwas matt aussieht und bei Wasserzugabe leicht opalisiert, wurde er vermutlich nicht kaltgefiltert – ein gutes Zeichen.

Bläschenbildung – Wenn Sie die Flasche heftig schütteln, bilden sich Bläschen, die sich wieder auflösen. Das Auflösen geschieht bei Whisky mit einem Alkoholgehalt unter 50 Vol.-% schneller. Stärkerer Whisky wirft auch größere Blasen. Bei körperreichen Whiskys liegen die Bläschen nach dem Setzen noch eine Zeit lang wie Perlen auf der Oberfläche. Die Bläschenbildung sagt also etwas über die Stärke und das Gewicht, den Körper der Probe aus. Eines Tages wurde mir eine unetikettierte Flasche vorgesetzt. Ich sollte herausfinden, um welchen Whisky es sich handelte. Während ich verkostete, schüttelte ein Bekannter von mir einfach die Flasche, beobachtete die Bläschenbildung und tippte auf einen 15 Jahre alten Glenfarclas aus dem Sherryfass in Fassstärke – es stimmte!

Körper – Der leichte, mittelschwere oder volle Körper eines Whiskys wird anhand des Mundgefühls und auch optisch eingeschätzt. Schwenken Sie den Whisky im Glas. Während er sich beruhigt, laufen Tröpfchen oder »Tränen« an der Glaswand herunter. Lange Bahnen lassen auf einen hohen Alkoholgehalt schließen und lang anhaltende, dickflüssiger wirkende Schlierenbildung auf Öle, die dem Whisky mehr Körper und Geschmacksfülle verleihen.

GERUCH

Zunächst werden anhand des unverdünnten Whiskys das »Nasengefühl« und anschließend der Duft beurteilt, im dritten Schritt der Duft der verdünnten Probe.

Nasengefühl – Dies ist der Reiz im hinteren Bereich der Nase, den eine stark alkoholische Spirituose auslöst. Die Palette der möglichen Eindrücke kann von »prickelnd« bis hin zu »schmerzhaft« reichen, über »wärmend«, »trocknend« oder »brennend«. Halten Sie mit der Nase anfangs etwas Abstand vom Glas – eine zu plötzliche unangenehme Überraschung kann das Geruchsempfinden für kurze Zeit betäuben. Anschließende Wasserzugabe: Man sollte den Whisky nur bis zu dem Punkt verdünnen, an dem das Gefühl in der Nase verschwindet.

Duft (unverdünnt) – Der erste Eindruck ist wichtig. Schwenken Sie das Glas und riechen Sie noch einmal sorgfältig, den Gedanken an das erste Gefühl in der Nase im Hinterkopf. Sie sollten nun bereits die Grundcharakteristika der Probe feststellen können, alle Aromen öffnen sich jedoch meist erst bei der Wasserzugabe. Fragen Sie sich, wie temperamentvoll oder zurückhaltend der Whisky ist. Beurteilen Sie seine Intensität und Komplexität.

Duft (verdünnte Probe) – Geben Sie ein wenig Wasser in den Whisky und beobachten Sie die durch das Aufbrechen der Esterketten entstehenden Wirbel: ein ähnlicher Effekt wie bei einer viskosen Substanz, die man in Wasser gibt. Riechen Sie noch einmal und geben Sie so viel Wasser hinein, bis das Gefühl in der Nase verschwindet. Riechen Sie erst über dem Glas, um das Bukett wahrzunehmen, dann ins Glas hinein, um die tieferen Geheimnisse zu ergründen. Auch hier sind die ersten Eindrücke sehr wichtig – schreiben Sie sie auf. Atmen Sie immer wieder frische Luft und machen Sie nicht den Fehler, auf der Suche nach einem bestimmten Duftelement zu lange und zu tief zu riechen – dadurch stumpft der Geruchssinn vorübergehend ab. Gehen Sie zur nächsten Probe über.

GESCHMACK

Der Geschmackseindruck setzt sich zusammen aus Mundgefühl, Primärgeschmack, Gesamtgeschmack und Abgang.

Mundgefühl – Nehmen Sie ein Schlückchen, das die Zunge bedeckt. Behalten Sie es für einen Moment im Mund, bevor Sie ausspucken oder schlucken. Wie intensiv ist der Whisky, wie fühlt er sich an? Das Gefühl kann cremig, viskos, wärmend (spritig), adstringierend oder auch prickelnd sein.

Primärgeschmack – Nehmen Sie noch ein Schlückchen. Kauen Sie ein wenig und benetzen Sie den ganzen Mund. Fühlen Sie, wie der Whisky über Ihre Zunge gleitet, und aktivieren Sie Ihre Geschmacksknospen. Wie ist das Verhältnis zwischen Süße (Zungenspitze), Salzigkeit (Zungenseiten), Säure (obere Zungenränder) und der Bitterkeit oder Trockenheit am hinteren Bereich der Zunge?

Gesamtgeschmack – Die erste Frage, die sich professionelle Verkoster stellen: Schmeckt die Probe nach Whisky? Sie büßt Punkte ein, wenn es daran irgendeinen Zweifel gibt. Obwohl es auch interessant sein kann, wenn eine Probe ungewöhnliche Charakteristika aufweist – sofern sie dabei angenehm schmeckt. Ich erinnere mich an eine unabhängige Abfüllung eines Glen Garioch, die herrlich nach Ingwerwein schmeckte. Bei einer anderen Gelegenheit verkostete ich einen Glenlivet, der 60 Jahre im Sherryfass verbracht hatte – ich war enttäuscht, dass er lediglich wie ein alkoholreicher trockener Oloroso-Sherry roch und schmeckte.

Wie Wein kann man einen Whisky als gut einstufen, wenn er wohlausgewogen ist. Das heißt, wenn alle Duft- und Geschmackselemente miteinander harmonieren. Es ist wichtig, dass der Geschmack hält oder übertrifft, was der Duft verspricht.

Whiskys, die süß riechen, dann aber knochentrocken schmecken, sind verwirrend; solche, deren Duft einen vollen Geschmack erwarten lässt, der dann jedoch dünn und nicht nachhaltig genug ausfällt, können nur enttäuschen. Ein Genuss dagegen sind Whiskys mit zurückhaltendem Duft, die sich als wunderbar körper- und aromareich im Geschmack entpuppen.

Abgang – Der Abgang (oder das *finish*) ist die Dauer der Zeit, die der Whisky nach dem Schlucken noch nachklingt, das Angenehme an diesem Geschmack und der Nachgeschmack. Ein mittellanger bis langer Abgang ist wünschenswert, obwohl auch ein kurzer Abgang manchen Malts den Eindruck von Frische geben kann. Gelegentlich wird der Genuss eines an sich guten Whiskys durch einen schlechten Nachgeschmack verdorben. Der Geschmack eines sehr alten, sehr üppigen Whiskys kann stundenlang nachhallen. Richard Paterson, der Blendmeister von Whyte & Mackay, gab mir einmal ein Glas eines 1893 destillierten Dalmore. Er war dunkel wie Melasse und wunderbar intensiv – die Quintessenz eines Malt Whisky. Wir gaben kein Wasser hinein, so dass sich seine delikate Komplexität allmählich im Mund entfalten konnte, und genossen das Gefühl, wie der Whisky sanft die Kehle hinunterrann. Der Abgang war der längste, den ich je erlebt habe. Richard prophezeite, dass ich ihn noch am nächsten Morgen schmecken würde, und dem war auch so!

Durch Kontakt mit der Luft verändert sich der Whisky im Glas. Man kann dies in Grenzen halten (wenn auch nicht ganz ausschließen), indem man die Probe mit einem Uhrglas abdeckt. Bei einer ernsthaften Verkostung sollte man die Proben jedoch offen stehen lassen und nach 30 und 60 Minuten noch einmal nachverkosten, welche Aromen sich noch entwickelt haben.

Der Geschmack eines Whiskys kann ganz unterschiedlich empfunden werden, je nach Tageszeit und den Umständen, unter denen man ihn verkostet. Sowohl objektive als auch subjektive Faktoren spielen hier eine Rolle. Morgens sind die Sinne schärfer als spätabends, nach einem ausgedehnten Abendessen. Duft und Geschmack werden zu unterschiedlichen Zeiten unterschiedlich wahrgenommen: Leichtere Whiskys, die vor dem Mittagessen ein subtiles Bukett offenbaren, sagen einem abends unter Umständen nichts. Ein Whisky, den man abends als betont kräftig, ja stechend empfindet, kann am Morgen auch florale und fruchtige Noten enthüllen. Es lohnt sich also, einen Whisky auch einmal zu unterschiedlichen Tageszeiten zu probieren.

LINKS: *Durch Zugabe von etwas Wasser öffnen sich die Aromen des Whiskys.*

Fachsprache der Whisky-Verkostung

OBEN: *Ein rares Verkostungsglas aus dem 19. Jahrhundert (Destillerie Tamdhu).*

Es ist nicht einfach, Gerüchen Worte zuzuordnen. Entsprechend umstritten ist die zu verwendende Fachsprache. Wie überschwänglich darf man sein, welche Anspielungen sind erlaubt? Wie viele vergleichende Umschreibungen sind zulässig?

Hier teilen sich die Auffassungen in zwei Lager: in die schmallippigen »Traditionalisten« und die »Erneuerer«, die eher blumig formulieren. Beide Stile sind gerechtfertigt, und vieles hängt von dem Zweck ab, zu dem man eine Verkostungsnotiz formuliert. Für den eigenen Gebrauch, als Gedächtnisstütze, aus Freude an der Erforschung eines Whiskys? Oder um einen Whisky anderen zu beschreiben, etwa in einem Zeitungsartikel? Sind die Notizen Entscheidungsgrundlage für den Kauf eines Fasses oder einer Kiste Whisky? Sollen sie für Werbezwecke dienen? Und so weiter. Manche Zwecke erfordern eine größere Objektivität und genauere Sprache als andere.

OBJEKTIVE UND SUBJEKTIVE VERKOSTUNGEN

Sensoriker unterscheiden zwischen »objektiven« und »subjektiven« Verkostungen. Bei Ersteren (auch »analytische Verkostungen« genannt) sollen die Verkoster lediglich ihre nachvollziehbaren Eindrücke beschreiben. Um dies zu erreichen, findet die Verkostung unter kontrollierten Bedingungen statt. Die Verkoster werden sorgfältig nach ihrer Kompetenz ausgewählt. Die Sprache tendiert zu chemischen Begriffen (siehe Kasten unten).

Bei subjektiven Verkostungen (auch »hedonistische Verkostungen«) geht es nicht so streng zu. Die Verkoster brauchen keine sensorische Ausbildung zu haben, persönliche Vorlieben werden nicht unterdrückt, und die Beschreibungen dürfen farbiger ausfallen. Außerhalb professioneller Verkostungsräume ist dies die üblichste Form der Verkostung, und sie ist keineswegs geringer einzuschätzen als eine analytische Verkostung.

Wer schon einmal die Gelegenheit hatte, in einer Verkostergruppe mitzuarbeiten, weiß, dass übereinstimmende Erkenntnisse die Regel sind, nicht die Ausnahme. Es gibt keinen besseren Beleg für die Genauigkeit einer Beschreibung als das enthusiastische Kopfnicken rund um den Tisch. Auch hier lässt sich Objektives in sehr persönliche Worte fassen. Die beiden unterschiedlichen Ansätze einer Verkostung schließen sich also nicht gegenseitig aus.

CHECKLISTE DUFT

Name	Beschreibung
ACROLEIN	scharf, sauer, stechend
B	fleischig, Marmite, verbranntes Gummi
DI-METHYL TRI-SULFID	gekochter Kohl, Wasser, Abwasser, abgebrannte Streichhölzer
NACHLAUF	Amylalkohol, Plastik, Käse
ACETAL	grüne Äpfel
DIACETYL	buttrig, süß, schwer
RIBES	Katze, Tomatenblätter, Blätter roter Johannisbeeren
PHENOLE	Jod, Karbolsäure, Torf, Rauch, Feuer

OBEN: *Prüfen von Farbe und Viskosität eines Whiskys in der Destillerie Caol Ila.*

VERKOSTUNGSNOTIZEN

Bis Ende der 70er-Jahre stützte sich die Whiskyindustrie auf eine Terminologie und Klassifizierung, mit der man auch Wein und Bier beschrieb. Dies erwies sich als unzureichend – es fehlten grundlegende Aromagruppen oder Schlüsselbegriffe, die für die Beschreibung von Whisky nötig sind. Die Begriffe aus der Wein- oder Biersprache erwiesen sich teilweise sogar als zweideutig oder falsch. Wenn ein Bier beispielsweise als »malzig« oder »getreidetönig« beschrieben wird, ist das ein Pluspunkt – bei Whisky ist es eher umgekehrt. Ein anderes Beispiel: Wein bezieht seine »Fruchtigkeit« aus Trauben – im Whisky kommen jedoch ganz andere Fruchtnoten vor.

1979 übernahmen Shortreed, Rickards, Swan und Burtles vom Pentlands Scotch Whisky Research Institute die Aufgabe, die Whisky-Sprache zu systematisieren und zu erweitern. Als Hilfsmittel zur Bewertung junger und gereifter Destillate führten sie das Aroma-»Rad« ein.

1996/97 arbeitete ich mit Dr. Jim Swan und Dr. Jennifer Newton vom chemischen Institut Tatlock & Thomson zusammen, um dieses Whisky-»Rad« auch für Verbraucher verständlicher und damit nutzbar zu machen.

Unser neues »Rad« (siehe S. 77) besteht aus drei Teilen. Der innere Kreis beschreibt die grundlegenden Aromagruppen, die man im Scotch Whisky finden kann. Der mittlere Kreis teilt diese Gruppen in Sekundäraromen, der äußere beschreibt mögliche Assoziationen.

Ein bestimmter Duft, den man in einer Probe entdeckt, kann somit auf dem äußeren Kreis lokalisiert und so seiner Aromagruppe zugeordnet werden. Nicht alle Aromen oder Aromagruppen sind in jedem Malt Whisky vertreten.

Der Geschmack im Hinblick auf Mundgefühl und Primärgeschmack wird mit Hilfe des kleineren Rades gemessen, muss in der Verkostung aber auch nach Komplexität und Intensität bewertet werden.

Chemische Herleitung des Geschmacks

WOHER KOMMEN DIE AROMEN?

Düfte und Geschmackselemente eines Malt Whisky stammen entweder aus dem Produktionsprozess (einschließlich der verwendeten Rohstoffe) oder entstehen bei der Reifung im Fass. Die ersten fünf Aromagruppen (im Uhrzeigersinn Getreide, Ester, Floralnoten, Torf, Nachlauf) sind produktionsbedingt. Sie treten während der Destillation in der angegebenen Reihenfolge auf. Schwefel kann sowohl bei der Destillation als auch während der Reifung entstehen. Holzige und weinige Noten sind durch die Fassreife bedingt. Die Aromagruppen haben ihre Wurzeln in der organischen Chemie. Einige dieser chemischen Stoffe finden Sie im Folgenden innerhalb der genannten Gruppen. Dies soll nur als Anhaltspunkt dienen und erhebt keinen Anspruch auf Vollständigkeit.

GETREIDE
Organische Stickstoffverbindungen. In allen Malt Whiskys nachgewiesen, besonders in nicht voll ausgereiften Proben. Ein Übermaß an Getreidenoten ist abträglich.

ESTER
Ethylacetat, Isoamylacetat, Hexylacetat; Birne, Nagellackentferner etc. Diese Düfte sind hoch willkommen und häufig in Whiskys aus Speyside anzutreffen.

FLORALNOTEN
Acetal, Acetaldehyd, Beta-Ionon, Phenylethanol. Duftig parfümiert, grasig grün wirkende Aromen, typisch für Lowland-Malts.

TORF
Phenole. Phenolische Noten wirken rauchig oder medizinisch und sind typisch für einige Whiskys von der Insel Islay.

NACHLAUF
Flüchtige Säuren, organische Stickstoffverbindungen, Amine. Die am schwierigsten zu beschreibende Aromagruppe. Sie verleiht dem Whisky seinen Grundcharakter, trotz der isoliert betrachtet unangenehmen Aromen. Sie stellen sich nach etwa der Hälfte des Brenndurchlaufes ein und nehmen an Schärfe und Schädlichkeit zu.

HOLZ
Hemizellulose, Lignin, Vanillin. Chemische Stoffe im Eichenholz reagieren mit dem Destillat und geben ihm Vanille- und Karamell-Aromen sowie Farbe und Komplexität.

SCHWEFEL
Organische Schwefelverbindungen, Dimethyl-Sulfid, Mercaptane. Sie stammen aus dem Malz und aus dem Fass – ein wenig davon ist angenehm, zu viel Schwefel ist ein Minuspunkt.

WEINIGE NOTEN
Extrakte aus Restspuren des vorherigen Inhalts, etwa Sherry.

ABSTRAKTE BEGRIFFE ZUR BESCHREIBUNG VON SCOTCH WHISKY

Viele Umschreibungen, die man bei der Beurteilung eines Whiskys und vor allem einer ausgereiften Probe verwendet, sind nicht standardisiert. Es handelt sich um abstrakte, vergleichende Begriffe, die mehr einen Gesamteindruck beschreiben als ein spezifisches Einzelaroma. Das Pentlands Scotch Whisky Research Institute hat folgende Liste herausgegeben (in alphabetischer Reihenfolge):

DÜNN
Mangel an erwartbarem Aroma und Geschmack: »verdünnt«, »wässrig«; (nicht zu verwechseln mit »zurückhaltend«, s. u.).

FLACH
Langweilig, geschmacklos; oft für kraftlos oder schal wirkende Whiskys verwendet.

FRISCH
Das Gegenteil von flach; abgefüllter Whisky guter Beschaffenheit.

GRÜN
Deutet normalerweise auf eine Überbetonung von Aldehydnoten hin.

HART
Metallische Noten, Feuerstein, adstringierende Wirkung auf die Nase.

JUNG
Der Whisky hat sein optimales Reifestadium noch nicht erreicht.

KÖRPER
Beschreibt das »Mundgefühl« und ist ein Indikator für die Stärke des Charakters.

LEICHT
Maßvolle Aroma- und Geschmacksintensität in schöner Balance, eher dezent.

MILD
Wird mit gelungener Reifung assoziiert, bei der die alkoholische Schärfe abnimmt und sich in eine angenehm weiche Wärme umwandelt.

NEUTRAL
Impliziert ein ausdrucksloses Destillat, im Vordergrund das Aroma von Ethylalkohol.

RAU
Bezeichnet ein Produkt mittelmäßiger Qualität und wird oft mit einer hohen Intensität scharfer Geschmackscharakteristika assoziiert.

ROBUST
Ein Whisky mit hoher Duft- und Geschmacksintensität.

RUND
Impliziert Ausgewogenheit und dem Produkt angemessene Aromaintensität.

SAUBER
Frei von unreinen Beitönen; ein Aspekt, der v. a. bei jungen Destillaten in Betracht kommt.

SCHARF
Prickeln in Nase und/oder Mund.

SCHWER
Hohe Aromaintensität, starker Geschmackscharakter; kann, muss aber nicht wünschenswert sein.

TROCKEN
Adstringierender Gesamteindruck auf akzeptablem Niveau.

ÜPPIG
Impliziert einen überdurchschnittlich kraftvollen Gesamtcharakter; dieser Begriff sollte mit Bedacht verwendet werden, da er auch zur Umschreibung süßer Aromen (etwa Sherry oder Christstollen) dienen kann.

WEICH
Ausgereift, ohne alkoholische und aromatische Schärfe.

ZURÜCKHALTEND
Als Whisky identifizierbar, jedoch ohne besondere Charakteristika oder Charakter.

Verkostungsräder

GESCHMACK UND MUNDGEFÜHL

AROMEN

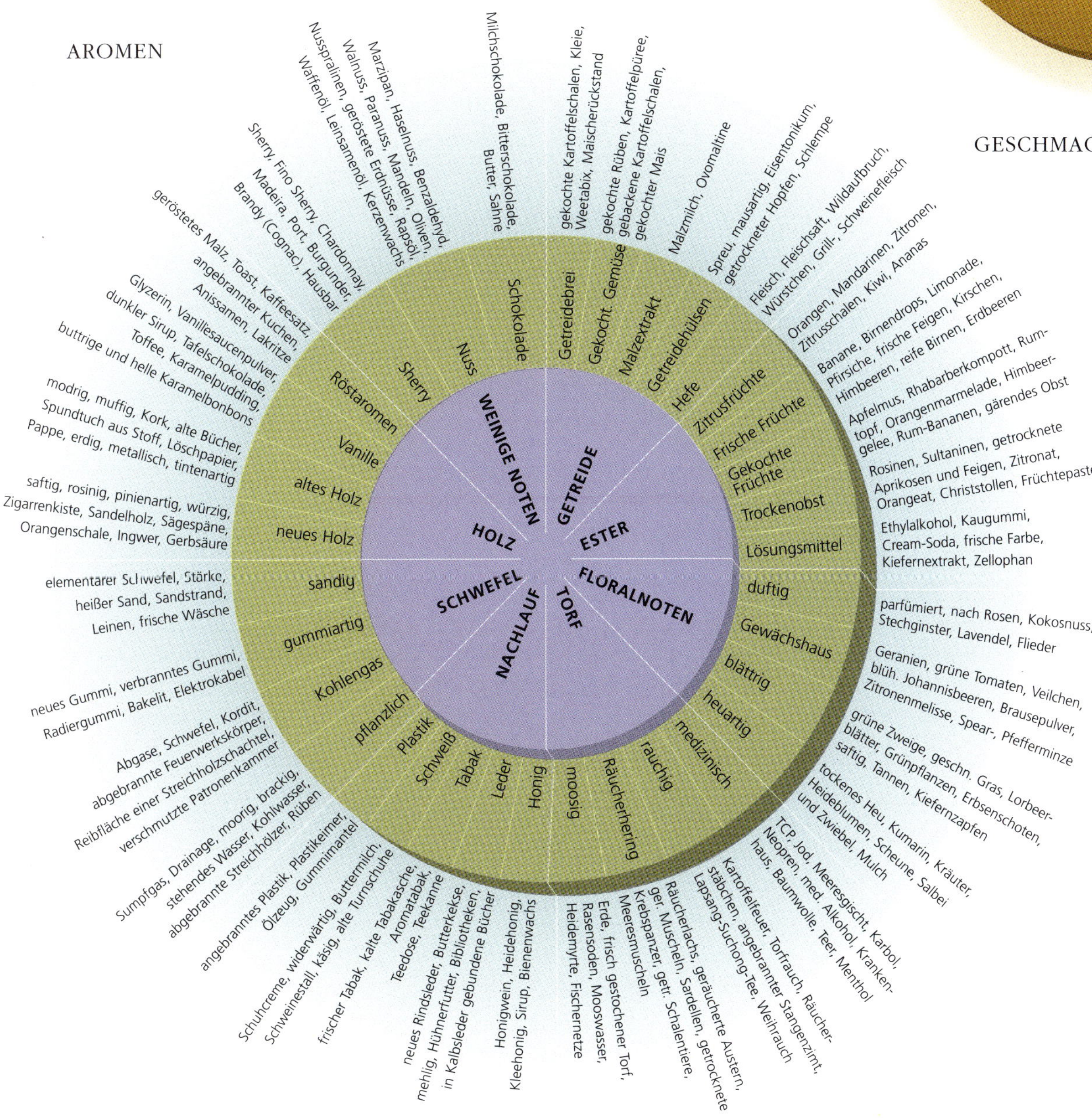

Die Whisky-Regionen

Bis in die 80er-Jahre hinein wurden allgemein nur vier Regionen unterschieden: das Hochland, die Lowlands, Campbeltown und Islay. Erst Mitte der 80er-Jahre begannen die Hersteller, regionaltypische Charakteristika des Geschmacks den Verbrauchern gegenüber stärker herauszustellen. Jede Region trägt als Einflussfaktor zum Geschmack des dort hergestellten Whiskys bei. Whiskys aus einer bestimmten Region haben ähnliche Eigenschaften – selbst in einer Blindverkostung ist es oft möglich, zumindest festzustellen, aus welcher Gegend der Malt kommt.

Trotz allem müssen wir hierbei vorsichtig sein. Die regionalen Unterschiede haben sich in den letzten Jahren verringert: Der technische

LINKS: *Der erste Hafen von Portsoy am Moray Firth wurde im 16. Jahrhundert erbaut. Von hier aus brachten Schiffe Whisky zu den Häfen Nordeuropas.* RECHTS: *Das berühmte Hochlandrind, heute eine selten gewordene Rasse.*

Fortschritt in der Produktion hat dazu geführt, dass ein Brennmeister heute weit mehr Einflussmöglichkeiten auf den erwünschten Geschmack hat. Auch Faktoren wie etwa die Herkunft des Fasses oder Ort und Dauer der Lagerung und Reifung werden den Geschmack beeinflussen und die regionale Zuordnung schwierig machen.

Im Folgenden gehe ich von der Aufteilung in Highlands, Inseln und Lowlands aus, unterteile das Hochland in »Nördliches Hochland«, »Speyside«, »Zentrales Hochland«, »Östliches Hochland«, »Westliches Hochland« und »Campbeltown«, die Inseln in »Inseln« und »Islay«.

Die Highlands

OBEN: *Das schottische Hochland in seiner zeitlosen Schönheit. Auf Französisch heißt es* le pays sauvage – *das wilde Land.*

Die Definition der Whisky-Regionen ist ein sich ständig wandelnder Prozess. Aus steuerlichen Gründen zog das Gesetz aus dem Jahre 1784 (der *Excise Act*) eine Linie quer durch Schottland, von Dunoon im Westen bis nach Dundee im Osten, und teilte das Land in *Highland* und *Lowland*. Die Brenner im Hochland durften mit kleineren Brennblasen arbeiten und niedriger alkoholische Maischen langsamer brennen als die Lowland-Destillerien und produzierten daher qualitätvollere Whiskys mit komplexerem Charakter. 1797 wurde ein Übergangsgebiet definiert, und obwohl diese Regelung nur zwei Jahre lang galt, verschob sich die Hochlandlinie dadurch so weit, dass sie nun von Lochgilphead nach Findhorn verlief und das niedrig gelegene Angus wie auch Aberdeen aussparte.

In dieser Phase der Whisky-Geschichte begannen Kenner, einzelne Herkunftsregionen wahrzunehmen, in denen besonders guter Whisky hergestellt und ein eigener Stil gepflegt wurde. Glenlivet ist das herausragendste Beispiel: Der Name bezeichnete zunächst eine kleine Gemeinde tief im Herzen der Cairngorm Mountains und wurde später zu einem Gattungsbegriff für den charakteristischen Whisky-Stil, den wir heute mit der Regionalbezeichnung »Speyside« verbinden.

Im 19. Jahrhundert unterteilen die Blender das Hochland in *nördliches Hochland*, *westliches Hochland*, die Whiskys von *Aberdeenshire* und die aus *Perthshire*. Obwohl mehr oder weniger synonym verwendet, wurden die Whiskys aus *Speyside* und *Strathspey* auch als eigenständiger Stil betrachtet.

Bis mindestens in die 70er-Jahre hinein bewerteten Blender Highland-Whiskys nach den Kategorien »Top«, »1. Klasse«, »2. Klasse« und »3. Klasse«, je nach der jeweiligen Eignung zum Verschneiden. Seit langem hoch eingeschätzte Malts fallen hier unter »2. Klasse«. Sämtliche »Top«-Whiskys stammen aus Speyside, dessen Stil die Blendmeister als besonders wichtigen Beitrag schätzen.

900m und höher
450m - 900m
150m - 450m
Meereshöhe - 150m
0 20 40 60 80 100
Kilometer
NORTH HIGHLANDS
EAST HIGHLANDS
WEST HIGHLANDS
CENTRAL HIGHLANDS
ORKNEY ISLANDS
Kirkwall
Pentland Firth
Thurso
Tongue
Wick
Stornoway
LEWIS
North Minch
Little Minch
Brora
Dornoch
Ullapool
Tain
Moray Firth
Fraserburgh
Peterhead
Elgin
Keith
Forres
Nairn
Dufftown
Deveron
Inverness
Portree
SKYE
Canna
Rhum
Eigg
Mallaig
Grantown on Spey
Oldmeldrum
Inverurie
Aberdeen
Don
Cairngorm Mountains
Braemar
Dee
Stonehaven
Grampian Mountains
N. Esk
S. Esk
Brechin
Montrose
L. Ell
Fort William
L. Linnhe
Coll
Tiree
Tobermory
MULL
Oban
Pitlochry
L. Tay
Tay
Dundee
Crieff
Perth
Firth of Tay
Firth of Lorn
Colonsay
JURA
L. Lomond
Forth
Alloa
Stirling
Firth of Forth
Falkirk
EDINBURGH
Airdrie
GLASGOW
Clyde
L. Fyne
BUTE
ISLAY
ARRAN
Port Ellen
Kintyre
Campbeltown
Prestwick
Ayr
Firth of Clyde
North Channel
Dumfries
Stranraer
Wigtown
ENGLAND
N
W
O
S
Destillerien
1 Pulteney
2 Clynelish
3 Brora
4 Balblair
5 Glenmorangie
6 Dalmore
7 Teaninich
8 Ben Wyvis
9 Glen Ord
10 Royal Brackla
11 Millburn
12 Tomatin
13 Glen Mhor
14 Dallas Dhu
15 Knockdhu
16 Glenglassaugh
17 Banff
18 Glen Deveron
19 Glendronach
20 Ardmore
21 Glen Garioch
22 Glenury Royal
23 Fettercairn
24 Glen Esk
25 North Port
26 Lochside
27 Glencadam
28 Royal Lochnagar
29 Dalwhinnie
30 Glenlochy
Destillerien (Fortsetzung)
31 Ben Nevis
32 Blair Athol
33 Edradour
34 Aberfeldy
35 Glenturret
36 Tullibardine
37 Deanston
38 Oban
39 Loch Lomond/ Inchmurrin & Rosdhu
40 Glenugie
41 Glengoyne
42 Glen Scotia
43 Springbank/Longrow

Nördliches Hochland

OBEN: *Berge, Lochs und endloses Marschland charakterisieren das nördliche Hochland.*

Die Destillerien im nördlichen Hochland liegen alle an der Küste – mit Ausnahme von Glen Ord, die aber auch nur drei Kilometer vom Meer entfernt liegt. Diese Seenähe beeinflusst den Geschmack der dort produzierten Whiskys: Viele von ihnen sind spürbar salzig. Insgesamt gesehen sind sie komplex, mittelschwer und manchmal gewürztönig. Die nördlichsten (Pulteney, Clynelish, Balblair) sind ausgesprochen rauchig, speziell der Letztgenannte, der oft mit einem Islay-Malt verwechselt wird. Sie sind meist zu feingliedrig, um von langjähriger Reife im Sherry-Fass zu profitieren – wenn man sie jedoch für das letzte Jahr der Reifung in ein Sherry-Fass umfüllt, tut es ihnen gut.

Wenn wir im Süden der Nordregion starten, sollten wir einen Blick auf die Destillerien von Inverness werfen. Sie sind alle nicht mehr in Betrieb, obwohl mit Glen Albyn, Glen Mhor und Millburn drei Malts, allesamt klassische Beispiele des Hochlandstils, gelegentlich noch erhältlich sind. Andere frühere Destillerien in der Stadt trugen phantasievolle Namen wie Ballackarse, Phopochy, Polnach oder Torrich.

Die Hochlandhauptstadt Inverness ist ein stellenweise etwas schmuddeliger, ausufernder Ort, in dessen Zentrum es jedoch einige hübsche Straßen gibt und wo das Ufer des Ness von schönen Boulevards gesäumt ist. Es ist eine alte Stadt, die spätestens im 6. Jahrhundert gegründet wurde, als der heilige Kolumban Piktenkönig Brude in einem Schloss »beim Ness« traf, das mittlerweile als Auld Castle Hill identifiziert wurde. An diesem Standort gab es im Laufe der Zeit mehrere Schlösser. König Macbeth baute hier im 11. Jahrhundert eine Festung, Schauplatz der Szene von Duncans Ermordung in Shakespeares Stück. Die Burg wurde von Duncans Nachfolger Malcolm Canmore abgerissen. Das nächste Schloss wurde entweder von ihm oder David I. erbaut und Inverness zum Königssitz ernannt. Dieses Schloss wurde 1307 von Robert the Bruce zerstört, erneut aufgebaut und endgültig 1745 dem Erdboden gleichgemacht.

In und um Iverness war das Brennen von Whisky von früher Zeit an gang und gäbe. Der Magistrat ernannte von den 1550er-Jahren an offizielle Verkoster, um die Qualität zu überprüfen und Preise festzusetzen.

Auf der anderen Seite des Moray Firth, auf der fruchtbaren Black Isle, stand früher die berühmte Destillerie Ferintosh der Familie Forbes aus Culloden. Die Brennerei wurde 1689 von Jakobitern geplündert, und Duncan Forbes, ein prominenter Republikaner, erhielt das Recht, aus eigenem, auf seinem Land angebautem Getreide steuerfrei Whisky zu destillieren. Das Unternehmen Forbes bestand möglicherwiese aus mehr als nur einer Brennerei – als das steuerfreie Brennrecht 1784 zurückgenommen wurde, stellte die Familie jedenfalls fast zwei Drittel des legal in Schottland produzierten Whiskys her, insgesamt etwa 400 000 Liter mit einem Jahresgewinn von 18 000 Pfund (heute etwa 2 Millionen Pfund). Der genaue Standort der Destillerie ist nicht bekannt, lag aber vermutlich auf der Gemarkung der Gemeinde Ryefield. 1893 übernahm eine andere Destillerie bei Dingwall, die davor Ben Wyvis hieß (nicht zu verwechseln mit Ben Wyvis [2] bei Invergordon), den Namen Ferintosh und produzierte bis 1926.

Wenn der Bericht einer Untersuchungskommission über die Whiskybrennerei in den Jahren 1798/99 Recht hat, lag der Höhepunkt des Brennereigewerbes im Norden Schottlands im ausgehenden 18. Jahrhundert. Der Bericht listet 33 Destillerien auf und verzeichnet weitere 31 als vor 1824 gegründet. Nach dem Erlass des neuen Steuergesetzes im selben Jahr kamen noch einmal 16 Brennereien hinzu. Viele davon erwiesen sich als kurzlebig, obwohl manche wohl auch von Konzernen übernommen wurden. Anschließend wurden im Norden nur noch wenige Malt-Destillerien gebaut – sechs seit 1880 –, von denen nur noch eine (Clynelish) in Betrieb ist. 1961 wurde eine große Grain-Destillerie in Invergordon eröffnet.

Speyside

OBEN: *Aus dem Bach Rothes wurden Steine herangeschafft, um die Destillerie Glen Spey zu bauen.*

In Speyside schlägt nach allgemeiner Auffassung das Herz der Whiskyproduktion. Heute liegen hier zwei Drittel aller Malt-Destillerien Schottlands. 49 sind in Betrieb, drei weitere – Dallas Dhu, Convalmore und Colebrun – wurden geschlossen (ihre Malts sind noch erhältlich). »Kein wahrer oder zumindest urteilsfähiger Whiskyliebhaber, der dieses fast heilige Gebiet frei von Ehrfurcht betreten könnte.« Diese Worte von Aeneas Macdonald treffen heute genauso zu wie 1930, als er sie schrieb.

Speyside-Whiskys haben generell Süße und Esternoten, die an Birnendrops und Nagellackentferner erinnern, auch an Nelken, Veilchen, Rosen, Äpfel, Bananen, Cream-Soda und Limonade. Sie verfügen über große Finesse und sind die komplexesten und subtilsten Malt Whiskys überhaupt. Im Allgemeinen werden sie aus ungetorftem Malz hergestellt, auch wenn ein zarter Hauch Rauch aus der Gerste stammen kann. Sie sind eher leichter als andere Hochland- und Inselwhiskys, obwohl die in Europäischer Eiche gereiften (Macallan, Balvenie, Strathisla und Glenfarclas) durchaus eine schokoladige Fülle aufweisen können. Die Whiskys aus Keith zeigen oft ein zartes Holzaroma.

Vor 1824 gab es nur zwei lizenzierte Destillerien in Speyside: Strathisla, 1786 bei Keith gegründet, und Dalvey in der Nähe von Grantown-on-Spey, 1798 gegründet und 1828 stillgelegt. Hunderte anderer Destillerien sahen keine Notwendigkeit darin, sich registrieren zu lassen, und drehten den Behörden eine lange Nase. Der Priester John Grant aus Tomintoul schrieb 1790 in seinem statistischen Werk über Schottland: »Tammtoul wird von 37 Familien bewohnt … alle verkaufen Whisky, und alle trinken ihn auch.«

Die Historiker kennen nur 16 bäuerliche Nebenerwerbsbrenner, die sich die neuen gesetzlichen Möglichkeiten zunutze machten. Sieben von ihnen überlebten nur ein paar Jahre als lizenzierte Destillerie, acht jedoch sind noch heute in Betrieb.

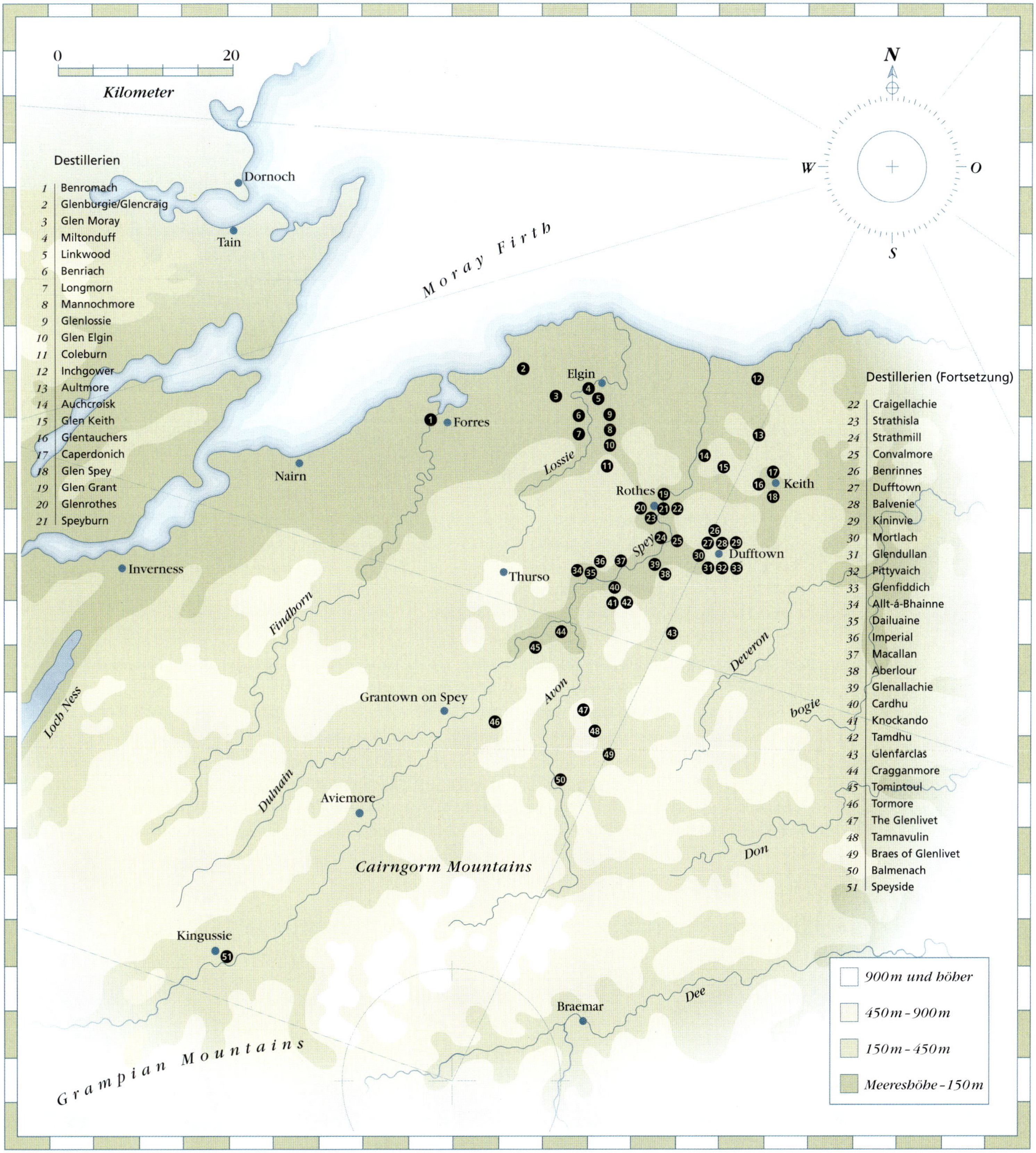
0
20
Kilometer
Destillerien
1 Benromach
2 Glenburgie/Glencraig
3 Glen Moray
4 Miltonduff
5 Linkwood
6 Benriach
7 Longmorn
8 Mannochmore
9 Glenlossie
10 Glen Elgin
11 Coleburn
12 Inchgower
13 Aultmore
14 Auchcroisk
15 Glen Keith
16 Glentauchers
17 Caperdonich
18 Glen Spey
19 Glen Grant
20 Glenrothes
21 Speyburn
Destillerien (Fortsetzung)
22 Craigellachie
23 Strathisla
24 Strathmill
25 Convalmore
26 Benrinnes
27 Dufftown
28 Balvenie
29 Kininvie
30 Mortlach
31 Glendullan
32 Pittyvaich
33 Glenfiddich
34 Allt-á-Bhainne
35 Dailuaine
36 Imperial
37 Macallan
38 Aberlour
39 Glenallachie
40 Cardhu
41 Knockando
42 Tamdhu
43 Glenfarclas
44 Cragganmore
45 Tomintoul
46 Tormore
47 The Glenlivet
48 Tamnavulin
49 Braes of Glenlivet
50 Balmenach
51 Speyside
N
W
O
S
Moray Firth
Dornoch
Tain
Forres
Nairn
Inverness
Elgin
Rothes
Keith
Dufftown
Thurso
Grantown on Spey
Aviemore
Kingussie
Braemar
Cairngorm Mountains
Grampian Mountains
Loch Ness
Findhorn
Lossie
Spey
Avon
Dulnain
Deveron
bogie
Don
Dee
900m und höher
450m - 900m
150m - 450m
Meereshöhe - 150m

Es handelt sich um Aberlour, Cardhu, The Glenlivet, Longmorn, Macallan, Miltonduff, Mortlach, Glenburgie und Balmenach.

Die nächste Bauphase kam nach 1840 mit Glen Grant, Glenfarclas, Dufftown und Dailuaine. Der Bau einer Eisenbahnlinie zwischen Dufftown und Keith Ende der 1850er-Jahre und der Speyside Railway von Keith nach Boat of Garden 1867 ermutigte zu weiteren Gründungen, etwa Mortlach und Cragganmore. Doch erst Mitte der 1880er-Jahre ging es in Speyside richtig los. Zwischen 1886 und 1899 wurden 23 Destillerien gebaut, die alle heute noch produzieren. Es war die Zeit des Whisky-Booms, als Blender gar nicht genug von den süßen, duftigen und subtilen Malts aus Speyside zum Verschneiden bekommen konnten.

Als die Zeit der Expansion um 1900 endete, wurden viele Destillerien stillgelegt und erst in den 60er-Jahren zum Leben erweckt, als die Nachfrage wieder anzog. Weitere zehn Destillerien wurden zwischen 1958 und 1975 in Speyside gebaut, die außer Pittyvaich alle noch produzieren.

Der Distrikt, von dem der Name Speyside entlehnt ist, zieht sich keilförmig vom nördlichen Fuß der Cairngorm Mountains bis zum Moray Firth, westlich und östlich begrenzt von den Flüssen Findhorn und Deveron. Das Gebiet ist etwa 32 Kilometer lang und 50 Kilometer breit. Es wird geteilt vom Spey, dem am schnellsten fließenden Fluss Schottlands (aus dem übrigens keine Destillerie ihr Wasser bezieht), und durchzogen von den Nebenflüssen Avon, Livet, Fiddich, Dullan und Lossie.

Es ist kein Zufall, dass die Region eine so herausragende Stellung einnimmt. Das Flachland zwischen den Bergen und dem Meer – Laich o'Moray, auch »Garten Schottlands« genannt – verfügt über fruchtbare Böden, die im Schwemmland des Spey 1,8 Meter tief reichen. Dank des Golfstroms ist das Klima ausgeglichen, und die nördliche Breite beschert im Sommer lange Tageslichtstunden. Mit anderen Worten: perfekte Voraussetzungen für den Anbau von Gerste.

Gleichzeitig bieten die Moore, die den Laich o'Moray im Süden umschließen, ausreichenden Nachschub an Torf, während die schwer zugänglichen Berge an der südlichen Grenze des Landes eine ideale Zuflucht für Schwarzbrenner und Schmuggler waren. Generationen von Kleinbauern lernten ihr Handwerk in diesen Hügeln. Allein in der Gemeinde Glenlivet gab es Anfang des 19. Jahrhunderts mehr als 200 private Brennereien.

RECHTS: *Speyside: eine sanft hügelige, idyllische und fruchtbare Landschaft, umgeben von hohen, zerklüfteten Bergen.*

GLENLIVET

Die einzige Fahrstraße, die Speyside mit Deeside verband, führte durch diesen Ort. Unter seinen Feldern liegen tiefe, qualitativ hochwertige Kalksteinschichten, die das Wasser alkalischer und härter machen. In früherer Zeit war das umliegende Land wild und abgelegen, speziell die Gegend von Braes o'Glenlivet im Süden. Dort gibt es zahllose versteckte Täler mit Sturzbächen, gespeist aus kleinen Bergseen.

Das Seminar Scalan, versteckt in diesen Hügeln, war der einzige Ort im postreformatorischen Schottland, an dem junge Männer studieren konnten, um römisch-katholische Priester zu werden. Im Oktober 1594 kam es hier zu einer blutigen Schlacht, als der katholische Earl of Huntly (Clanchef der Gordons und Baron von Glenlivet) eine vom protestantischen Earl of Argyll angeführte Armee von Campbells, Macleans und Mackintoshes durch das Tal jagte und schließlich dorthin zurücktrieb, wo sie hergekommen waren.

Nach dem Scheitern des Jakobiteraufstands von 1745 ersetzte eine Militärstraße den alten Fahrweg, und im Tal wurden Regierungstruppen stationiert. Dies hielt einen gewissen John Gow, der für Bonnie Prince Charlie gekämpft hatte, nicht davon ab, sich in der Gemeinde niederzulassen. Er änderte seinen Namen in Smith und begann, einen Bauernhof zu bewirtschaften. Wie die meisten Bauern brannte auch sein Enkel George Smith schwarz, sollte aber später der Erste in der Gegend werden, der im Zuge der Steuersenkung von 1823 eine Lizenz erwarb.

Die Whiskys von Glenlivet genossen einen so großen Ruf, dass nach 1860 viele Destillerien die Bezeichnung übernahmen, obwohl manche von ihnen mehr als 50 Kilometer vom Glenlivet-Tal entfernt lagen – spöttisch wurde Glenlivet damals als »das längste Tal Schottlands« bezeichnet. George und sein Sohn John Gordon Smith reisten 1870 nach London, um den Namen Glenlivet registrieren und schützen zu lassen. Später entschied ein Gericht, dass sich nur ihr Whisky The Glenlivet nennen durfte.

OBEN RECHTS: *1689 hielten Jakobiter nach dem Tod ihres Führers* Bonnie Dundee *Kriegsrat im Schloss von Auchindoun.*

STRATHSPEY

Der Livet fließt in den Avon, und beide zusammen münden in den Spey, bei Ballindalloch in Strathspey. Das Flusstal (schottisch: *strath*) beginnt unterhalb von Aviemore und folgt dem Fluss rund 56 Kilometer nordöstlich, bis es hinter Rothes in den Laich o'Moray mündet. Selbst noch im 19. Jahrhundert wurde Strathspey nur stellenweise bewirtschaftet, und auch heute noch stehen große Waldgebiete unter Naturschutz.

Eine Highland-Landschaft, wie sie im Bilderbuch steht: Die schroffen Ausläufer der Monadhliath Mountains auf der einen Seite, die schneebedeckten Gipfel der Cairngorms auf der anderen. Nach Eröffnung der Strathspey-Eisenbahn schlossen sich Hunderte von Touristen den Jägern und Anglern an, die für ihren Sport nach Speyside kamen. Bis in die 50er-Jahre waren die Mieter des Earl of Seafield, des größten Landbesitzers in Speyside, gehalten, ihre Gärten hübsch zu bepflanzen, damit sie zu Beginn der Jagdsaison so schön wie möglich aussahen. In den 60er-Jahren begann der Auf- und Ausbau des ersten schottischen Wintersportgebiets bei Aviemore.

Grantown-on-Spey ist die Distrikthauptstadt, war aber nie ein Zentrum der Whiskybrennerei. Es wurde 1776 von Sir James Grant of Grant angelegt und ist groß und elegant. Die Strathspey-Destillerien erstrecken sich von hier bis Craigellachie, 27 Kilometer stromabwärts. Nördlich des Flusses liegt die Gemeinde Knockando, die aus der Senke bis in die bergige, mit Heidekraut gesprenkelte Wildnis von Moryshire hinaufreicht. Das Quellwasser fließt hier über Granit, Schiefer und durch Gesteinsschichten, die ihm einen hohen Mineralgehalt verleihen. Perfekte Voraussetzungen zum Whiskybrennen: Die Quellen und Bäche, aus denen früher Schwarzbrennereien gespeist wurden, versorgen heute fünf Destillerien mit Wasser.

Auf der anderen Flußseite erhebt sich der massive Berg Ben Rinnes, mit seinen 2759 Metern

das beherrschende Element in dieser Landschaft. Seine Quellbäche tragen süßes, weiches Wasser zu einer Handvoll Destillerien rund um seinen breiten Fuß wie auch in die Kleinstadt Charlestown. Fünf Meilen von hier liegt Dufftown, die erste »Whiskystadt«. »Rom wurde auf sieben Hügeln erbaut«, heißt es in einem Gedicht, »Dufftown steht auf sieben Brennereien.«

DUFFTOWN

Die Stadt wurde 1817 von James Duff gegründet, dem 4. Earl of Fife, um nach den Napoleonischen Kriegen Arbeitsplätze zu schaffen. Dufftown verfügt über ausgezeichnetes Wasser, da es am Zusammenfluss von Fiddich und Dullan liegt. Die Böden bestehen überwiegend aus Granit, mit ein paar größeren Einlagerungen von Kalkstein und anderen Mineralien. Trotz dieser günstigen Voraussetzungen wurde nur eine der sechs Dufftown-Destillerien vor 1886 gegründet.

KEITH

Nördlich und westlich von Dufftown wird die Landschaft sanfter. Keith, die zweite »Whiskystadt«, war einst von beträchtlicher Bedeutung wegen ihres Getreideanbaus am Fluß Isla entlang. Bereits im 16. Jahrhundert, als noch wenig angebaut wurde, bescherte das Land seinen Eigentümern, den Äbten von Kinloss, ein hohes Einkommen. Im folgenden Jahrhundert wurde das fruchtbare Farmland erheblich erweitert. Keith hat eine lange Kirchentradition, und die Herstellung von Alkohol wird hier schon 1208 registriert. Der Standort der ersten Brennerei wurde 1545 als Ort eines Lagerhauses beschrieben. Diese Destillerie eröffnete 1786 und ist somit eine der ältesten in Schottland.

ROTHES

Fünfzehn Kilometer östlich von Keith liegt die kleinere, kompaktere, 1766 gegründete Stadt Rothes. Ihr Flachland zum Spey hin verfügt über satte Böden.

OBEN: *Das bei Craigellachie gelegene Lagerhaus von* The Macallan *ist das größte und modernste der Welt.* RECHTS: *In der neben dem alten Friedhof von Rothes gebauten Brennerei Glenrothes soll es früher gespukt haben.*

Das höher gelegene Land liefert Torf und wird von zahlreichen Quellbächen bewässert, die über Granit, Sandstein und Glimmererde fließen. Es überrascht also nicht, dass es hier zahlreiche Schwarzbrennereien gab, unter anderem die von John und James Grant, die 1840 die erste Lizenz in dieser Gegend erhielten. Sie nannten ihre Destillerie Glen Grant. Heute gibt es fünf Destillerien in der Stadt, die so versteckt liegen, dass sie manche Durchreisende gar nicht wahrnehmen.

ELGIN

Elgin ist die allgemein anerkannte Whiskyhauptstadt. Sie liegt im Herzen des Laigh o'Moray, 13 Kilometer nördlich von Rothes, und war früher Sitz der Könige, Grafen und *mormaers* von Moray. Elgin ist die Kreisstadt von Moryshire und war lange Zeit ein wichtiges Handelszentrum. Dank seiner Lage an der Hauptstraße zwischen Inverness und Aberdeen waren Verkehrsanbindung und Kommunikationswege immer gut. Ab 1845 gab es eine Eisenbahnverbindung nach Lossiemouth, acht Kilometer nördlich gelegen, die nach den enthusiastischen Worten eines Zeitgenossen »Elgin praktisch zu einem Seehafen« machte. Trotz der frühen Anbindung an die in den 1850er-Jahren erbaute Great North of Scotland Railway wurden die Destillerien von Elgin erst in den 1890er-Jahren erbaut.

BANFF

Am Ostrand von Speyside liegt Banff. Bis der Hafen im 19. Jahrhundert verschlammte, wurde über den Fluss Deveron von hier aus Handel mit den baltischen Ländern und den Lowlands betrieben. Auch wenn die Destillerien rund um Banff weit im Osten von Speyside liegen und auch dem östlichen Hochland zugerechnet werden könnten, tragen ihre Whiskys (man bezeichnet sie auch als Deveron Malts) doch ebenso die Charakteristika der Speyside Malts wie ihre Vettern im Glenlivet-Tal.

E HIGHLAND DISTILLERIES CO. PLC
LENROTHES DISTILLERY
ESTABLISHED - 1878.

Zentrales Hochland

OBEN: *Rannoch Moor: »Eine offene, monotone, stille, schwarze Ausdehnung von Wüste, eine riesige Region von Sumpf und Morast mit einigen trübseligen Wasserlöchern dazwischen …«* (Gazetteer of Scotland, *1854).*

Diese Region umfasst Perthshire, Teile von Dumbartonshire und Stirlingshire im Süden und einen Teil von Invernessshire im Norden. Die Landschaft ist hier sehr romantisch, manchmal auch dramatisch. Das Terrain ist vorwiegend bergig, mit tiefen Schluchten, Lochs und breiten Flusstälern. Die meisten Destillerien der Region wurden auf fruchtbarem Schwemmland am größten schottischen Fluß, dem Tay, entlang sowie an seinen Nebenflüssen Earn und Tummel erbaut. Gerste gedieh hier bestens, und auch Wasser und Torf waren im Überfluss vorhanden.

Früher wurden die Whiskys der Region oft als The Perthshire Malts bezeichnet. Geschmacklich tendieren sie zu leichterem Körper und deutlicherer Süße als andere Highland-Malts, von Speyside einmal abgesehen. Wie die Letzteren können auch sie duftig wirken, indem sie mit Blumennoten, Holunderblüten, Heidekraut, Honig und Gewürzen im Duft aufwarten. Im Unterschied zu den Speysides weisen sie einen trockenen Abgang auf, wie er auch für andere Hochlandbezirke typisch ist.

Im Südwesten der Region liegen Loch Lomond und die Trossachs, ein Hügelland, überzogen mit Eichen, Birken, Haselnußbäumen und Ebereschen. Nördlich und östlich davon erstreckt sich das fruchtbare Schwemmland des River Forth, auf dem früher Getreide für die Graindestillerien von Clackmannanshire angebaut wurde: Cambus, Carsebridge, Glenochil, Grange, Kennetpans, Kilbagie und Strathmore. Die Malt-Brennerei Deanston liegt in der historischen Stadt Doune, am Nordrand dieser Ebene.

Weiter nördlich erheben sich Berge. Zuerst die Ochils als Vorhut der mächtigen Grampian Mountains hinter Perth. Hier in Strathearn sind die Destillerien Glenturret und Tullibardine bei Crieff beziehungsweise Blackford angesiedelt; beide sind alte Standorte von Brauereien und Brennereien. Die Szenerie wird zunehmend wilder und romantischer

und auch dramatischer, je weiter man in die zerklüfteten Berge kommt.

Im zentralen Hochland wurden 128 Destillerien erbaut, über 30 mehr als in jedem anderen Teil Schottlands. Alle bis auf neun wurden vor 1840 gegründet, und nur fünf existieren noch: Glenturret, Blair Athol, Tullibardine, Glengoyne und Edradour. Ursprünglich waren sie alle bäuerliche Kleinbrennereien. Das beste Beispiel hierfür liefert Edradour bei Pitlochry. Mitte des 18. Jahrhunderts gab es hier 30 kleine Brennereien. 1887 besuchte Alfred Barnard die Brennerei Auchnagie bei Ballinluig, die eine Jahreskapazität von 24 000 Gallonen (109 000 Liter) hatte; Ballechin am selben Ort: 18 000 Gallonen (82 000 Liter); die kleine, an der Straße nach Aberfeldy gelegene Brennerei Grandtully produzierte 5 000 Gallonen (23 000 Liter) jährlich. Alle drei sind längst außer Betrieb.

Im 19. Jahrhundert stieg Perth zur Blending-Hauptstadt Schottlands auf. Dank ihrer Lage am Ufer des Tay hatte die Stadt leichten Zugang ins Hochland für die Beschaffung von Malt Whisky wie auch zu den Lowlands als Absatzmärkten. Perth war der Geburtsort vieler großer Blended-Whisky-Hersteller wie etwa Dewar's, Bell's und Gloag's und kleinerer Konzerne wie R. B. Smith & Co., Peter Thomson und C. C. Stuart Ltd.

Charakteristisch für die Destillerien in dieser Region sind die in den letzten Jahren eingerichteten Besucherzentren mit Restaurants, Ausstellungen und geführten Besichtigungen. Ein sinnvoller Schritt, da alle Brennereien in der Nähe von touristischen Zielen oder Reiserouten liegen – zu den Trossachs im Falle von Glengoyne, nach Crieff im Hinblick auf Glenturret; die anderen liegen an der A9, der Hauptverbindung nach Norden. Im übrigen Schottland sind viele Destillerien diesem Beispiel gefolgt, so dass heute die Destillerien als touristische Attraktionen nur noch von den Schlössern übertroffen werden.

Östliches Hochland

Das östliche Hochland liegt fast vollständig unterhalb der Hochlandlinie von 1797, jedoch oberhalb der ursprünglichen Grenzziehung von 1785. Es umfasst die alten Grafschaften Forfarshire und Aberdeenshire. Die Whiskys der Region lassen sich in zwei natürliche Gruppen einteilen, die sich auf die beiden Grafschaften verteilen. Die Malts aus dem östlichen Hochland haben einen mittelschweren bis schweren Körper, sind weich und süßlich, weisen jedoch den erkennbar trockenen Hochland-Abgang auf. Sie sind malzig und oft dezent rauchig, manchmal toffeeartig, mit Zitrus-, Ingwer- und Gewürznoten. Sie profitieren enorm von der Reifung im Sherry-Fass.

Die Landschaft im Nordosten Schottlands ist reich gesegnet, von den saftigen Beerenfeldern von Angus über die rote Erde der Mearns bis hin zum Hügelland von Aberdeenshire, Buchan und Banff.

Es ist auch ein Land der Schlösser. Hier gibt es mehr Schlösser und Türme pro Quadratkilometer als irgendwo sonst auf der Welt. Dies erinnert nicht nur an den früheren Erfolg und Reichtum von Händlern und Landbesitzern, die hier ansässig waren, sondern gemahnt auch an die schweren Zeiten, die sie durchmachen mussten.

Die wehrhaften Schlösser verfügten über eine Brennanlage, wie auch die vielen Farmen in der Region. Von insgesamt 76 Destillerien weiß man, dass sie existiert haben. Der Gipfel wurde nach 1823 erreicht. Zwischen 1825 und 1830 wurden in der Region 36 Destillerien erbaut.

RECHTE SEITE: *Das atemberaubende Licht im Norden bezaubert immer wieder.*

Um es mit den Worten des Whisky-Enthusiasten Aeneas Macdonald zu sagen: »Mit Forfarshire haben wir den südlichen Rand der nördlichen Malt-Region erreicht, die sich bis Peterhead erstreckt. Die schönen Täler und Berge der Sidlaws sind die Wiege von Glencoull, Glencadam und North Port, dem Whisky aus Brechin. Kincardine steuert zwei Mearns-Whiskys bei, Auchenblae und Glenune, die in Stonehaven destilliert werden.«

Das östliche Hochland ist von Schließungen stark getroffen worden. Glencadam ist die einzige in diesem Zitat erwähnte Destillerie, die noch arbeitet. Glencoull wurde nach der Stillegung 1929 in eine Getreidemühle umgewandelt, North Port schloss 1983 die Pforten und wurde inzwischen abgerissen. Auchenblae machte 1926 zu; die Gebäude sind größtenteils noch intakt und werden teilweise als Garage benutzt. Glenune, bekannter unter dem Namen Glenurie-Royal, stellte die Produktion 1985 ein und wurde an ein Wohnungsbauunternehmen verkauft. Malts aus Glencadam (nicht als Single Malt abgefüllt), North Port und Glenune sind rar geworden, aber noch erhältlich.

Drei andere Mearns-Whiskys findet man auch noch gelegentlich: Glenesk und Lochside aus Montrose sowie Old Fettercairn aus Laurencekirk im Herzen der Mearns. Die ersten beiden Destillerien sind geschlossen, nur Fettercairn ist in Betrieb.

Den Destillerien in Aberdeenshire ist es in diesem Jahrhundert etwas besser ergangen. Die südlichste ist Royal Lochnagar, eine kleine historische Brennerei auf dem Anwesen Balmoral. Sie wurde 1848 erstmals zum Hoflieferanten ernannt, im Anschluß an einen Besuch durch Queen Victoria und Prince Albert, die erst drei Tage zuvor auf Schloss Balmoral eingetroffen waren.

Glen Garioch (sprich: »Glen Gierie«) bei Old Meldrum wurde 1797 gegründet und erlebte wegen Problemen mit der Konstanz der Wasserversorgung eine diskontinuierliche Geschichte. Etwa 30 Kilometer östlich von Old Meldrum steht Ardmore mitten im Farmland von The Garioch, nahe am Fluss Bogie beim Ort Kennethmont. Sei 1898 produziert sie für die Blends von Teacher's, so dass nur selten ein Single Malt auftaucht. Teacher's ist seit 1960 auch Eigentümer von Glendronach im nahen Huntly. Diese Brennerei wurde 1826 gegründet. Ihr Malt wurde auch vom 5. Duke of Gordon geschätzt, der den Anstoß für das Steuergesetz von 1823 gegeben hatte.

Die Stadt Aberdeen war Sitz von einem Dutzend Destillerien. Die am längsten überlebt haben, waren Bon Accord (1855-1910) und Strathdee (1821-1938). Weniger erfolgreich war Banks o'Dee, die von Schmugglern 1825 niedergebrannt wurde. Aberdeen war auch der Geburtsort der Gebrüder Chivas, den Schöpfern des weltberühmten Blended Whisky Chivas Regal. James Chivas wurde 1838 Partner eines Wein- und Lebensmittelhändlers auf der Union Street und begann nach 1870 seinen eigenen Blend zu produzieren. Die Firma gehört heute zur Unternehmensgruppe The Chivas and Glenlivet Group, in Besitz des französischen Getränkekonzern Pernod Ricard.

Westliches Hochland

OBEN UND RECHTE SEITE: *Die Westküste Schottlands ist von fjordartigen Einschnitten gespalten. Bis vor kurzem war die See der Hauptverkehrsweg.*

Abgesehen von Campbeltown, das ja als eigene Region gilt, gab es im westlichen Hochland überraschend wenige Destillerien. Der *Scotch Whisky Industry Record* listet nur 28 auf, die meist vor 1830 den Betrieb aufnahmen, viele an heute nicht mehr bekanntem Standort.

Beobachter aus jener Zeit berichteten jedoch, dass diese Whiskys damals weit verbreitet waren. Priester beklagten oft die Gewohnheit, Whisky zu trinken. Er wurde auf vielen, ja den meisten Bauernhöfen gebrannt. Warum ließen sich die Brenner nicht lizenzieren wie ihre Kollegen im Osten? Die erste Antwort auf diese Frage lautet: Sie brauchten es gar nicht. Es war praktisch unmöglich, dieses abgelegene Territorium zu kontrollieren, und die Beamten neigten ohnehin dazu, Schwarzbrenner in Ruhe zu lassen, von denen sie zweifelsohne einiges im eigenen Keller hatten. Zweitens: Die wegen der hohen Niederschläge und der wenigen fruchtbaren Böden geringen Gerstenernten im westlichen Hochland machten es notwendig, bei höher gesteckten Produktionszielen Gerste zu importieren. Außerdem mussten die Brenner fehlende Brennstoffe einführen und ihre Produkte in die städtischen Zentren transportieren – trotz des schon seit Zeiten der Wikinger hoch entwickelten Schiffstransports schlug sich dies erheblich auf die Kosten nieder. Neun der bekannten Destillerien des westlichen Hochlands lagen am Firth of Clyde; weitere drei bei Ardrishaig in der Nähe von Lochgilphead; drei bei Tarbert und je eine in Dunoon, Sandbank und Ardincaple, von wo aus Glasgow und die Märkte in den Lowlands leichter zu erreichen waren.

Die zwei heute noch existierenden Destillerien an der Westküste (ausgenommen Campbeltown) verfügen beide über Bahnanschluss. Die erste ist Ben Nevis bei Fort William, 1824 gegründet von »Long« John Macdonald aus Torgulbin, die zweite ist Oban und wurde schon 1794 von einem Unternehmer namens Hugh Stevenson aus der Taufe gehoben.

Campbeltown

OBEN: *In der Destillerie Springbank werden leere Fässer zur Abfüllung gerollt.*

Campbeltown, 1609 gegründet von Archibald Campbell, dem siebten Earl of Argyll, hat heute etwa 6 000 Einwohner und liegt an der Südspitze der Halbinsel Kintyre. Der Distrikt Argyll eignete sich gut zur Produktion von Whisky, denn er lag weit entfernt von Behördenzentren und bot ausreichend Gerste und Torf. Als der englische Reiseschriftsteller Thomas Pennant die Stadt 1772 besuchte, bemerkte er, dass »die Einwohner verrückt genug waren, ihr Brot in Gift zu verwandeln, indem sie jährlich 6 000 Boll Getreide (ca. 400 Tonnen) zu Whisky brannten«. 1794 gab es 22 Schwarzbrennereien in der Stadt, weitere 10 im Umland.

Vor 1823 gab es nur drei legale Destillerien in Campbeltown, und doch war der Kintyre-Whisky in Glasgow sehr gefragt. Zwischen 1823 und 1834 ließen sich weitere 27 Campbeltown-Destillerien registrieren und eine Lizenz erteilen.

1824 produzierten 25 Destillerien insgesamt 3,5 Millionen Liter Whisky. Der Großteil wurde in die Lowlands exportiert, nach England, Irland und in andere Länder. Als Alfred Barnard 1887 hier war, wurden 21 Destillerien betrieben, die 250 Männer beschäftigten und fast 10 Millionen Liter Whisky produzierten. Barnard beschrieb Campbeltown als »the Whisky City«.

Dies war der Höhepunkt in der Geschichte der Region. In den folgenden Jahrzehnten begannen die Blendmeister, die leichteren und duftigeren Malts aus Speyside den schwereren Whiskys aus Campbeltown vorzuziehen. Ein paar haben den Einbruch um die Jahrhundertwende zunächst überlebt, doch in der Depression der 20er-Jahre schließlich blieben nur noch drei Destillerien übrig.

Dies geschah trotz einer Atempause, die der US-Markt brachte: Whisky aus Campbeltown war während der Prohibition bei Schmugglern hoch angesehen, und mehrere Campbeltown-Destillerien exportierten ganze Schiffsladungen ihrer Produkte in die Karibik, von wo aus der Whisky in die USA

geschmuggelt wurde. Manche Kommentatoren, vor allem Professor McDowall, glauben, dass diese Nachfrage den Campbeltown-Destillerien letztlich geschadet hat. »Im Erfolg liegt auch immer der Samen des Niedergangs«, schrieb er, »denn manche Destillerien begannen, um die Nachfrage zu befriedigen, schlechten Alkohol in schlechte Fässer abzufüllen.« Man vermutete sogar, dass alte Heringsfässer mit herangezogen wurden, und Whisky aus Campbeltown erntete den Ruf, nach »Fisch zu stinken«.

1930 listete Aeneas Macdonald die Destillerien Benmore, Scotia, Rieclachan, Kinloch, Springside, Hazelburn, Glenside, Springbank, Lochruan, Lochead und Dalintober auf. Nur Springbank, Scotia und Rieclachan produzierten damals noch, letztere schloss vier Jahre später.

Welche Eigenschaften haben die Campbeltown-Malts in den Jahrzehnten vor dem Whisky-Boom so beliebt gemacht? Obwohl sich die Beobachter in der Geschichte einig waren, dass sie einen eigenständigen Regionalcharakter aufweisen, konnten sie sich nie darüber verständigen, worin dieser Charakter bestand. Barnard bezeichnete ihn als »allgemein dünn, nur bei niedrigem Preis günstig«; Aeneas Macdonald stufte diese Malts ganz anders ein: »Kontrabässe im Whisky-Orchester … potent, mit vollem Körper, kaftvolle Whiskys.« 1967 schrieb Professor McDowall von der »aromatischen, angenehmen Leichtigkeit« von Springbank, »die etwas an Rosebank erinnert« (einen Lowland-Whisky), und hob den »öligen, irischen Charakter« von Glen Scotia hervor. 1969 stützte Daiches Macdonalds Auffassung: »Frühere Campbeltowns hatten etwas von der Kraft und dem Körper der Islay-Malts und werden traditionell als die männlichsten Whiskys betrachtet.« Derzeit schwankt die Qualität von Glen Scotia, während Springbank nach wie vor in seiner nachklingenden Komplexität, Subtilität und Schwere majestätisch auftritt.

Die Inseln

OBEN: *Blick über den Sound of Sleat nach Kyle Rhea, von wo aus eine kleine Fähre nach Glenelg verkehrt.*

Für viele Menschen sind die windgepeitschten Inseln vor der West- und Nordküste Schottlands der Inbegriff der wilden Schönheit dieses Landes.

Jahrhundertelang waren die Inseln separate Königreiche, die von Islay (südliche Inseln und die Isle of Man) und Norwegen aus (Orkney, Shetland und die nördlichen Inseln) regiert wurden.

Die Könige, später Lords der südlichen Inseln begründeten 843 das schottische Königshaus, das sie jedoch 1492 einbüßten, als sie sich weigerten, die Souveränität ihres eigenen Königshauses anzuerkennen. Orkney wurde 1465 als Mitgift einer Prinzessin Teil des Königreichs Schottland.

Auch heute kann man die Inseln fast als eigenes Land betrachten – beziehungsweise als Länder, da sich die Inseln stark voneinander unterscheiden. Und dies schon im Hinblick auf das Inselklima: Es ist maritim und feucht, es weht ein heftiger Wind, doch die Winter sind selten hart, so dass hier an geschützten Standorten sogar Palmen wachsen.

Auch die Whiskys haben ihren eigenen Charakter. Typische Insel-Malts sind besonders torfig (wenngleich weniger stark getorft als die Vettern von Islay) und zeigen eine pfeffrige Note im Abgang. Dies gilt nicht für die Insel von Arran, zwischen Ayrshire und Kintyre gelegen, dessen Whisky süßer ist und mehr florale Noten als die anderen aufweist.

Die erste Erwähnung einer Brennerei findet sich in den Statuten von Iona aus dem Jahre 1609. Hierin wurde den Inselbewohnern gestattet, *aqua vitae* zu destillieren, nicht jedoch, es zu importieren. Seit damals setzt sich diese Tradition fort, auch die des Whisky-Trinkens.

1775 schrieb Dr. Johnson in seinem Bericht über die Reise auf die westlichen Inseln: »Ein Mann von den Hebriden trinkt schon am Morgen ein Glas Whisky; sie sind jedoch kein trunksüchtiger Volksstamm, jedenfalls habe ich nicht viel Unmäßigkeit erlebt; dennoch ist kein Mann so maßvoll bescheiden, auf seinen Morgenwhisky zu verzichten.«

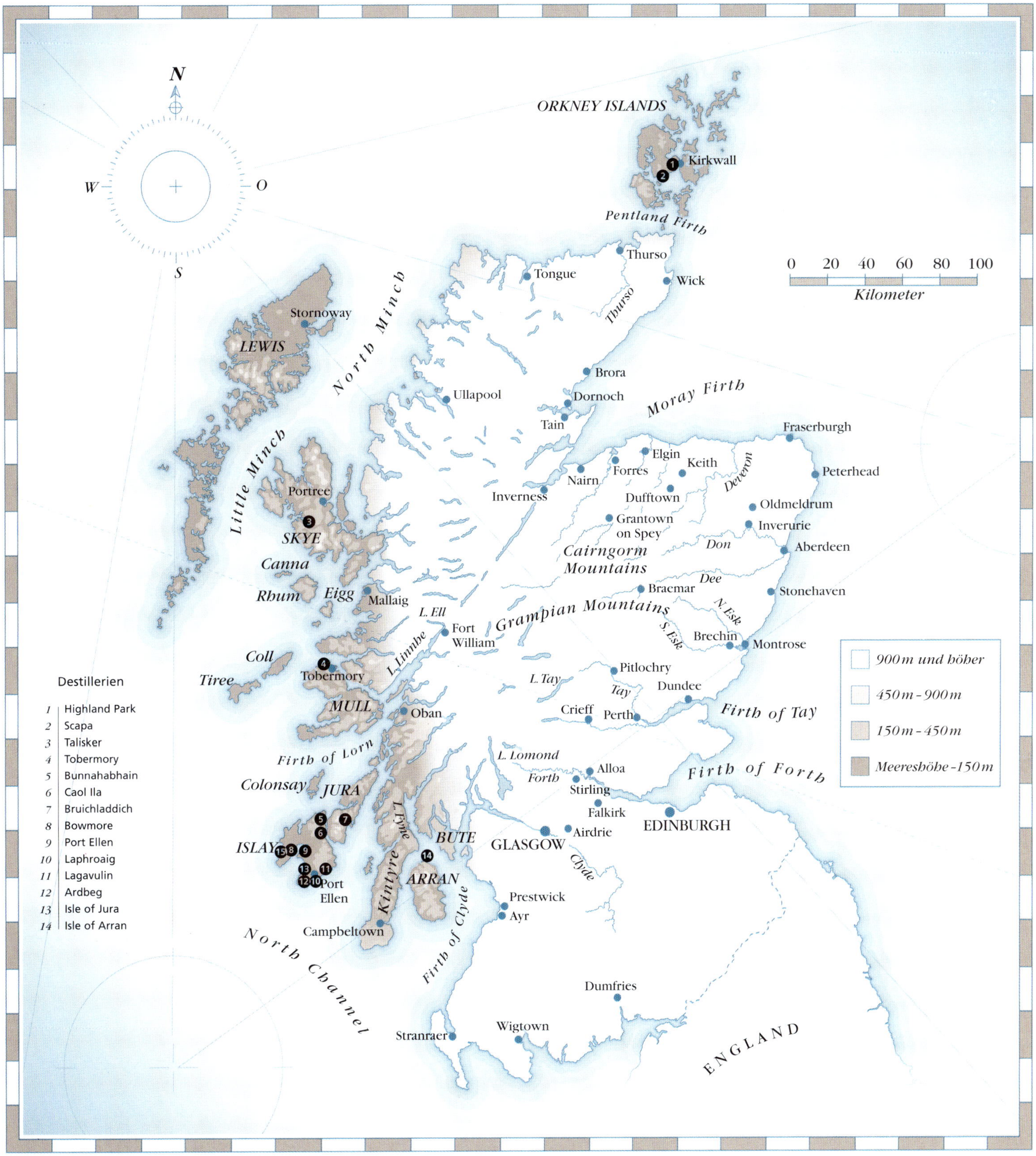
N
W
O
S
ORKNEY ISLANDS
Kirkwall
Pentland Firth
Thurso
Tongue
Wick
0 20 40 60 80 100
Kilometer
Stornoway
LEWIS
North Minch
Thurso
Brora
Ullapool
Dornoch
Tain
Moray Firth
Fraserburgh
Little Minch
Elgin
Keith
Forres
Nairn
Deveron
Peterhead
Portree
Inverness
Dufftown
Oldmeldrum
SKYE
Grantown on Spey
Inverurie
Cairngorm Mountains
Don
Aberdeen
Canna
Rhum
Eigg
Mallaig
Braemar
Dee
Stonehaven
L. Ell
Fort William
Grampian Mountains
N. Esk
S. Esk
Brechin
Montrose
L. Linnhe
Coll
Tiree
Tobermory
MULL
L. Tay
Pitlochry
Tay
Dundee
Oban
Crieff
Perth
Firth of Tay
Firth of Lorn
L. Lomond
Forth
Alloa
Stirling
Firth of Forth
Colonsay
JURA
Falkirk
L. Fyne
Airdrie
EDINBURGH
BUTE
GLASGOW
ISLAY
Clyde
Port Ellen
ARRAN
Kintyre
Prestwick
Ayr
Campbeltown
Firth of Clyde
North Channel
Dumfries
Wigtown
Stranraer
ENGLAND
900m und höher
450m - 900m
150m - 450m
Meereshöhe - 150m
Destillerien
1 Highland Park
2 Scapa
3 Talisker
4 Tobermory
5 Bunnahabhain
6 Caol Ila
7 Bruichladdich
8 Bowmore
9 Port Ellen
10 Laphroaig
11 Lagavulin
12 Ardbeg
13 Isle of Jura
14 Isle of Arran

OBEN: *Um 1500 v. Chr. als Mondobservatorium erbaut: Der Ring von Brodgar bestand ursprünglich aus 60 Steinen, von denen noch 36 stehen.*

Er beschreibt auch, wie Gästen morgens vier aufeinander folgende Whiskys angeboten wurden: ein volles Glas noch im Liegen, gefolgt von einem Whisky bei aufgestütztem Ellenbogen, dann ein Schluck »barfuß« und noch einer, während man auf das Frühstück wartete.

Auf ihrer Schottlandreise übernachteten Johnson und Boswell auch im Haus von Mackinnon of Corrie auf der Insel Skye. Boswell berichtet von einem Punsch-Gelage, nach dem er mittags mit schweren Kopfschmerzen aufwachte. Er fürchtete sich vor einem Tadel Johnsons und blieb in seinem Zimmer. Eine Stunde später traf Dr. Johnson ein und machte seinem Begleiter heftige Vorwürfe. Als am Nachmittag Boswells Trinkgenossen mit einer Flasche Brandy zurückkehrten, lachte Johnson und sagte: »Nur zu, füllt Boswell wieder ab. Am besten morgen früh, damit wir am Tag was zu lachen haben.«

Johnson selbst war immer nüchtern und trank nur ein Mal Whisky, bei einem Experiment in Inverary. Er konstatierte, dass Whisky trinkbar sei, zeigte aber kein Interesse an seiner Herstellung – »die Kunst, Gift angenehm zu machen«.

Interessanterweise gelten die Mackinnons aus Corrie als Hüter eines geheimen Likörrezepts, das Bonnie Prince Charlie ihrem Verwandten, Captain John Mackinnon of Elgol, aus Dankbarkeit für dessen Hilfe nach der Schlacht von Culloden geschenkt hatte. Kurz vor dem Ersten Weltkrieg begannen Nachfahren, diesen Likör in größerem Stil in Edinburgh zu produzieren. Er wurde Drambuie genannt, und die gleichnamige Firma ist immer noch im Besitz und unter Kontrolle derselben Familie.

Auf den Hebriden und anderen Inseln wurde fast ausschließlich schwarz gebrannt, selbst noch nach 1823. Man kennt nur 22 Destillerien auf den Inseln, einschließlich Orkney, die je eine Lizenz hatten. Zu den kurzlebigen, längst stillgelegten gehören zwei auf Bute, je eine auf Arran und Jura,

zwei auf Tiree, sieben auf Skye und neun auf Orkney. Es gab jedoch eine Zeit, als die Whiskys von Arran in einem Atemzug mit den hochgeschätzten Malts aus Glenlivet genannt wurden. Im 18. Jahrhundert schrieb ein Zeitgenosse, dass ein Drittel oder Viertel der Gerstenernte von Mull »zu Whisky destilliert wird, von dem die Einwohner in unbescheidener Weise angetan sind«.

Ein Freund von mir aus einer wohlhabenden Landbesitzerfamilie im Norden von Skye entdeckte vor kurzem zufällig, dass die Grundlage für das Vermögen seiner Familie im 18. Jahrhundert gelegt wurde – mit Schwarzbrennerei und Schmuggel. Große Mengen Whisky wurden auf Skye schwarz gebrannt, mit Vieh, das auf den Markt gebracht werden sollte, nach Falkirk transportiert und dort verkauft.

Allgemein weigerten sich die Brennmeister auf den Inseln, eine Lizenz zu erwerben – aus denselben Gründen wie die Schwarzbrenner im westlichen Hochland. Die schwer überschaubare Gegend und das stillschweigende Wohlwollen freundlich gesonnener Beamter machte eine Lizenz schlicht überflüssig. Die Legalisierung war auch im Hinblick auf die Transportkosten unattraktiv, und arme Böden und feuchtes Klima machten es schwierig, auf allen Inseln (außer auf Tiree und Orkney) Gerste anzubauen, die also importiert werden musste. Obwohl es jede Menge Torf gab, musste die für kommerziell betriebene Brennereien nötige Kohle importiert werden. Und schließlich musste der Whisky auch zu den Märkten auf dem Festland transportiert werden.

Einmal übernahm ein gewisser Campbell of Shawfield die Polizeigewalt auf Islay; es gab dort so viele Schwarzbrennereien, dass er nur zwei Jahre später resigniert die Kontrolle an die Finanzbehörden übergab – die ihrerseits nach kurzer Zeit um Unterstützung durch Truppen der Armee nachsuchten!

Islay

OBEN: *Die Destillerie Bowmore an der windgepeitschten Küste bei Loch Indaal.*
OBEN RECHTS UND RECHTE SEITE: *Der Doppelgipfel der* Papa of Jura, *von der Destillerie Caol Ila aus gesehen.*

Es ist denkbar, dass die Insel Islay die eigentliche Wiege der Whiskybrennerei in Schottland darstellt. Islay ist die südlichste Insel vor der Westküste und liegt nur 20 Kilometer von der Nordküste Irlands entfernt, woher das Mysterium der Brennkunst stammt.

Die erste Erwähnung der Whiskyherstellung in Schottland stammt aus dem Jahre 1494 – ein Jahr, das King James auf Islay verbrachte, nachdem er die *Lords of the Isles* der westlichen Inseln entmachtet hatte.

Diese Lords, von ihrem Volk zu Königen ernannt, hatten ein Parlament, schlossen Verträge mit anderen Ländern und sahen sich auf einer Stufe mit europäischen Prinzen. An ihrem Hof in Finlaggan auf Islay gab es Schulen für Harfenspieler und Barden, für Schmiede, Steinmetze und Bildhauer. Es heißt, dass fanatische Anhänger der Reformation 360 keltische Steinkreuze im Meer versenkt haben, die dort hergestellt wurden.

Islay war der politische und kulturelle Mittelpunkt dieser schottischen Regenten. Ihr Territorium war das größte in Schottland, größer noch als das des Königs, und umfasste nicht nur die Westküste, sondern auch ganz Rossshire und ersteckte sich nach Osten bis Inverness.

John, der letzte Lord of the Isles, war ein Gelehrter, der sich für Kunst und Wissenschaft interessierte. Er muss mit den medizinischen Eigenschaften von *aqua vitae* vertraut gewesen sein, wenn nicht gar mit dessen Nutzen für die Geselligkeit.

Islay erstreckt sich über eine Länge von 40 Kilometern von Ost nach West, ist 32 Kilometer breit und wird von zwei Einschnitten – Loch Indaal und Loch Gruinard – in Nord-Süd- wie auch in Südwest-Nordost-Richtung geteilt. Die Insel gleicht weder dem Hochland noch den Lowlands. Die felsigen, mit Heidekraut überzogenen Hügel im Norden und Osten der Insel sind maximal

OBEN: *Die* Lords of the Isles *ankerten ihre Kriegsgaleeren bei Dunyveg Castle. Rechts ist die Destillerie Lagavulin zu sehen.*

460 Meter hoch, der südliche Teil besteht aus Torfmoos und fruchtbarem Schwemmland. Die ganze Insel ist den atlantischen Winterstürmen ausgesetzt, erfreut sich aber auch überdurchschnittlich langer Sonnenstunden. Es ist die fruchtbarste der westlichen Inseln. Ende des 16. Jahrhunderts erbrachte Islay 245 Tonnen Malz Pacht im Jahr. Brennstoff ist in großen Mengen vorhanden, da mindestens ein Viertel der Insel mit Torf bedeckt ist.

Islays Hauptorte sind Bowmore, ein nach 1760 gegründeter Bilderbuchort, sowie Port Ellen, wo die Fähre anlegt. 1727 erwarb Daniel Campbell of Shawfield, Parlamentsabgeordneter für Glasgow, die Insel – er hatte die Malt-Steuer von 1725 unterstützt, worauf sein Besitz von einem Glasgower Mob geplündert wurde. Er soll Islay aus einer von der Stadt Glasgow geleisteten Entschädigung von 9 000 Pfund bezahlt haben. Seinen Nachfahren gehörte die Insel 125 Jahre lang. Sie förderten das Brennereigewerbe, speziell der letzte Shawfield, Walter Frederick Campbell, der Islay 1816 erbte und in seiner Amtszeit dazu beitrug, ein Dutzend Destillerien aufzubauen oder zu legalisieren.

In bestimmten Gebieten wurde weiter schwarz gebrannt, vor allem in den tiefen Tälern im Inselinneren und in den Höhlen von Oa, der Halbinsel im Süden. Der Priester von Kildalton klagte 1794 einmal: »Die hier hergestellte Menge Whisky ist riesig; und das Böse, das dem exzessiven Trinken folgt, ist überall auf der Insel zu sehen.« Bis 1797 waren auf Islay die Steuerbehörden nicht vertreten. 1800 wurde vorgeschlagen, Militär auf die Insel zu schicken, um die Brennerei in den Griff zu bekommen. Auf jeden Fall ging die Schwarzbrennerei noch mindestens bis 1850 weiter.

Nach dem *Scotch Whisky Industry Record* gab es im 19. Jahrhundert auf Islay 21 bekannte Destillerien. Der frühe lizenzierte Betrieb beschränkte sich auf Farmbrennereien, die zum Teil nur von kurzer Lebensdauer waren.

Islay-Whisky genießt seit langer Zeit einen hervorragenden Ruf. Schon 1841 bestellte das Königshaus »ein Fass Ihres besten Islay Mountain Dew« bei Campbell of Shawfield, und zwei Jahre später wurde der Auftrag erneuert. Obwohl das Fass etwas legalen Malt von Port Ellen enthielt, bestand der Inhalt teilweise aus schwarz gebranntem Whisky, darunter ein 21 Jahre alter Malt von Upper Cragabus, angeblich der beste Whisky, der je auf Islay hergestellt wurde.

Die heutigen Destillerien lassen sich in zwei Gruppen einteilen: Nord und Süd, mit Bowmore geographisch wie aromatisch in der Mitte. Alle Destillerien liegen nahe am Meer und verfügen über eine eigene Landestelle. Dies war früher von entscheidender Bedeutung für die Anlieferung von Getreide und das Verschiffen von Whiskyfässern.

Islay Malts sind berühmt für ihre Rauchigkeit, die dem Torf zugeschrieben wird, der während des Darrens bei Port Ellen Maltings verbrannt wird. Alle Destillerien, auch die auf Jura, kaufen zumindest einen Teil ihres Malzes hier (einer Übereinkunft aus dem Jahre 1987 folgend, die alle Destilleriebesitzer unterschrieben haben, um Arbeitsplätze auf der Insel zu sichern) und geben dabei präzise den benötigten Torfgehalt an: von 50 ppm (parts per million) bis zu null Gehalt Phenol.

Denn nicht alle Islay Malts sind stark getorft. Bei Bruichladdich und Bunnahabhain kann man keine rauchige Note wahrnehmen, bei Bowmore und Caol Ila ist sie spürbar, aber nicht sehr stark. Nur die in Kildalton Parish hergestellten Malts (Ardbeg, Lagavulin, Laphroaig und ehemals Port Ellen) im Süden der Insel zeigen im Aroma wirklich Phenol.

Auch wenn die rauchigen Islay-Malts in einem Verschnitt mit Bedacht verwendet werden müssen, damit sie nicht die Oberhand gewinnen, kann eine kleine Menge davon den Geschmack eines Blends enorm heben; Lagavulin ist ein Schlüsselbestandteil des White Horse, Caol Ila für Bell's.

Caledonian MacBrayne
Hebridean and Clyde Ferries
Port/Harbour Authority
Port Dues at Company owned Piers.
Vessels £ 0.23 on G.R.T
M.F. Vessels £14.00 per call
M.F. Vessels £126.00 per annum
Yachts £ 3.70 under 10 metres
Yachts over 10 metres
Other rates available on request at Terminal Office
Dues payable to Caledonian MacBrayne
Environmental Ruling
No dumping of any description into Harbour,
at the pier or Inner Harbour
SAFETY
No cycling is allowed on pier, ramps or passenger access

LINKS: *Herumstehen und zusehen, wie die Zeit vergeht… eine beliebte Freizeitbeschäftigung auf den Inseln. Und nirgends lieber als am Hafendamm.*

Die Lowlands

OBEN: *Die hügelige Landschaft Südschottlands bot im 18. Jahrhundert Unterschlupf für zahlreiche Schwarzbrenner.*

Nördlich der Ebene von Stirling und westlich des Farmlandes von Aberdeenshire verläuft die südliche Grenze des Hochlandes. Früher sahen die Einwohner der Lowlands mit Skepsis auf diesen Bergwall. Dahinter lebten Stämme, die sich anders kleideten, anders sprachen und andere Sitten hatten: Eine davon war, die Lowlands als Ziel von Plünderungen zu betrachten. Natürlich gab es auch Handel. Hochlandbewohner und Insulaner trieben Ponys und Vieh aus den Hügeln zum Markt nach Falkirk, südlich von Sterling, um die Tiere an Händler aus Südschottland oder England zu verkaufen. Es gab viele Hochlandbewohner in Glasgow, Aberdeen und Edinburgh. Doch die Einstellungen waren von gegenseitigem Misstrauen und von Missverständnissen geprägt.

Captain Edward Burts *Briefe eines Gentleman im Norden* zeigten die Einstellung zum Leben in den Lowlands 1794. Er schrieb: »Generationen des müßigen und räuberischen Lebens hatten im ganzen Hochland die schlimmsten Laster der Barbaren hervorgebracht… Es steht außer Zweifel, dass die Hochlandbewohner überwiegend grausam sind.« Hatte nicht erst zehn Jahre zuvor eine Armee aus dem Hochland ganz London in Panik versetzt, als sie bis nach Derby vordrang?

Burt verschweigt, dass Vordringen und Abzug der Armee von Prince Charles Edward Stuart ohne Gräuel vonstatten gingen und dass in den Jahren nach ihrer Niederlage in der Schlacht von Culloden die Behörden der Lowlands für die schlimmsten Abscheulichkeiten an den Bewohnern des Hochlandes verantwortlich waren.

Die durch das Gesetz von 1784 definierte Teilung des Landes war aus der Geschichte hergeleitet und betraf Kultur, Gesellschaft und Wirtschaft. Die zentralen Lowlands, die Schwemmlandebenen der Flüsse Forth und Clyde; die Kohlefelder von Stirlingshire, Lanarkshire, Nord-Ayrshire und der Lothians waren die Wiege der schottischen

ORKNEY ISLANDS
Kirkwall
0 20 40 60 80 100
Kilometer
Pentland Firth
Thurso
Tongue
Wick
N
W
O
S
Stornoway
LEWIS
North Minch
Thurso
Brora
Ullapool
Dornoch
Tain
Moray Firth
Fraserburgh
Little Minch
Elgin
Keith
Forres
Nairn
Deveron
Peterhead
Portree
Inverness
Dufftown
Oldmeldrum
Grantown on Spey
Inverurie
SKYE
Don
Aberdeen
Canna
Cairngorm Mountains
Rhum
Eigg
Mallaig
Braemar
Dee
Stonehaven
L. Ell
N. Esk
Fort William
Grampian Mountains
S. Esk
Brechin
Montrose
L. Linnhe
Coll
Tiree
Tobermory
Pitlochry
L. Tay
Dundee
Tay
Destillerien
MULL
Oban
Crieff
Perth
Firth of Tay
1 Glengoyne
2 Inverleven/Lomond
3 Littlemill
4 Auchentoshan
5 Moffat/ Glen Flagler and Killyloch
6 Rosebank
7 St. Magdalene
8 Kinlaith
9 Glenkinchie
10 Ladyburn
11 Bladnoch
Firth of Lorn
L. Lomond
Alloa
Forth
Firth of Forth
Colonsay
JURA
Stirling
Falkirk
L. Fyne
Airdrie
EDINBURGH
BUTE
GLASGOW
ISLAY
Clyde
ARRAN
Port Ellen
Kintyre
Prestwick
Ayr
Campbeltown
Firth of Clyde
North Channel
900m und höher
450m - 900m
150m - 450m
Meereshöhe - 150m
Dumfries
Wigtown
Stranraer
ENGLAND

Industrie. Ende des 18. Jahrhunderts lebte die Mehrheit der Bevölkerung in diesen Distrikten, was auch heute noch so ist. Das reiche Farmland von Fife, Angus und Aberdeenshire war die Grundlage der Landwirtschaft.

Der Schlüssel zur Brennereigeschichte der Lowlands liegt in Anbau und Ernte von Weizen, Hafer und Gerste. Im Hochland konzentrierten sich die Brennereien in oder nahe bei Gegenden, die Getreideüberschüsse erwirtschafteten. Der Anbau wurde meist als Nebenerwerb betrieben, der Großteil der Bauern waren Schafhirten oder Viehzüchter.

In den Lowlands dagegen eignete sich der Boden besser zum Anbau von Getreide. Im 18. und 19. Jahrhundert machte die landwirtschaftliche Technik große Fortschritte; es gab verbesserte Dünge- und Be- oder Entwässerungsmethoden, so dass mehr Getreide angebaut und geerntet werden konnte. In den 1770er-Jahren wurde ein neuer Pflug erfunden, mit dem sich der Boden leichter bearbeiten ließ. 1788 wurde die erste Dreschmühle patentiert, und 1927 wurde die Sense durch eine Mähmaschine ersetzt.

Es ist nicht überraschend, dass gerade in den Lowlands die Brennerei zunehmend in großem Stil betrieben und industrialisiert wurde, lange bevor dies im Hochland passierte. Das Gesetz aus dem Jahr 1784 und andere Bestimmungen, die die Steuer an die Brennkapazität knüpften, ermutigten und verstärkten die Nutzung größerer Brennblasen. Auch wurden gemischte Getreidemaischen und nicht nur Gerstenmalz zur Destillation eingesetzt, und viele Pot-Still-Destillerien in den Lowlands begannen, Grain Whisky zu produzieren. Die Destillate der Malt-Brenner waren leichter und trockener als die aus dem Hochland.

Das Verzeichnis der Whiskyindustrie listet 215 bekannte Destillerien in den Lowlands auf, von denen die ersten 1741 gegründet wurden. Vom Ende des 18. Jahrhunderts bis in die 1850er-Jahre gab es in jedem Ort Destillerien, die zum Großteil Grain Whisky für den lokalen Markt herstellten. Nach 1777 begannen die größeren Unternehmen, ihre Produkte nach England zu verkaufen, wo sie zu Gin rektifiziert wurden.

In der Folge der Erfindung der kontinuierlichen Destillation durch Robert Stein und Aeneas Coffey Ende der 1820er-Jahre installierten mehrere größere

RECHTS: *Das Getreide für die Lowland-Destillerien stammt seit langem aus dem fruchtbaren Tal des Forth in Stirlingshire.*

OBEN: *East Lothian nennt man auch den »Garten von Edinburgh«.* RECHTE SEITE: *König Lot of Lothian hatte seinen Herrschersitz auf dem Gipfel des Trapain Law, ganz im Hintergrund.*

Brennereien diese neuen Patent-Brennapparate. Einige verwendeten auch weiter reine Malzmaischen; die Destillerie Yoker in Glasgow (1770-1927) stellte bis nach 1880 mit Hilfe eines Steinschen Brennapparates Malt Whisky her, der jedoch wenig Geschmack gehabt haben soll. Andere Brenner blieben der Pot Still treu und produzierten in diesen traditionellen Brennblasen Grain Whisky; in den 1880er-Jahren verfügte Dundashill über die größten Pot Stills der gesamten Whiskyindustrie.

In jüngerer Zeit haben andere Firmen innerhalb von Grainbrennereien zusätzlich auch Malt in der Pot Still destilliert. Der Malt Ladyburn wurde von 1966-1975 in der Destillerie Girvan von William Grant & Sons gebrannt. Inverleven (1938-1991) und Lomond (1956-1985) wurden in Hiram Walkers Großbetrieb in Dumbarton hergestellt. Kinklaith (1957-1976, 1982 abgerissen) wurde in der Graindestillerie Strathclyde von Seager Evans/Long John International hergestellt, Glen Flagler und Killyloch in der in Airdrie gelegenen Destillerie Moffat (1965-1985) der Firma Inver House.

In den frühen 60er-Jahren wurden Hiram Walker & Company Vorreiter einer neuen Technik: Durch Austausch des sich verjüngenden Brennblasenhalses gegen eine zylindrische Rektifikatorsäule wurde es möglich, Malt Whiskys verschiedenen Stils auf ein und derselben Anlage zu produzieren. Durch Veränderungen am Rektifikator erhielt man nach Belieben leichtere oder auch schwerere Whiskys. Diese Anlage wurde Lomond Still getauft und zuerst 1959 bei Inverleven in der Nähe von Loch Lomond installiert.

Die Erfindung hatte so großen Erfolg, dass das Unternehmen sie 1960 auch in seinen Hochland-Brennereien Glenburgie und Miltonduff installierte. Die damit produzierten Whiskys hießen Glen Craig und Mosstowie. Die letzte Lomond-Brennblase wurde bei Scapa auf Orkney eingebaut.

Die letzten produzierenden Destillerien in den Lowlands sind Auchentoshan (bei Dalmuir, nahe Glasgow), Glenkinchie (bei Pencaitland, nahe Edinburgh) und die südlichste aller schottischen Destillerien, Bladnoch (bei Wigtown, Wigtownshire). Die Erzeugnisse der folgenden stillgelegten Betriebe findet man, wenn auch selten, immer noch: Rosebank (bei Falkirk), Littlemill (bei Bowling am Clyde), Inverleven (bei Dumbarton) und St. Magdalene (Linlithgow, West Lothian), das manchmal auch nach dem Ortsnamen »Linlithgow« genannt wird. Im Destillerieverzeichnis nicht aufgeführt habe ich vier in den 20er-Jahren stillgelegte Lowland-Destillerien: Auchertool in Kirkaldy (1845 bis 1927), Bankier in Stirling (1828-1928), Provanmill in Glasgow (1815-1929) und Stratheden in Auchtermuchty (1829-1927). Ihre Restbestände wurden in den 70er-Jahren zum Verschneiden aufgekauft – wer weiß, vielleicht wird ja eines Tages doch noch ein vergessenes Fass aus den 20er-Jahren in irgendeinem Lagerhaus gefunden?

Lowland-Malts sind in Farbe und Gewicht generell leicht und verfügen typischerweise über einen trockenen Abgang, der sie zu erstklassigen Aperitifs macht. Ihre Aromaintensität ist niedrig und tendiert zum Grasigen, Grünen oder zu Kräutertönen, begleitet von getreidigen oder floralen Noten. Verwendet wird ungetorftes Malz, was Mundgefühl und Geschmack eine gewisse Süße verleiht.

Jackson's Dozen
SPRINGBANK
MACALLAN
Longrow
WHISKY SHOP MAIL-ORDER
HOUSE MALT
Inverarity
JIM BEAM
£ 49.00
£ 125
£ 11.50
£ 12.90
£ 11.50
£ 12.00
£ 9.90
£ 12.90
£ 13.60
£ 15.40
£ 20.20
£ 10.60
£ 11.80
£ 21.20
£ 11.40
£ 15.50
£ 20.90
£ 9.90
£ 9.40
£2.00 OFF!
18.30
£ 37.60
£ 20.60
£ 47.20
£ 26.50
£ 34.60
£ 23.30
£ 19.50
£ 40.90
£ 36.60
£ 43.00
£ 18.90
£ 36.00
£ 19.90
£ 15.30
£ 16.20
£ 17.40
£ 12.40
£ 19.90
£ 13.90
£ 15.90
£ 19.10
£ 12.30
£ 15.70
£ 15.60
£ 15.70

Destillerieverzeichnis

LINKS: *Eine kleiner Regalausschnitt bei »Loch Fyne Whiskies« in Inverary, Argyll, einem der besten Whiskyläden Schottlands. Im Angebot sind rund 500 Marken und Sorten.*

Der Höhepunkt der Produktion von Malt Whisky war 1899, als 148 Destillerien in Betrieb waren. 2002 existieren noch ungefähr 90 Destillerien, die durchgehend oder zeitweilig produzieren. Diese statistischen Angaben vernachlässigen den Umstand, dass 1900 nur eine sehr begrenzte Menge Whisky als Single Malt abgefüllt wurde, und selbst diese war bestenfalls im regionalen Umfeld der Destillerie erhältlich. Heute sind um die 300 in Alter, Stil und Ausdruck unterschiedliche Varianten von Malt Whisky auf dem Markt, einige davon rar oder von limitierter Auflage. Kurz, noch nie gab es eine so große Auswahl.

Im Folgenden werden sämtliche Malt-Destillerien Schottlands verzeichnet, die voll in Betrieb sind, nur zeitweise produzieren oder so »eingemottet« wurden, dass man sich eine Wiederaufnahme des Betriebes vorstellen könnte, sowie alle Destillerien, die seit dem Zweiten Weltkrieg geschlossen wurden. Mit anderen Worten: ein Guide zu jedem einzelnen Malt Whisky, der als Single Malt abgefüllt wurde und problemlos oder als Rarität eventuell noch erhältlich ist.

Auch einzelne Flaschen Malt Whisky, deren Hersteller bereits vor dem Zweiten Weltkrieg ihren Betrieb geschlossen haben und daher hier nicht aufgelistet sind, können gelegentlich auf Auktionen wiederauftauchen. Es besteht sogar die Möglichkeit, dass irgendwo tief in einem Lagerhaus das eine oder andere vergessene alte Fass seiner Entdeckung harrt.

Worauf Sie achten sollten, wenn Sie den Inhalt einer Whiskyflasche identifizieren möchten: Nach dem Gesetz muss das Etikett eines Malt Whisky, der in der EU verkauft wird, den Markennamen angeben, weiterhin die Bezeichnung Scotch Whisky, den Namen und die Adresse entweder des Brenners oder des Händlers, ferner die Menge und den Alkoholgehalt.

Der Markenname – für gewöhnlich der Name der Destillerie – erscheint fast immer auf dem Etikett. Unabhängigen Händlern von Single-Cask-Abfüllungen wird manchmal von den Eigentümern der Ursprungsbrennerei untersagt, den Namen des Malt anzugeben.

In der Vergangenheit haben Hersteller und Abfüller oft Bezeichnungen wie Malt Whisky oder Pure Malt verwendet – diese Begriffe bezeichnen heute Vatted Malts. In der Regel finden Sie auch die Herkunftsregion und die Daten der Destillation und Abfüllung auf dem Etikett; dies ist jedoch nicht immer der Fall.

Benutzungshinweise

NAME
Manche Destillerien hatten früher einen anderen Namen, wieder andere vermarkten ihren Whisky unter einem Markennamen – auf Umstände dieser Art wird gegebenenfalls im Kopfteil hingewiesen.

ADRESSE/REGION
Angegeben werden Stadt bzw. Dorf und County, daneben der Stil analog zur Regionalaufteilung im vorangegangenen Kapitel – Nördliches, Östliches, Westliches Hochland, Zentrales Hochland, Speyside, Campbeltown, Inseln, Islay oder Lowlands.

EIGENTÜMER
Zahlreiche Destillerien sind Tochterfimen anderer Unternehmen oder Unternehmensgruppen.

Allied Distillers ist der Scotch-Whisky-Zweig von Allied Domecq plc.

Guinness UDV ist der Destillerie-Zweig der Firma Diageo (UDV steht für United Distillers & Vintners, einem Zusammenschluss aus United Distillers und International Distillers & Vintners, gleich IDV).

Chivas Brothers ist die Scotch-Whisky-Abteilung von Pernod Ricard, denen auch Campbell Distillers angehören. Pernod erwarb 2001 die Unternehmensgruppe Chivas & Glenlivet von Seagram.

John Dewar & Sons, Inhaber von William Lawson Distillers, gehört dem Unternehmen Bacardi.

Die Edrington-Gruppe besitzt die Unternehmen Highland Distillers und Lang Bros.

Morrison Bowmore gehört zum japanischen Konzern Suntory.

Inver House Distillers ist Teil der thailändischen Pacific Spirits Group.

Kyndal Ltd. war früher Jim Beam Brands (International), in deren Besitz sich Invergordon Distillers und Whyte & Mackay befinden.

STATUS
Bei einigen größeren Marken habe ich die Anzahl an Kisten Single Malt (12 Flaschen à 70 cl) eruiert oder geschätzt, die jährlich abgefüllt werden.

Die Bewertungsstufen für die Highland-Malts entsprechen der historischen Einstufung ihrer Wertschätzung bei Blendern – sie bezeichnen nicht unbedingt die Qualität als abgefüllte Single Malts.

Besucherzentren unterscheiden sich hinsichtlich Größe und Ausstattung. Zu den großen gehören oft ein Restaurant, ein Museum und ein Ladengeschäft. Kleinere verfügen vielleicht nur über einen Ausstellungsraum mit Memorabilia. In Destillerien mit Besucherzentrum werden grundsätzlich geführte Besichtigungen angeboten.

TEXTINHALTE
Zu jeder Destillerie habe ich kurze geschichtliche Angaben gemacht – Gründungsjahr, Eigentümer, Besonderheiten, Status und so weiter.

Da dieses Buch stark auf die geschmacksprägenden Einflüsse abhebt, habe ich auch auf entsprechende Aspekte der Herstellung hingewiesen – etwa Wasserqualität, alte technische Einrichtungen, ungewöhnliche Brennblasen etc.

Häufig verwendete Abkürzungen:
DCL für The Distillers Company Limited und SMD für Scottish Malt Distillers. Letztere entstand 1914 als Gruppe von Lowland-Malt-Brennereien, die sich 1925 der DCL anschloß und zur Dachfirma deren Malt-Destillerien wurde. 1988 verschmolz sie mit der Firma Scottish Grain Distillers zur Firma United Grain and Malt Distillers (UGMD).

IWSC ist die 1969 gegründete International Wine and Spirit Competition, die renommierteste Fachveranstaltung, auf der auch Malt Whiskys prämiert werden.

VERKOSTUNGSNOTIZEN
Bei Eigenabfüllungen der Hersteller habe ich Verkostungsnotizen zur jeweiligen Standardqualität angefügt. Alle genannten Whiskys haben, wenn nicht anders angegeben, einen Alkoholgehalt von 40 Vol.-% Ein Alkoholgehalt von über 50 Vol.-% weist auf »Fassstärke« hin – da ein Großteil dieser Malts gleichzeitig als Single Cask abgefüllt und mittlerweile verbraucht wurde, habe ich diesbezügliche Notizen in der Vergangenheitsform gehalten.

Nicht alle Hersteller füllen ihre Malts selbst ab. Die meisten verkaufen fassweise an unabhängige Abfüller, vor allem an Gordon & Macphail (G&M), William Cadenhead & Co. (Cad), die Scotch Malt Whisky Society (SMWS), Signatory und Adelphi. Bei solchen Abfüllungen wird der Brennereiname neben dem des Abfüllers auf dem Etikett angegeben – außer bei SMWS, hier werden nur Hersteller-Nummern angegeben.

Bei führenden Malts habe ich, wo es möglich war, Verkostungsnotizen nicht nur für die gängigen Qualitäten, sondern auch zu unverdünnten Sorten angegeben.

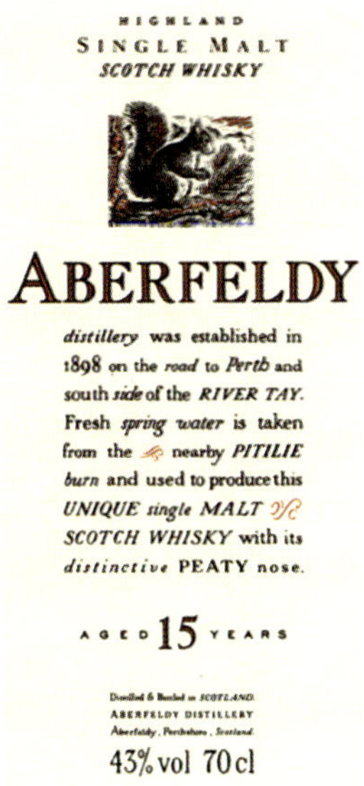

ABERFELDY

Aberfeldy, Perthshire **ZENTRALES HOCHLAND**

Eigentümer: John Dewar & Sons
Status: In Betrieb; 2. Klasse; Besuch nach Anmeldung

Die Destillerie wurde zwischen 1896 und 1898 von John Dewar & Sons erbaut. Dort gab es schon früher eine Brennerei. Ein idealer Standort mit direkter Eisenbahnanbindung zur Verschneide- und Abfüllanlage von Dewar in Perth. Das verwendete Wasser stammt aus der Pitlie Burn. Abgesehen von den Kriegsjahren war Aberfeldy permanent in Betrieb. In den 70er-Jahren großangelegte Renovierung, Bau eines neuen Brennhauses, Anschaffung von vier neuen Brennblasen. Aberfeldy ist der dominierende Malt in Dewars berühmtem, in limitierter Menge abgefülltem Blend White Label, dem führenden Scotch in den USA. Im Jahr 2000 wurde hier ein Besucherzentrum eröffnet, Dewar's World of Whiskies, das sowohl die Geschichte der Firma Dewar's als auch die von Aberfeldy anschaulich macht. Von der Zeitschrift *Whisky Magazine* wurde dieses Zentrum als herausragend beschrieben.

Verkostungsnotizen

15 y.o. (43%): Strohblonde Farbe, im Duft Birnen, Veilchen und Vanille. Bei Wasserzugabe entwickelt sich Pfefferminz, daneben ein Hauch Kekse und ein Rauchton. Sirupartiger Geschmack, gut abgerundet durch einen Hauch Orangenschale, bittersüßer Abgang.

(SMWS) 19 y.o. (54,4%): Satte Goldfarbe; orientalischer Duft nach Sternanis und Lotosblättern. Mit Wasser würziger werdend. Geschmack malzig, süß und fruchtig, süßer Abgang.

ABERLOUR

Aberlour, Banffshire **SPEYSIDE**

Eigentümer: Chivas Brothers
Status: In Betrieb; 109 000 Kisten; 2. Klasse; Besucherzentrum

Die Destillerie wurde 1826 am Ort einer heiligen Quelle gegründet. Nach einem Brand 1898 umgebaut, 1945 erweitert und Mitte der 70er-Jahre von Pernod Ricard modernisiert, die die Brennerei 1974 von S. Campbell & Sons erworben hatten. Aberlour verwendet ausschließlich schottische Gerste und hat eigentümliche Brennblasen mit breiter Basis; die Destillate werden teils in Sherryholz, teils in Bourbon-Fässern ausgereift. Für die Spundlöcher werden Korken verwendet. Die weltweite Beliebtheit von Aberlour als Single Malt zeigt sich in der hohen Zahl der abgefüllten Flaschen. Er ist besonders in Frankreich populär und wird mit 5, 10 und 21 Jahren abgefüllt, daneben als fassstarker »100 Proof« und als »Antique« (keine Altersangabe). Er ist der dominierende Malt der Clan Campbell Blends. Der 12-jährige gewann Trophäen und Goldmedaillen bei der IWSC 1986 und 1990.

Verkostungsnotizen

10 y.o.: Mittleres Gold, aromatisch-süße Nase mit Anklängen an Vanille, Pinien, Sägemehl und einem Hauch Torf. Fülliger Körper mit der typischen Süße (birnentöniger Ester) eines Speyside-Whiskys, ausbalanciert mit einem sauberen, süßlichen Abgang.

(SMWS) 9 y.o. (58,2%): Blassgolden (typisch für den Ausbau in Fino-Sherry-Fässern). Frische, duftige Nase mit Anklängen an Zitronen und süße Birnen. Bei Verdünnung noch deutlicher. Pikanter Geschmack und trockner Schluss.

ALLT-A-BHAINNE

Nahe Dufftown, Banffshire **SPEYSIDE**

Eigentümer: Chivas Brothers
Status: In Betrieb

1975 die vierte neu eröffnete Destillerie von Seagram, dem großen kanadischen Spirituosenkonzern. Mit weniger als 10 Mann Personal produziert diese vollautomatisierte Brennerei 4,5 Mio. Liter Whisky. Der Standort liegt am Nordhang des Ben Rinnes, der diesen Teil Speysides dominiert. Der Name der Brennerei bedeutet »Milchbach«, sie verfügt über 2 Brennapparate, das neue Destillat wird in Keith gelagert und abgefüllt. Der hier pro-

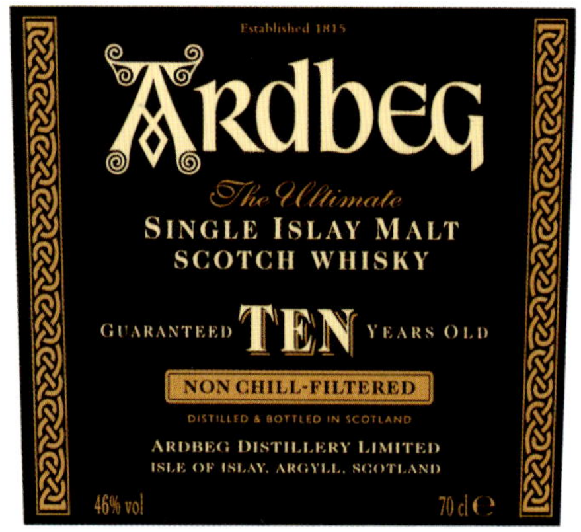

duzierte Malt wird vom Eigentümer nicht selbst abgefüllt und ist auch bei unabhängigen Händlern nur selten zu finden.

Verkostungsnotizen

(Cad) 15 y.o. (60,5%): Tief amberfarben mit goldenen Lichtern. Füllige, fette Nase mit Röstaromen (Toffee, Vanille, Kaffee). Mittlere Süße, reif, füllig mit rauchigen Toffeeakzenten.

AN CNOC

(siehe KNOCKDHU)

ARDBEG

Nahe Port Ellen — **ISLAY**

Eigentümer: Glenmorangie

Status: In Betrieb; Besucherzentrum

Ardbeg wurde 1815 von John MacDougall anstelle einer älteren Brennerei erbaut. Der Verzicht auf Ventilatoren in der Mälzerei sorgte damals für stark getorftes Malz, das heute typgleich aus der Port-Ellen-Mälzerei bezogen wird. 1977 kaufte Hiram Walker die Destillerie, 1989 ging sie an Allied Distillers über, die nur ein Drittel der Kapazität nutzten. Seit Februar 1997 gehört Ardbeg zu Glenmorangie. Allied füllte lediglich 200 Kisten als Single Malt ab. Mittlerweile ist dieser jedoch in einer Vielzahl von Altersstufen leicht erhältlich. 1999 eröffnete man ein hübsches Besucherzentrum.

Verkostungsnotizen

10 y.o.: Blassgolden, mit angenehmem Duft nach Torfrauch, Jod, Tang und Sägemehl, weichem, rauchigem Salzgeschmack mit medizinischen Noten im Abgang.

(Adelphi) 18 y.o. (54,8%): Süßliche Pfefferminze in Kombination mit Pistolenöl, Jod und Torfrauch, erinnert an Sommerregen in den Bergen. Geräucherte Austern und Wildbret im Finish.

ARDMORE

Kennethmont, Aberdeenshire — **ÖSTL. HOCHLAND**

Eigentümer: Allied Distillers

Status: In Betrieb; 2. Klasse

Im fruchtbaren Hügelland von Garioch liegt die in den Jahren 1898/99 von Teachers zur Produktionssicherung der Hauptmarke Highland Cream gebaute Destillerie. 1974 auf 8 Brennapparate erweitert, ist viel von der historischen Bausubstanz erhalten geblieben. Wird nicht vom Eigentümer abgefüllt, daher nur schwer erhältlich.

Verkostungsnotizen

(Cad) 18 y.o. (46%): Blasses Gold, eichentöniges, süßes Aroma mit fleischigen Kornnoten, vollmundig-rustikal, mit Gemüsebrei und einer Spur süßer Silage.

AUCHROISK auch The Singleton

Mulben, Banffshire — **SPEYSIDE**

Eigentümer: Guinness UDV

Status: In Betrieb; 14 000 Kisten

1974 von IDV eröffnete Destillerie mit preisgekrönter Architektur. 1986 präsentierte IDVs Tochterunternehmen Justerini & Brooks, die auch als Erste im Jahre 1779 für Whisky geworben hatten, die erste Abfüllung: The Singleton of Auchroisk. Singleton als alte Bezeichnung für einen Malt Whisky, Auchroisk bedeutet »Furt am roten Strom«. Seither wurde dieser Malt immer wieder ausgezeichnet, etwa mit der Whiskytrophäe und Goldmedaillen der ISWC. Das Wasser der Brennerei stammt aus einer örtlichen Quelle, die durch Granit und Sandstein aufsteigt. Der Singleton war ein im Bourbonfass gereiftes Vatting, wobei ein Anteil zwei Jahre lang in Sherry-Fässern ausreifte. Er wurde vom Markt genommen und Auchroisk gehört nun zu den 12 Jahre alten UDV's Distillery Malts (Flora and Fauna).

Verkostungsnotizen

10 y.o.: Amberfarben mit hellem Funkeln. Unverdünnt ist die Nase verschlossen, mit Wasser wird sie duftig nach Bienenwachs, Pfirsich, Sherry und einem Hauch Rauch. Am Gaumen cremig, mit sauberen, süßlichen, durch Kaffeenoten akzentuiertem Geschmack.

AUCHENTOSHAN

Dalmuir, Dumbartonshire **LOWLANDS**

Eigentümer: Morrison Bowmore

Status: In Betrieb; 10 000 Kisten; nur kommerzielle Visiten

1800 gegründet, eine der wenigen heute noch in Betrieb befindlichen Lowland-Destillerien. Vor den Toren Glasgows gelegen, ist Auchentoshan die einzige Brennerei, die ihre Brände dreimal destilliert. Im 2. Weltkrieg ausgebombt, wiederaufgebaut und Anfang der 60er-Jahre an die Brauerei Tennents verkauft. 1969 an Eadie Cairns verkauft, modernisiert und auf 3 Brennanlagen reduziert. 1984 von Morrison Bowmore übernommen und generalüberholt. Abfüllungen sind ohne Altersangabe und mit 10, 21, 22 und 25 Jahren erhältlich, Letzterer hat 43%. 1992 und 1994 bei der IWSC mit Goldmedaillen ausgezeichnet.

Verkostungsnotizen

10 y.o.: Strohblond mit grünen Lichtern und passender Nase: grasig-frisch, an eine grüne Wiese erinnernd. Verdünnt kommen Getreidenoten zum Tragen. Sauberes, zitronentöniges Aroma, trockenes Finish.

21 y.o.: In Sherry-Fässern gereift; besitzt eine intensivere Farbe (Altgold, Amber), stärker nussig-buttrig betont mit Ingwernoten und einem Hauch Leinsamenöl. Mittelschwerer, doch sanfter Körperbau, trocken, leicht tanninbetont mit einem völlig trockenen Abgang.

AULTMORE

Keith, Banffshire **SPEYSIDE**

Eigentümer: John Dewar & Sons

Status: In Betrieb; Top-Klasse

1896 erbaute Alexander Edward, Inhaber der Destillerie Bennrinnes, diese Brennerei in den Hügeln zwischen Keith und dem Moray Firth, die seit Urzeiten bei Schwarzbrennern wegen des hochwertigen Wassers der Foggie-Moss-Quellen berühmt waren – auch Aultmore bezieht das Wasser von dort. 1923 musste Edward Aultmore aus finanziellen Gründen an John Dewar & Sons für 20 000 Pfund verkaufen. 1970 durch DCL modernisiert, kamen zwei neue Brennblasen dazu. Der Eigentümer füllt kleine Mengen ab, unter dem Namen *Inverarity* sind unabhängige Abfüllungen mit 10 und 12 Jahren (Letzterer im Sherry-Fass gereift) auf dem Markt.

Verkostungsnotizen

12 y.o. (43%): Sehr blass, mit klassischem Speyside-Duft: süß, mit Apfel- und Walnussnoten. Überraschend trockener Geschmack, mit malzig-floralem Finish.

(Adelphi) 11 y.o. (61,7%): Aus einem Oloroso-Fass: dunkles Mahagoni, nur wenig Sherry im Duft, dazu Apfelpüree und Rauch. Bei Verdünnung intensivere Raucharomen, dazu Gerstenzucker. Ausbalanciert.

BALBLAIR

Edderton, Ross & Cromarty **NÖRDL. HOCHLAND**

Eigentümer: Inver House

Status: In Betrieb; 3. Klasse

Angeblich 1790 gegründet, wurde die heutige Destillerie 1872 von Andrew Ross erbaut. Der ursprüngliche Standort ist nicht genau bekannt, dennoch soll Balblair die zweitälteste Brennerei Schottlands sein. Sicherlich ist sie eine der schönsten mit Gebäuden aus dem 18. Jahrhundert, die in den letzten 100 Jahren kaum verändert wurden. Das Wasser für die Produktion quillt durch den Torf von Edderton, der seltsam trocken und krümelig ist und dem Whisky eine eigenartige Würze verleiht. Zwischen 1915 und 1947 ruhte der Brennereibetrieb, 1970 erweiterte Hiram Walker die Brennerei auf drei Brennblasen. Seit 1996 gehört Balblair zu Inver House, die die Whiskyerzeugung wieder aufgenommen hat.

Verkostungsnotizen

(G&M) 10 y.o.: Hell amberfarben, mit aromatisch-torfiger Nase, durch Pinienkerne, Salz und Gewürze akzentuiert. Am Gaumen erfrischend, sauber, rund, weich, süß-säuerlich mit einem Schuss Zitrone und Piniensirup.

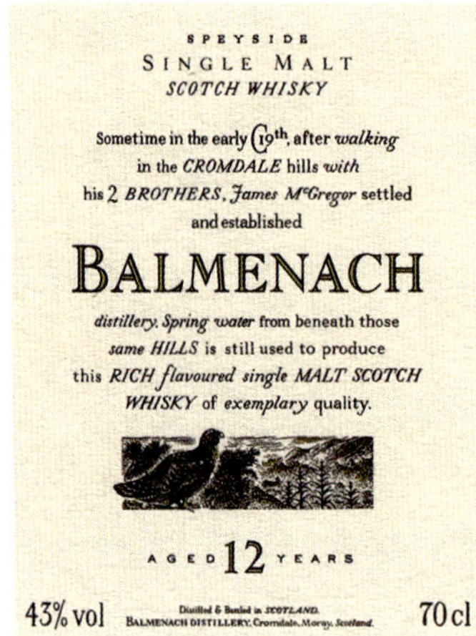

BALMENACH

Cromdale, Morayshire **SPEYSIDE**

Eigentümer: Inver House
Status: In Betrieb;
1. Klasse

Die erste Lizenz für diese Brennerei erhielt der bekannte Schwarzbrenner James MacGregor 1825. Nach seinem Tod im Jahre 1878 wurde die Destillerie von seinem Bruder übernommen, unter dessen Leitung sie weiter wuchs. Im Jahre 1879 entging sie nur knapp der Zerstörung durch den großen Sturm, der auch die Tay-Brücke zum Einsturz brachte. 1897 wurde die Balmenach-Glenlivet Distillery Ltd. gegründet, die 1930 mit SMD (DCL) fusionierte. 1993 wurde die Brennerei geschlossen. Gelegentlich füllt United Distillers noch ab, auch die Firma Aberfoyle & Knight aus Glasgow verkauft einen Balmenach ohne Altersangabe unter dem Namen Deerstalker.

Verkostungsnotizen

12 y. o.: Tiefgolden mit bronzefarbenen Lichtern. Reiches Aroma nach Nüssen, etwas Sherry und Rauch. In Munde weich und vollmundig.

(Adelphi) 14 y.o. (58,6%): Altgoldene Farbe mit nussbetontem, an Kuchenteig erinnerndem Duft. Bei Verdünnung wird das Destillat komplexer, lässt an Toffee, Süßstoff und Fenchel denken, nach einer Weile auch an Mandelkuchen. Süß, weich und leicht salzig, mit bitterem Abgang.

BALVENIE

Dufftown, Banffshire **SPEYSIDE**

Eigentümer: Wm Grant & Sons
Status: In Betrieb; 50 000 Kisten;
1. Klasse; Besucherzentrum

Balvenie wurde 1829 von William Grant auf den Ruinen von Balvenie Castle, nahe seiner kurz zuvor fertig gestellten Brennerei Glenfiddich erbaut. Noch heute gehört Balvenie Grants Nachkommen und verfügt über Gerstenfelder, eine eigene Mälzerei, eine Schmiede und Küferei. Die ursprünglichen Brennblasen wurden gebraucht von Lagavulin und Glen Albyn gekauft und haben längere Schwanenhälse als die von Glenfiddich. In den 60er- und 70er-Jahren wurde die Anzahl auf acht erhöht. Der erste Single Malt als Erzeugerabfüllung stammt aus dem Jahre 1973, zur Zeit sind die Jahrgangsstufen 10 Jahre (Founder's Reserve), 12 Jahre (Double Wood, zusätzlich im Oloroso-Fass gereift) und 15 Jahre erhältlich.

Verkostungsnotizen

10 y.o.: Amberfarben mit Anklängen an Moschus, Sherry, Honigwaben und Orangenschale. Reicher, schokoladentöniger Geschmack mit schöner Balance zwischen Süße und Trockenheit, im Abgang trockener werdend.

12 y.o. (Double Wood): Tiefes Amber, betonte Oloroso-Nase mit malzigen Nusstönen. Diese verstärken sich beim Verdünnen (was eigentlich nicht nötig ist). Im Geschmack die perfekte Verbindung aus Sherry- und Whiskynoten, sehr weich.

BANFF

Banff, Banffshire **ÖSTLICHES HOCHLAND**

Status: Abgerissen, 2. Klasse

Ursprünglich an der Mühle vor der alten Stadt Banff im Jahre 1824 von James McKilligan gegründete Brennerei, 1863 geschlossen und in Inverboyndie wiedereröffnet. Nach einem Feuer 1877 wiederaufgebaut und 1932 durch SMD (DCL) erworben. Im 2. Weltkrieg richtete eine verirrte Bombe solchen Schaden an, dass das *Banffshire Journal* berichtete: »Tausende Gallonen Whisky wurden zerstört, verbrannten oder liefen aus … das in der Nähe weidende Vieh wurde regelrecht vergiftet.« 1983 wurde die Destillerie abgerissen; die Brände sind sehr selten.

Verkostungsnotizen

(SMWS) 17 y.o. (61,1%): Blassgolden, aus einem mehrfach befüllten Sherry-Fass. Zedernholz, Sherry und Harz bestimmen den Duft, der beim Verdünnen süßlicher, fruchtig und erdtönig wird, mit einem Hauch von Orangenschale. Angenehm malziger Geschmack mit etwas süßem Gewürz, im Abgang sehr trocken.

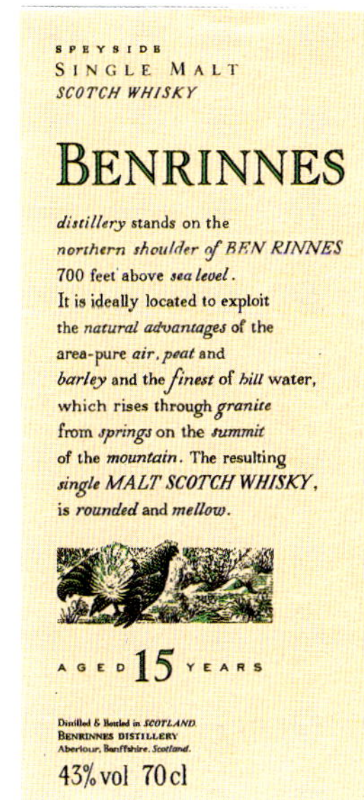

BEN NEVIS

Fort William, Invernessshire **WESTL. HOCHLAND**

Eigentümer: Nikka Whisky Distilling Co.
Status: In Betrieb; Besucherzentrum

Der bekannte Brenner »Long« John Macdonald aus Torgulbin erbaute diese Brennerei 1825. Er benannte sie nach Schottlands höchstem Berg und schenkte Königin Victoria, die kurz zuvor Balmoral gekauft hatte, zur Geburt des Prinzen von Wales ein Fass seines Dew of Ben Nevis. Um die steigende Nachfrage zu befriedigen, fügte Long Johns Sohn die Destillerie Nevis an, die aber 1908 geschlossen wurde, nur die Lagerhäuser werden heute noch genutzt. Ben Nevis dagegen blieb in Betrieb und wurde 1955 von dem schottisch-kanadischen Unternehmer Joseph Hobbs gekauft. 1981 kam der in den 20er-Jahren verkaufte Markenname Long John wieder durch die Übernahme der Brennerei durch Long John International (Whitbread & Co.) an Ben Nevis zurück. Seit 1991 gehört Ben Nevis dem japanischen Unternehmen Nikka. Abfüllungen mit 19 und 15 Jahren.

Verkostungsnotizen

25 y.o.: Reiche Farbe und Nase, Anklänge an Rumtoffees, Fruchtkuchen, etwas Sherry, Veilchen und darüber Kokosnüsse. Vollmundiger Geschmack: süß, weich, reich, an Schokolade und Kokos erinnernd, mit trockenem Ende.

BENRIACH

Elgin, Morayshire **SPEYSIDE**

Eigentümer: Chivas Brothers
Status: In Betrieb; 1. Klasse

1897 am Ende des Whiskybooms von John Duff & Co. Ltd. erbaut, 1900 geschlossen, 1965 durch die 1977 durch Seagram übernommenen Glenlivet Distillers wiedereröffnet. Seit 1985, nach Verdoppelung der Brennblasen auf 6, produziert Benriach 3,5 Mio. Liter im Jahr. Eigene Mälzerei. Bis zur Präsentation eines Single Malt 1995 ging der Hauptteil des Whiskys in die Chivas-Qualitäten Queen Anne und Something Special.

Verkostungsnotizen

10 y.o. (43%): Blassgolden mit reichem Toffee-Aroma, durch Floral-Fruchtiges ergänzt: typisch für Speyside. Am Gaumen süß, fest und malzig, mit fast schokoladigen Röstaromen. Langer Abgang.

BENRINNES

Aberlour, Banffshire **SPEYSIDE**

Eigentümer: Guinness UDV
Status: In Betrieb; Top-Klasse

1826 erbaute und 1834 lizenzierte Destillerie am Nordhang des gleichnamigen Berges in 200 Meter Höhe. Der Reiseschriftsteller Alfred Barnard beschrieb die Bäche von Scurran und Rowantree, aus denen die Brennerei ihr Wasser bezieht, als »von Quellen am Gipfel des Berges entspringend, an klaren Tagen meilenweit entfernt sichtbar, wie sie sich funkelnd ihren Weg über vorspringende Felsen bahnen, über moosigen Kies fließen, der das Wasser perfekt filtert«. 1922 erwarb John Dewar & Sons die Brennerei und nahm sie einige Jahre später mit in die Fusion zu DCL. 1955 grundlegend modernisiert, wurde die Anzahl der Brennapparate 1966 auf 6 verdoppelt. Lizenznehmer ist derzeit A. & A. Crawford; der Malt bildet die Grundlage für die 3- und 5-Sterne-Qualitäten. Als Single Malt selten; gelegentlich füllt United Distillers etwas für das Rare-Malt-Sortiment ab.

Verkostungsnotizen

(Adelphi) 14 y.o. (65,6%): Altgolden, mit süßer, esterbetonter Nase, dazu etwas Bienenwaben- und Butterkeksnoten. Mittelsüß-honigtönig, etwas wollig am Gaumen mit einem rauchigen Hauch von Zedernholz im Abgang.

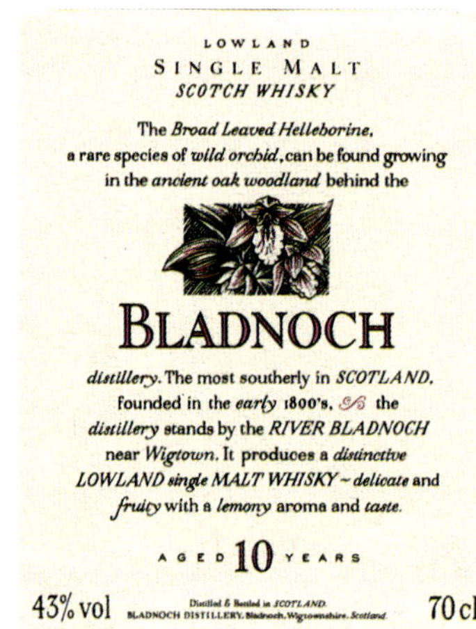

BENROMACH

Forres, Morayshire **SPEYSIDE**

Eigentümer: Gordon & MacPhail

Status: In Betrieb; 3. Klasse; Besucherzentrum

1898 am Rande von Forres als Partnerschaft des Brenners Duncan MacCallum und des Whiskyhändlers F. W. Brickman aus Leith gegründet. Der bekannte Brennmeister und Förderer des Scotch, Alexander Edward, ermutigte zu diesem Schritt, dennoch erzwangen die auf den Bankrott der Firma Pattison aus Leith im Jahre 1900 folgenden wirtschaftlichen Schwierigkeiten die Schließung der Brennerei. 1939 erwarb Joseph Hobbs das Unternehmen, das er an die National Distillers of America verkaufte, von denen es DCL 1953 übernahm. 1992 wurde die Brennerei von dem unabhängigen Abfüller Gordon & MacPhail aus Elgin erworben, der Benromach erneuert und im Oktober 1998 die Whiskyerzeugung wieder aufgenommen hat. 1999 wurde ein Besucherzentrum eröffnet.

Verkostungsnotizen

12 y.o.: **Mittleres Gold, mit angenehmer Esternase, bei der Walnuss dominiert, mit leichten Toffeenoten im Hintergrund. Nach Verdünnung treten süße, erfrischende Blütendüfte hervor. Am Gaumen weich, zunächst süß, dann malzig, mit trocken-süßem Abgang. Ein klar strukturierter, frischer und komplexer Malt.**

BEN WYVIS [1] auch Ferintosh

Dingwall, Ross & Cromarty **NÖRDL. HOCHLAND**

Status: Abgerissen

1879 baute D. G. Ross diese Destillerie, die er 1887 an die Scotch Whisky Distillers Ltd. verkaufte. 1893 wurde der Name in Anlehnung an die berühmte Brennerei aus dem 18. Jahrhundert in Forbes zu Ferintosh geändert, obwohl der Cromarty Firth beide Standorte trennt. Die Destillerie ging auf die Distillers Finance Corporation Ltd. über, wurde 1922 von DCL übernommen und lizenzrechtlich der John Begg Ltd. zugeordnet. 1926 wurde die Brennerei geschlossen, 1980 auch die Lagerhäuser, die heute noch an der Bahnlinie stehen, während die anderen Gebäude 1993 für ein Neubaugebiet abgerissen wurden. Es existieren keine Brände mehr.

BEN WYVIS [2]

Invergordon, Ross & Cromarty **NÖRDL. HOCHL.**

Status: Abgerissen, 3. Klasse

1965 als Teil der Invergordon-Grain-Destillerie mit zwei Brennblasen am Nordufer des Cromarty Firth errichtet. 1977 wurde die Brennerei geschlossen und kurz danach abgerissen. Der Malt wurde nur für das Blenden verwendet. Meines Wissens wurden nur zwei Fässer als Single Malt von Signatory abgefüllt.

BLADNOCH

Bladnoch, Wigtownshire **LOWLANDS**

Eigentümer: Raymond Armstrong

Status: In Betrieb; Besucherzentrum

Angeblich schon 1814 von den Gebrüdern McLelland gegründet, wurde Bladnoch bis 1930 als Saison-Brennerei im Winter betrieben, dann für 18 Jahre geschlossen. Seither wurde die Destillerie erweitert und zweimal verkauft, zuletzt 1983 an Bell's, die heute zu United Distillers gehören. Die Brennerei wurde 1993 geschlossen. Raymond Armstrong aus Belfast hat sie übernommen, erneuert und 2001 die Produktion wieder aufgenommen.

Verkostungsnotizen

(UD) 10 y.o. (43%): **Strohblond mit grünen Lichtern. Hervorstechende Aromakomponenten sind Veilchen mit etwas feuchtem Heu. Ein Hauch Grappa. Bei Verdünnung verstärkt sich der Veilchenton. Entwicklung von süßlichem zu trockenem Geschmack.**

BLAIR ATHOL

Pitlochry, Perthshire **ZENTRALES HOCHLAND**

Eigentümer: Guinness UDV

Status: In Betrieb; 2. Klasse; Besucherzentrum

Die ursprüngliche Brennerei wurde um 1800 von John Steward und Robert Robertson gegründet,

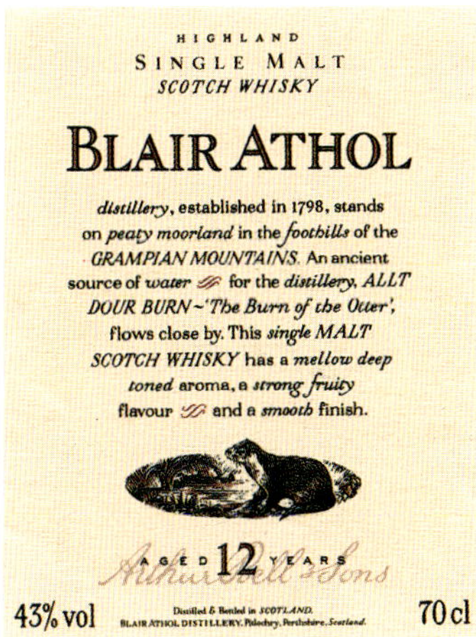

nicht im Dorf Blair Athol selbst, sondern 17 Meilen südlich bei Pitlochry. Mitte der 20er-Jahre des 19. Jahrhunderts wurde die Brennerei wiederbelebt und um 1880 von P. Mackenzie & Co. gekauft; zwei Getreidespeicher und Malzdarren wurden angefügt. Das Wasser stammt aus dem Allt Dour, dem »Otterbach«, der oberhalb der Schneefallgrenze entspringt und der dem Dichter Barnard als »funkelnd klar wie Kristall« galt. Um die Jahrhundertwende erzeugte Blair Athol 454 000 Liter. 1933 übernahm Arthur Bell & Sons das Unternehmen – was als »Alterserscheinung« der Firma bespöttelt wurde. 1949 gründlich saniert, ist Blair Athol heute ein wesentlicher Lieferant für die Blends von Bell und wurde 1970 auf 4 Brennblasen aufgestockt. Seit der Eröffnung 1987 gehört das Besucherzentrum zu den erfolgreichsten in Schottland und begrüßt jedes Jahr 60 000 Besucher.

Verkostungsnotizen

12 y. o. (43%): Blassgoldener Malt mit trockener, scharfer Nase, die bei Verdünnung weicher und süßer wird. Frischgebackenes Brot, Vanille und Erika geben aromatische Akzente. Der Geschmack ist weich und süß, mit leichter Rauchigkeit und einem leicht moosigen Ingwerton.

(SMWS) 13 y.o. (59,6%): Ebenfalls blassgold mit stechender, karamelltöniger, sherrybetonter Nase; rustikal nach Äpfeln in Heuhaufen duftend. Süßer, pfeffriger Geschmack, darüber Fruchtnoten. Trockener Nachgeschmack.

BOWMORE

Bowmore	**ISLAY**
Eigentümer:	Morrison Bowmore
Status:	in Betrieb; 500 000 Kisten; Besucherzentrum

Die älteste legale Destillerie auf Islay, eine der ältesten des Landes, 1779 von John Simpson gegründet und 1852 von James Mutter erweitert, der eigene Dampfschiffe als Transportmittel besaß. 1963 erwarb Stanley P. Morrison die Destillerie, deren zahlreiche Gebäude mit Ausnahme der heute noch genutzten Mälzerei im Laufe der Jahre mehrfach umgebaut und erweitert worden waren. Im Vergleich zu manchen Islays ist der Bowmore ein sanfter und duftiger Whisky, doch immer noch unverwechselbar rauchig. Der Besitzer füllt Legend (ohne Altersangabe), 12, 15, 17 und 21 Jahre alten Whisky ab; gelegentlich gibt es Jahrgangs-Abfüllungen sowie drei Sorten Wood Finish: Dusk, Dawn und Darkest. Alle drei haben auf Spirituosenmessen Goldmedaillen gewonnen. Der Black Bowmore, ein Malt, bei dem 50% aus dem Jahre 1964 stammen, ist legendär und sehr selten. Bowmore ist einer der erfolgreichsten Teilnehmer der ISWC: 1987 Trophäe und Goldmedaille für einen 1965er, 1991 »bester Single Malt« und Goldmedaille für den 12 Jahre alten, 1994 »bester Single Malt« und Goldmedaille für Black Bowmore; 1994 Goldmedaille, 1995 und 1996 Titel »bester Single Malt unter 12 Jahren Lagerzeit« für Legend, 1995 Goldmedaille für den 30 Jahre alten Malt.

Verkostungsnotizen

12 y.o.: Komplexes Destillat mit rauchiger, aber nicht medizinischer Nase – subtiler als die Brände aus dem Süden von Islay. Untergründig etwas Toffee, Sherry, darüber Lavendel. Mächtig, süß, sehr aromatisch mit Anklängen an Leinsamenöl, Terpentin, Salz und Pfeffer, trockener Abgang.

(SMWS) 20 y.o. (52,2%): Für Islayfreunde, die weniger Rauchigkeit bevorzugen: leicht getorft, etwas Sherry und Frucht, süß wie Fruchtbonbons.

BRAEVAL vormals Braes of Glenlivet

Tomintoul, Banffshire	**SPEYSIDE**
Eigentümer:	Chivas
Status:	In Betrieb

Im Zuge der Expansion der Mutterfirma Seagrams in den Jahren 1973/74 von Chivas Bros. Ltd. als Braes of Glenlivet erbaute Destillerie, ursprünglich auf 3 Brennblasen hin ausgelegt, aber schon 1975 auf 5 erweitert. Die vollautomatisierte Destillerie kann von einem Arbeiter gesteuert werden. Die Architektur ist klassisch, selbst eine Pagode wurde nicht vergessen. 1996 wurde die Brennerei in Braeval umbenannt, um Verwechslungen mit dem Schwesterunternehmen Glenlivet auszuschließen. Der Single Malt wird nicht vom Erzeuger abgefüllt

und geht völlig in die Produktion von Chivas Regal und ist daher sehr selten.

Verkostungsnotizen
(Signatory) 15 y.o. (43%): **Tief amberfarben mit rötlichen Lichtern, fülliger Körper mit sanften Torfnoten, reich und aromatisch mit weichem Geschmack, etwas nussig bis ins lange Finish.**

BRORA

Clynelish, Sutherland **NÖRDL. HOCHLAND**
Eigentümer: Guinness UDV
Status: Geschlossen

1819 als Clynelish Distillery vom Marquis of Stafford, dem ersten Herzog von Sutherland, gegründet, der ansonsten durch menschenfeindlichere ökonomische Entscheidungen im Gedächtnis seiner Landsleute blieb, zwang er doch 15 000 Pächter von seinem Land, weil Schafweiden wirtschaftlicher waren als Dörfer. Ähnlich kurzsichtig auch die Entscheidung für die Destillerie: Zwar gab es ausreichend Gerstenfelder in der Nähe, aber die benachbarte Mine konnte nur kurz für billigen Brennstoff sorgen – 1896 erwarb James Ainslie & Co. die Brennerei, ging 1912 nahezu bankrott und wurde daraufhin Teil von DCL. Der Whisky allerdings galt vor dem Ersten Weltkrieg als exzellent. 1968 wurde auf dem Nachbargelände eine neue Destillerie mit gleichem Namen erbaut, die ursprüngliche bis 1969 »eingemottet«, wo sie als Clynelish 2 wiederbelebt wurde. Die daraus resultierende Verwirrung sorgte für die Umbenennung in Brora, was aber nichts half, da beider Whisky als Clynelish vermarktet wurde. Endgültig wurde die Destillerie im Mai 1983 geschlossen. Echter Brora-Malt muss also aus den Jahren zwischen 1975 und 1983 stammen und wird zunehmend seltener.

Verkostungsnotizen
20 y.o. (59,1%, Abfüllung der Serie Rare Malts): **Bronzefarben mit süßer Vanillenote. Torfaromen entstehen erst, wenn Wasser zugefügt wird, auch dann nur wenig, mit leicht medizinischem Charakter. Geschmeidig-süß am Gaumen mit trockenem Abgang.**

(SMWS) 17 y.o. (62,2%): **Im Sherry-Fass gelagert: Duft wie beim Öffnen einer Schachtel dunkler, süßer Pralinen. Bei Verdünnung entwickeln sich moosige, torfige Aromen nach gemahlenem Pfeffer, abgestandenem Tee, Lakritze. Trockner, pfeffriger Brand mit würzigem Finish.**

BRUICHLADDICH

Bruichladdich **ISLAY**
Eigentümer: Murray McDavid Ltd
Status: In Betrieb, Besucherzentrum

1881 von den Gebrüdern Harvey gegründet, wurde damals ein neuartiges, patentiertes Baumaterial verwendet: Beton. Aus der Gründungszeit blieb viel erhalten, etwa der gusseiserne Maischbottich und die Brennblase für den Rohbrand. 1929 kaufte Joseph Hobbs Bruichladdich für die Assorted Scottish Distillers, nach mehrfachem Eigentümerwechsel kam die Destillerie 1968 zur Invergordon Group. 1994 wurden Whyte & Mackay Eigentümer, im darauffolgenden Jahr wurde Bruichladdich »eingemottet«. Im Jahr 2000 wurde sie an die unabhängigen Abfüller Murray McDavid verkauft, die renovierten, die Produktion neu aufnahmen und ein Besucherzentrum einrichteten, in dem auch Meisterklassen abgehalten werden. Bruichladdich ist traditionell ausdrücklich ungetorfter Malt, aber die neuen Besitzer planen eine getorfte Version. Gegenwärtig sind 10, 15 und 20 Jahre alte Abfüllungen erhältlich, gelegentlich werden spezielle Valinch-Abfüllungen allein bei der Destillerie verkauft.

Verkostungsnotizen
10 y.o.: **Warme, leicht ölige Nase mit einem Hauch Seetang. Sobald ein wenig Wasser zugefügt wird, entwickelt sich ein moosiger Hauch Torf. Frischer Geschmack mit Mandeln, ein wenig Salz und ein süßes, marzipanartiges Finish. Komplexer, subtiler Whisky.**

(SMWS) 16 y.o.: **Ein delikater und salziger Schluck, mit einem Hauch Torf. Bei Verdünnung entwickeln sich Birnen- und Mandelnoten. Rauchig, appetitanregend, leicht pfeffrig: eine raffinierte, subtil ausbalancierte Kombination.**

BUNNAHABHAIN

Nahe Port Askaig **ISLAY**

Eigentümer: Edmington

Status: In Betrieb; Besucher nach Vereinbarung

1883 von der alteingesessenen Bauernfamilie Greenlees als The Islay Distillery Co. Ltd. gegründet. Der Standort war einsam und öde, an der Mündung des River Margadale in die Bucht von Islay. 5 Jahre später fusionierten die Gründer mit der Glenrothes-Glenlivet-Destillerie zu Highland Distillers. Bunnahabhain ist der leichteste aller Islay-Malts, was sich zum einen darauf zurückführen lässt, dass ungetorfter Malt verwendet wird, zum anderen darauf, dass das Wasser so von der Quelle abgezapft wird, dass es nicht mit dem oberhalb der Destillerie vorherrschenden Torf in Verbindung gerät. Die Reifung findet vor Ort in einer Mischung aus Sherry- und Bourbon-Fässern statt. Als Single Malts sind nur Jahrgänge ab 1970 erhältlich, alle älteren sind extrem rar.

Verkostungsnotizen

12 y.o.: Leicht in Farbe, Körper und Aroma. Frisch und leicht salzig, mit einem leichten Hauch Rauchigkeit. Im Geschmack süßlich und malzig, im Finish erfrischend. Ein guter Malt für den Nachmittag.
(SMWS) 18 y.o. (59,5%): Aus einem mehrfach befüllten Sherry-Fass, mittelgold, leicht säuerliches Aroma mit Spuren von Leinsamen und Walnüssen. Bei Verdünnung milder werdend mit erstaunlich süßem Ton bis in den Abgang.

CAOL ILA

Nahe Port Askaig **ISLAY**

Eigentümer: Guinness UDV

Status: In Betrieb; Besucher nach Vereinbarung

1846 baute Hector Henderson, Mitinhaber der Littlemill-Destillerie, Caol Ila in einer Bucht am Islay-Sound, da ihn das Wasser von Loch Nam Bam anzog. 1857 ging die Destillerie an die Firma Bulloch Lade & Co. über, 1927 dann an DCL, die 1972 die alte Brennerei abriss und völlig neu mit zwei weiteren Stills wiederaufbaute. Vor 1988 gab es den Malt nur als unabhängige Abfüllung, mittlerweile bietet auch United Distillers eine limitierte Auflage des 15-jährigen an.

Verkostungsnotizen

15 y.o. (43%): Blasses Gold mit grünem Funkeln. Malzig-süßes, durch Heidekraut und Rauch bestimmtes Aroma, das an Rhododendron an einem feuchten Frühlingsmorgen erinnert, besonders bei Verdünnung. Ausbalancierter Geschmack zwischen süß und trocken, gut strukturierter Körper, Bitterschokolade im Finish.
(SMWS) 16 y.o. (65%): Blassgolden, scharfe, medizinische (Jod) Nase, bei der Verdünnung tritt ein Räucherfischaroma hervor. Kultivierter und komplexer Geschmack, kaum rauchig, sondern füllig, süß und pikant mit einem langen Schluss.

CAPERDONICH

Rothes, Morayshire **SPEYSIDE**

Eigentümer: Chivas Brothers

Status: In Betrieb

1897 als Glen Grant 2 gebaute Destillerie, die zwar das gleiche Wasser wie ihre Schwesterbrennerei benutzte, dennoch grundverschiedene Whiskys erzeugte. Der Niedergang der Whiskyindustrie zur Jahrhundertwende führte zur Schließung nach nur 3 Jahren Betriebsdauer. 1965 eröffnete die Glenlivet Distillers Ltd. die Brennerei wieder und ergänzte zwei Jahre später die Brennblasen durch zwei weitere. 1977 übernahm Seagram die Mutterfirma. Der Malt unter dem Namen Caperdonich wird nur noch selten und auch nur von unabhängigen Abfüllern angeboten.

Verkostungsnotizen

(G&M) 18 y.o.: Strohblond mit einem dünnen, spritigen Aroma nach Gewürznelken, grünen Äpfeln und einem Hauch Rauch, malzig-süß und weinig. Auf der Zunge ist er süß und hat einen kurzen Abgang.

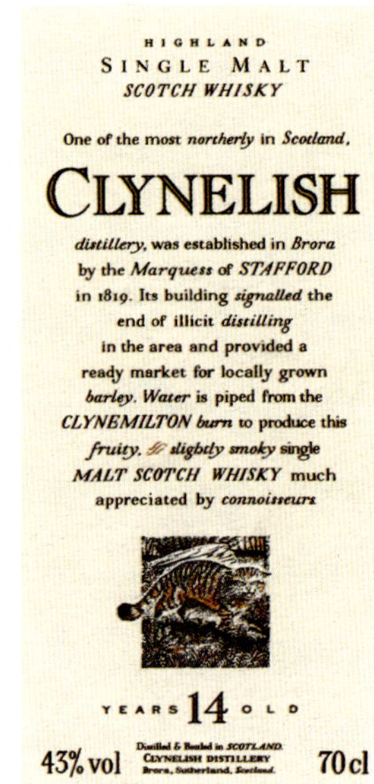

CARDHU vormals Cardow

Knockando, Morayshire **SPEYSIDE**

Eigentümer: Guinness UDV
Status: In Betrieb; 104 500 Kisten; 1. Klasse; Besucherzentrum

Der Gründer der Destillerie, John Cumming, war bereits dreimal wegen illegalen Schnapsbrennens verurteilt worden, bevor er 1824 die offizielle Lizenz erwarb. Nach seinem Tod führten sein Sohn (bis 1876) und seine Schwiegertochter Elizabeth, als »Königin des Whiskyhandels« unvergessen, die Brennerei weiter. Elizabeth vergrößerte die Destillerie und weitete das Geschäft enorm aus. 1893 fusionierte sie mit John Walker & Sons, sicherte dabei aber ihrer Familie die Leitung der Geschäfte. Ihr Enkel, Sir Ronald Cummings, wurde 1963 Vorstandsvorsitzender der DCL. Heute gehört der Malt von Cardhu zu den 10 bestverkauften der Welt, ist zudem United Distillers meistverkaufter Single Malt und bildet das Rückgrat der Johnnie-Walker-Blends. Vor zwei Jahren wurde das Besucherzentrum erneuert.

Verkostungsnotizen

10 y.o: Altgold, Aroma nach reifen Birnen, Nelken, Parfümseife mit einem Hauch Sandelholz. Bei Verdünnung süßer: Mandelpaste, Kokosnussmilch, Veilchen. Am Gaumen seidenweich, süß, aber erfrischend, mit etwas Mandeln und Menthol. Ausgewogen mit sauberem, mandeltönigem Abgang.

(SMWS) 15 y.o. (54,1%): Blasse Goldfarbe, im Duft von Sherry und etwas Eukalyptus bestimmt. Bei Verdünnung wird das Aroma süßer und komplexer. Im Mund zunächst süß mit buttrigen Noten nach Bratäpfeln und etwas Pfeffer. Sauberer, klarer Abgang.

CLYNELISH

Clynelish, Sutherland **NÖRDL. HOCHLAND**

Eigentümer: Guinness UDV
Status: In Betrieb; 2. Klasse; Besucherzentrum

1967 neben der ursprünglichen Destillerie Clynelish (siehe Brora) erbaut, die erst in Clynelish 2 und dann in Brora umbenannt wurde, deren gereifte Malts aber nach wie vor ebenfalls als Clynelish verkauft werden. Die Brände von Clynelish werden von Whiskykennern und -erzeugern gleichermaßen hochgeschätzt. Wegen ihres charakteristisch duftigen Wachsaromas nennt man sie auch die »Lagavulins des Nordens«; sie werden oft mit denen der Inseln verglichen, was nicht verwunderlich ist: Auch Clynelish wird vom Seeklima beeinflusst. Idyllisch in den Highlands gelegenes Besucherzentrum.

Verkostungsnotizen

14 y.o. (43%): Komplexe, duftige Nase mit Anklängen an Wachs und Tabakrauch, mittelschwer mit süßem, im trockeneren Abgang rauchigem Geschmack.

(SMWS) 23 y.o. (64,2%): Aus einem erstmals befüllten Sherry-Fass: Die Aromakomponenten umfassen zu Beginn Moos und Kohle, nach Verdünnung auch Papayas, Sherry und Karamell, die sich zu rauchigen Tannintönen entwickeln. Präsenter Geschmack mit schwerer Süße zu Beginn und pikant-trockenem Finish.

COLEBURN

Elgin, Morayshire **SPEYSIDE**

Eigentümer: Guinness UDV
Status: Abgerissen

Die Destillerie wurde 1897 von James Robertson & Sons erbaut, einem Erzeuger von Blended Scotch aus Dundee. Der Standort nahe des Glen Burn sorgte für Wasser, die benachbarten Gleise der Great Northern Railway für Verkehrsanbindung. Die Gründer beschrieben Coleburn als »in sich geschlossen, kompakt, mit einer Sauberkeit, wie sie nur die Luft der Highlands ermöglicht«. 1916 kaufte die Clynelish Distillery Co. Coleburn und überführte die Destillerie mit in die DCL. Obwohl die Gebäude ihr ursprüngliches Aussehen behalten haben, wurde in den 50er- und 60er-Jahren einiges erneuert und umgebaut, etwa ein neues Maischgebäude errichtet, und die Brenntechnik wurde ebenso auf den neuesten Stand gebracht. 1985 wurde Coleburn dann geschlossen. Malts sind nur in gelegentlichen Abfüllungen erhältlich.

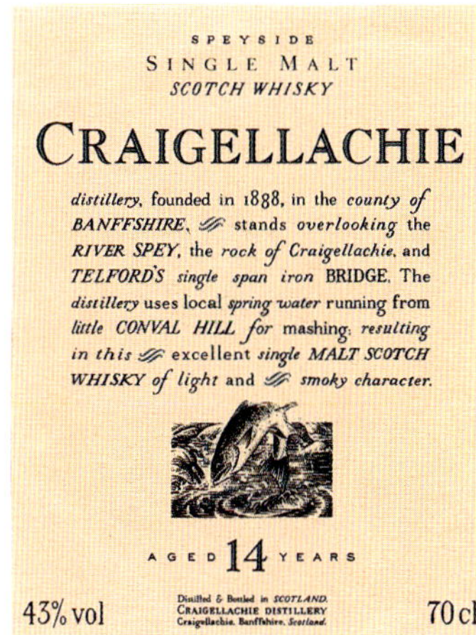

Verkostungsnotizen

(G&M) 1972: Ungewöhnliches Aroma, erinnert an Seetang, etwas rauchiges Gummi und florale Muffigkeit. Weicher, süßer Geschmack, vollmundig, kurz, mit leichtem Torfcharakter.

CONVALMORE

Dufftown, Banffshire **SPEYSIDE**

Eigentümer: Wm Grant & Sons
Status: Abgerissen; 2. Klasse

Die Destillerie wurde 1894 durch eine Gruppe Geschäftsleute aus Glasgow erbaut und 10 Jahre später für 6 000 Pfund an die W. P. Lowrie & Co. Ltd. verkauft, die ab 1906 zu James Buchanan & Co. gehörte. Im Jahre 1909 wurde eine kontinuierliche Destillationsanlage installiert, die 500 Gallonen (2 270 Liter) Maische pro Stunde destillieren konnte. Der so erzeugte Whisky reifte allerdings nicht zu einem befriedigenden Ergebnis, die Produktion wurde eingestellt. 1965 wurde Convalmore erweitert, 1985 stillgelegt, später abgerissen. 1990 kaufte William Grant & Sons das Grundstück. Malts von Convalmore sind nur sehr selten und als gelegentliche Abfüllungen zu finden.

Verkostungsnotizen

(G&M) 20 y.o.: Strohfarben, mit füllig-süßem Duft, der durch Sherry, Bienenwachs und Baisers bestimmt wird. Am Gaumen süßlich, leicht salzig und etwas muffig.

CRAGGANMORE

Ballindalloch, Banffshire **SPEYSIDE**

Eigentümer: Guinness UDV
Status: In Betrieb; 17 000 Kisten; Top-Klasse; Besucher nach Vereinbarung

1869 von John Smith gegründete Destillerie. Der frühere Manager bei Macallan, Glenlivet und Wishaw galt als der erfahrenste Mann der Branche. Cragganmore, nach dem Hügel hinter der Brennerei benannt, der das Brennwasser liefert, war die erste Destillerie, deren Standort nach der Eisenbahnanbindung gewählt wurde. Smith war selbst ein großer Eisenbahn-Fan, konnte aber aufgrund seiner Körperfülle (140 kg) nur im Gepäckwagen reisen. Nach Smiths Tod im Jahre 1923 verkaufte seine Witwe die Destillerie an die White Horse Distillers Ltd., die sie 1965 mit in die DCL einbrachten. In dieser Zeit wurden die Brennanlagen auf 4 verdoppelt. Die Pot Stills weisen außergewöhnlich interessante T-förmige Variationen der klassischen Schwanenhälse auf. Obgleich die Brände von Cragganmore schon von Anfang an von den Herstellern von Blends geschätzt wurden und beispielsweise das Herzstück von McCallum's Perfection und Old Parr bilden, waren sie dagegen als Single Malts bis gegen Ende der 80er-Jahre eher unbekannt, werden seither aber als Teil der Classic-Malt-Range von United Distillers gefördert.

Verkostungsnotizen

12 y.o.: Amberfarben, sherrybetonter Duft, bei Verdünnung entwickeln sich komplexe Aromen nach Äpfeln, Gewürzen, Pinienkernen, Lederpolitur und zartem Rauch. Körperreich, süß-trocken ausbalanciert. Ein komplexer, harmonischer Malt.

CRAIGELLACHIE

Craigellachie, Banffshire **SPEYSIDE**

Eigentümer: John Dewar & Sons
Status: In Betrieb, 1. Klasse

Der »ruhelose« Peter Mackie, Gründer der White Horse Distillers und Eigentümer von Lagavulin, gründete die Destillerie 1898 als Joint-Venture mit Alexander Edward, dem Besitzer von Aultmore und Benrinnes. Schon vor dem 1. Weltkrieg wurde der Whisky als Single Malt abgefüllt. Hier fanden auch die jährlichen Veranstaltungen statt, in denen Peter Mackie seine Meinung zur industriellen Entwicklung des Empire publikumswirksam vertrat. 1930 wurde die Destillerie Teil der SMD (DCL) und in der Mitte der 60er-Jahre um zwei zusätzliche Brennanlagen erweitert. 1999 wurde sie von John Dewar & Sons erworben, Abfüllungen von Single Malt sind geplant. Heute sind unabhängige Abfüllungen erhältlich; der alte Eigentümer füllt den hier destillierten Malt als Rare Malt ab.

Verkostungsnotizen

22. y.o. (61,6%), **Rare Malt: Mittelgolden mit einem**

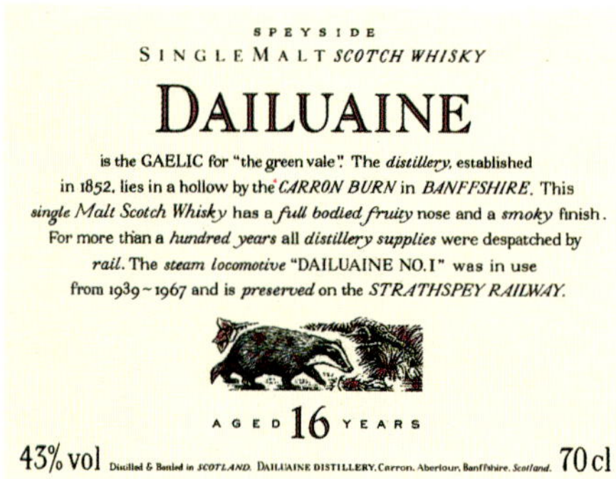

süßen, acetonbetonten Aroma und dichten floralen Noten. Bei Verdünnung öffnet sich der Malt zum typischen Speyside-Charakter. Im Geschmack süß, parfümiert und harmonisch ausbalanciert, mit Bitterschokolade im Abgang.

DAILUAINE

Carron, Banffshire **SPEYSIDE**

Eigentümer: Guinness UDV

Status: in Betrieb; 1. Klasse

Im »grünen Tal« zwischen Ben Rinnes und dem River Spey – daher der gälische Name – gelegene, 1854 durch den Farmer William Mackenzie erbaute Destillerie. Innerhalb der nächsten 12 Jahre wurde die Eisenbahn am anderen Flussufer gebaut und die Brennerei durch eine neue Straße erschlossen, eine gute Verkehrsanbindung, die Vorteile brachte. 1898 fusionierte Mackenzies Sohn mit der Talisker-Brennerei auf der Insel Skye unter dem Namen Dailuaine-Talisker Distilleries Co. Ltd., baute seine Firma aus, gründete die Imperial-Destillerie in Carron sowie eine weitere zur Erzeugung von Grain Whisky in Aberdeen. 1916 verschlechterte sich dann die wirtschaftliche Lage so sehr, dass Mackenzie an die DCL verkaufen musste. Dailuaine verfügt über sechs Brennanlagen, der Malt wird aber hauptsächlich zum Blenden benutzt und ist nur gelegentlich auch als unabhängige Abfüllung zu finden.

Verkostungsnotizen

22 y.o. (62,3%), Rare Malt: Mittleres Gold mit einem reichen Aroma nach karamellisierten Äpfeln und einem Anteil Schwefel, der sich beim Verdünnen verstärkt und parfümiert wirkt. Daneben pikante Pfeffernoten. Im Mund süß, sherrytönig und fruchtig mit einem trockenem Abgang.

DALLAS DHU

Forres, Morayshire **NÖRDL. HOCHLAND**

Eigentümer: Historic Scotland

Status: Museum seit 1992

Alexander Edward, allseits respektierter Brennmeister in Speyside, entwarf die Destillerie 1899 auf dem Gipfel des Whiskybooms. Er verkaufte die Planung an den Hersteller von Blends Wright & Greig, die Dallas Dhu erbauten. Einige Besitzerwechsel folgten, bis Benmore Distilleries Ltd. die Brennerei erwarben und 1929 mit in die DCL einbrachten. Bis zur Schließung 1983 wurde hier Whisky produziert; heute ist Dallas Dhu ein Museum. Der Malt ist in seltenen unabhängigen Abfüllungen erhältlich.

Verkostungsnotizen

(SMWS) 23 y.o. (60%): Aus der ersten Füllung eines Sherry-Fasses: mahagonifarben mit vorstechendem Weinaroma nach Fruchtkuchen und Nüssen. Mit ein wenig Wasser verdünnt, entwickeln sich getrocknete Aprikosen, Harz und würziger Rauch. Im Geschmack dominiert geröstetes Karamel, süß und tanninbetont im Abgang, der lange nachklingt.

DALMORE

Alness, Ross & Cromarty **NÖRDL. HOCHLAND**

Eigentümer: Kyndal

Status: In Betrieb; 30 000 Kisten 2. Klasse; Besucher nach Vereinbarung

1839 gegründet, wurde die Destillerie 1879 von den ortsansässigen Bauernbrüdern Mackenzie übernommen. Diese hatten enge Verbindungen zu Whyte & Mackay, die die Malts von Dalmore schätzten. 1960 schlossen sich die Unternehmen zusammen. Eine der Pot Stills stammt aus dem Jahre 1874 und verfügt über eine einzigartige Kupferummantelung, die es erlaubt, den Schwanenhals zu kühlen und so sauberer und intensiver zu brennen. Die Malts werden in den Altersstufen 12 Jahre (enthält einen großen Anteil 18-jährigen Malt), 21 Jahre (nur für den US-Markt), 26 Jahre (Stillman's Dram mit 45%) und 50 Jahre abgefüllt.

Verkostungsnotizen

12 y.o.: Tief amberfarben mit rötlichen Lichtern, die Nase ist dicht und ölig mit kräftigen Rauchtönen wie angebranntes Gummi. Bei Verdünnung werden die Aromen leichter, komplexer und süßer. Im Geschmack weich und rund, mit malzig-trockenem Akzent nach Trockenfrüchten, im Abgang trocken.

(SMWS) 19 y.o. (59,2%): Mittelgold, die Nase beginnt mit Sherrynoten, Tinte und Haselnüssen. Bei Verdünnung wird sie vollfruchtig und sehr harmonisch. Pikanter Geschmack nach Malz, Rosinen und Apfelkuchen, trockener Abgang.

DALWHINNIE

Dalwhinnie, Invernessshire **ZENTRALES HOCHL.**

Eigentümer:	Guinness UDV
Status:	In Betrieb; 27 500 Kisten; 2. Klasse; Besucherzentrum

Die höchstgelegene Destillerie Schottlands. Während des Whiskybooms im letzten Jahrzehnt des 19. Jahrhunderts von Einwohnern von Kingussie erbaut, die das Wasser des Lochan Doire-Uaine oberhalb der Schneegrenze und die reichen Torfvorkommen der Gegend als Vorteile erkannten. 1898 verkauft und in Dalwhinnie umbenannt, wurde die Destillerie fünf Jahre später von der größten US-amerikanischen Spirituosengruppe, Cook & Bernheimer, erworben. Im Zuge der Prohibition ging Dalwhinnie zunächst an Sir James Calder, 1926 dann an die DCL über. Dalwhinnie ist heutzutage als einer der Classic Malts sehr populär.

Verkostungsnotizen

15 y.o. (43%): Strohblond, mit einem malzigen, leicht chemischen Duft nach Torfrauch, mittelschwerem Körper mit süßen, leicht öligen Akzenten, rund mit Anklängen an Heidehonig.

DEANSTON

Doune, Perthshire **ZENTRALES HOCHLAND**

Eigentümer:	Burn Stewart
Status:	In Betrieb

Nur unweit nördlich der Grenzen der Highlands liegt die Brennerei in Duane, Perthshire, nahe der geschichtlich berüchtigten Ruinen von Duane Castle. Für die Brennerei wurden die Gebäude einer 1785 von Richard Arkwright, einem der Väter der Industriellen Revolution, entworfenen Baumwollmühle umgebaut. Die Wasser des River Teith, die ursprünglich die Webstühle antrieben, und die weiten Hallen der Weberei waren ideal für die Erzeugung und Lagerung von Whisky geeignet. 1965 baute die Deanston Distillery Co. Ltd. die Brennerei um und verkaufte sie in den wirtschaftlichen Schwierigkeiten der 80er-Jahre an die Invergordon Group. Drei Jahre später wurde Deanston geschlossen, 1991 von Burn Stewart gekauft und wiedereröffnet. Abfüllungen in den Alterstufen von 12, 17 und 25 Jahren erhältlich.

Verkostungsnotizen

12 y.o.: Strohhell mit goldenen Lichtern, die Nase ist süß mit Getreidearomen, die sich bei Verdünnung verstärken und trockener werden. Am Gaumen weich, mit schöner Balance zwischen Süße und Trockenheit, malzig mit fruchtigem Abgang.

DRUMGUISH (siehe SPEYSIDE)

DUFFTOWN

Dufftown, Banffshire **SPEYSIDE**

Eigentümer:	Guinness UDV
Status:	In Betrieb; 2. Klasse

Zwei junge Geschäftsleute aus Liverpool, Peter Mackenzie und Richard Stackpole, gründeten um das Jahr 1900 die Dufftown-Glenlivet-Brennerei in einer alten Mühle. Die Gerste stammte von der nahe gelegenen Pittyvaich Farm, das Wasser aus der für Menge und Qualität gerühmten Jock's Well. Das Unternehmen florierte, und die nun P. Mackenzie & Co. genannte Firma konnte die Blair-Athol-Destillerie kaufen. 1933 übernahm Bell's die Firma und brachte sie 1985 mit in die DCL ein. In den 60er- und 70er-Jahren wurde die Destillerie merklich erweitert, in moderne Technik investiert, und die Brennanlagen wurden um 4 auf insgesamt 6 Pot Stills vermehrt, in denen über 27 Millionen Liter im Jahr gebrannt werden können. Dufftown-Malt ist wesentlicher Bestandteil des Bell's 8 y.o. Früher wurde der Malt mit 8 Jahren abgefüllt, mittlerweile bietet die Destillerie einen 15-jährigen Malt an.

Verkostungsnotizen

15 y.o.: Blass mit goldenem Funkeln, die Nase ist süß und esterbetont, mit Spuren von Keksen, Dieselöl und etwas Torfrauch. Im Geschmack mittelsüß, leicht ölig und rauchig, fast sirupartig. Enttäuschender Abgang.

EDRADOUR

Pitlochry, Perthshire **ZENTRALES HOCHLAND**

Eigentümer: Chivas Brothers
Status: In Betrieb; 2. Klasse; Besucherzentrum

Schottlands kleinste und für die vielen Fans hübscheste Brennerei wurde um 1825 von einer Gruppe Bauern gegründet. 1922 erwarb William Whiteley Edradour und beließ bewusst alles so, wie es war. Er erkannte die hohe Qualität des hier erzeugten Whiskys und machte ihn zum Hauptbestandteil seines Blends King's Ransom, der in den 20er-Jahren von Kennern als bester und teuerster Whisky der Welt gerühmt wurde. Bis heute wurde bis auf die Einführung elektrischen Stroms 1974 und einige wenige Verbesserungen der Brenntechnologie nichts verändert. Der Hauptteil der Einrichtung besteht nach wie vor aus Holz, die Brennblasen sind die kleinsten überhaupt zugelassenen, die Herstellungsmethode ist strikt traditionell. Ein Besucherzentrum wurde vor einigen Jahren eröffnet.

Verkostungsnotizen

10 y.o.: Goldfarben mit floralem Duft: Rosen, Mandelblüten, etwas Sherry und feine Gewürze. Der Geschmack ist komplex, vielschichtig und zu Beginn süß, bevor sich Gewürze und Minzfrische bis in den cremig-weichen, buttrigen Nachklang entwickeln.

FETTERCAIRN auch Old Fettercairn

Fettercairn, Kincardineshire **ÖSTL. HOCHLAND**

Eigentümer: Kyndal
Status: In Betrieb; 3. Klasse; Besucherzentrum

1824 gegründet, wurde die Brennerei 1887 mit dem Vater des Premierministers William Gladstone als Vorstandsvorsitzendem zur Fettercairn Distillery Co. formiert. Die Destillerie liegt in der Ortschaft Laurencekirk im Herzen der fruchtbaren Agrarlandschaft Mearns, wo mit die beste Gerste Schottlands angebaut wird. Joseph Hobbs kaufte die Destillerie für die Associated Scottish Distillers und leitete sie bis zum Jahre 1970. Der Übernahme von White & Mackay im Jahr 1973 folgte 2001 der Verkauf an Kyndal. ein Besucherzentrum wurde 1989 eröffnet.

Verkostungsnotizen

10 y.o: Strohfarben mit goldenem Funkeln; die Nase ist süß und estertönig und geht mit sirupartigen Karamellaspekten einher. Der Geschmack ist karamellbetont mit etwas Gummi, aber dennoch trocken und ausbalanciert. Ein ungewöhnliches Aroma, das harmonisch und etwas erdig zugleich wirkt.

GLEN ALBYN

Inverness, Invernessshire **NÖRDL. HOCHLAND**

Status: Abgerissen; 3. Klasse

Der damalige Bürgermeister von Inverness, James Sutherland, errichtete Glen Albyn 1846 anstelle einer alten Brauerei am Ufer des Caledonian Canal, der gute Transportmöglichkeiten in den Süden garantierte. Ein Großfeuer zerstörte die Brennerei drei Jahre später und ruinierte Sutherland. Eine Zeit lang wurde die Destillerie als Mühle genutzt und blieb dann 20 Jahre stillgelegt, bis sie 1884 mit eigenem Eisenbahnanschluss wiederaufgebaut wurde. Acht Jahre später erbaute der neue Eigentümer nebenan in Zusammenarbeit mit James Mackinlay die Destillerie Glen Mhor. Im Ersten Weltkrieg wurde die Brennerei von der US-Marine als Minenfabrik genutzt, 1920 von Mackinlays & Birnie aufgekauft, die 1972 von der DCL übernommen wurden. 1983 wurde Glen Albyn geschlossen. Der Malt wurde als typischer Vertreter der Highlands betrachtet und ist mittlerweile sehr selten.

Verkostungsnotizen

(SMWS) 17 y.o. (63,8%): Mittleres Gold, mit ester- und vanilletönigem Duft. Bei Verdünnung entwickeln sich »Strand«-Aromen: ausgebleichte Krebsschalen, trockener Sand, ausgewaschenes Plastik. Die Entwicklung verläuft von süß zu bitter mit etwas Rauch am Gaumen.

GLENALLACHIE

Aberlour, Banffshire **SPEYSIDE**

Eigentümer: Chivas Brothers
Status: In Betrieb; 2. Klasse

1967 von dem Tochterunternehmen der Scottish & Newcastle Breweries Mackinlay, McPherson & Co. erbaut. 1985 von der Invergordon Group gekauft und geschlossen, bis Campbell Distillers die Brennerei 1989 übernahmen und den Malt ausschließlich zum Blenden produzierten.

Verkostungsnotizen

(SMWS) 13 y.o. (58,3%): Leuchtend golden, mit einer parfümiert-buttrigen Aromastruktur, die verdünnt Bonbonnoten, Zitrustöne und einen Hauch Pfeffer enthüllt. Seidenweich am Gaumen mit einer Entwicklung von süß zu trocken mit Bittertönen im Abgang.

GLENBURGIE

Nahe Forres, Morayshire **SPEYSIDE**

Eigentümer: Allied Distillers
Status: In Betrieb; 1. Klasse

Ursprünglich als Kionflat bekannt, wurde die Brennerei 1810 von William Paul begründet. 1871 wurde die Destillerie an Charles Hay verpachtet, der ihr den heutigen Namen gab. 1930 übernahm Hiram Walker die Verwaltung der Brennerei, die 1936 erworben und auf das Tochterunternehmen J. G. Stodart überschrieben wurde. 1958 kamen zwei Lomond-Brennblasen zu den traditionellen hinzu, seither produziert die Destillerie zwei unterschiedliche Malttypen. Seit 1981 wird nur noch Malt in klassischen Pot Stills gebrannt, einige Brände aus der Lomond-Still sind noch vorhanden. Glenburgie wird vom Erzeuger nicht abgefüllt und ist als Single Malt sehr selten.

Verkostungsnotizen

(SMWS) 20 y.o. (57,9%): Dunkles Gold und weihnachtliche Aromenfülle – Johannisbeersauce und Trockenfrüchte. Beim Verdünnen eine Spur Ingwer. Üppige Fülle im Mund, die an türkischen Honig und Schokolade denken lässt.

GLENCADAM

Brechin, Angus **ÖSTLICHES HOCHLAND**

Eigentümer: Allied Distillers
Status: In Betrieb; 2. Klasse

Die Destillerie wurde 1825 in der Nähe der ehemaligen Königsburg von Brechin erbaut. Nach einer Reihe von Besitzerwechseln wurde Glencadam 1891 von der renommierten Edinburgher Whiskyfirma Gilmore, Thomson & Co. Ltd. erworben. 1954 ging die Brennerei auf Hiram Walker über und wurde gründlich modernisiert. Später wurde Glencadam dem Management des Blenders Steward & Sons aus Dundee unterstellt, deren erfolgreicher Blend Cream of the Barley auf den hier erzeugten Malts basierte. Heute liegt die Lizenz bei George Ballantine & Sons Ltd. Der Malt ist nur als unabhängige Abfüllung erhältlich.

Verkostungsnotizen

(G&M) 20 y.o.: Amberfarben mit recht verschlossener Nase: feuchte Wolle, etwas Sherry und deutliche Mandarinennoten. Mittelschwer, malzigsüß mit anhaltenden Mandarinenaromen.

GLENCRAIG

Nahe Forres, Morayshire **SPEYSIDE**

Status: Abgebaut

1958 wurden zwei Lomond-Stills in der Destillerie Glenburgie von Hiram Walker installiert. Diese produzierten einen andersgearteten Malt, der nach dem damaligen Produktionsleiter Willie Craig Glencraig genannt wurde. 1981 wurden die Stills aus der Produktion genommen. Etwas Malt befindet sich noch in den Lagern, ist auf dem Markt aber selten.

Verkostungsnotizen

(G&M) 24 y.o. (1970): Amberfarben, mit minzfrischem, fruchtig und mittelsüßem Aroma mit grasiger, an Heu erinnernder Sauberkeit. Beim Verdünnen entstehen etwas Rauchigkeit und mehr grasig-grüne Noten.

GLEN DEVERON (siehe MACDUFF)

GLENDRONACH

Nahe Huntly, Aberdeenshire — **ÖSTL. HOCHLAND**

Eigentümer:	Allied Distillers
Status:	In Betrieb; 10 000 Kisten; 1. Klasse; Besucherzentrum

1826 durch James Allardes gegründet, einem Protegé des Herzogs von Gordon, der für das Lizenzgesetz von 1823 verantwortlich war. Die Destillerie brannte 1837 nieder, ging an verschiedene Eigentümer und wurde 1920 von einem Sohn des Glenfiddich-Inhabers William Grant gekauft. 1960 wurde die Destillerie an William Teacher & Sons verkauft, die die Kapazität verdoppelten, gleichzeitig aber die traditionellen Brenntechniken beibehielten. Dies beinhaltete Floor Maltings, torfbefeuerte Kilns und kohlebefeuerte Brennblasen Der Whisky wird in der Brennerei gelagert, teils in Sherry-Fässern, aber auch in Bourbon-Fässern (genannt *traditional*). Anfang der 90er-Jahre wurden zwei Varianten des 12-jährigen Glendronach aus unterschiedlichen Fasstypen abgefüllt. Heute wird Glendronach in den Altersstufen 12 Jahre, 15 Jahre und 18 Jahre (alle aus Sherry-Fässern) abgefüllt. Von 1995 bis 1997 war die Brennerei wegen übergroßer Lagerbestände geschlossen; das Besucherzentrum zog 1996 5 000 Besucher an.

Verkostungsnotizen

12 y.o.: Tiefes Rotbraun, mit intensivem Sherryduft, durch etwas Vanille und Rauch akzentuiert. Im Munde köstlich, mit schöner Balance aus Sherrynoten, Malz und Karamell, obgleich der Brand eher trockenen Charakter aufweist.

12 y.o. (Traditional): Goldfarben, mit einem trockenen, malzigen und leicht sherrytönigen Duft. Der Geschmack ist eher trocken, vollmundig, weich, mit etwas Gewürz und einem langen, leicht rauchigen Abgang.

GLENDULLAN

Dufftown, Banffshire — **SPEYSIDE**

Eigentümer:	United Distillers
Status:	In Betrieb; 2. Klasse

Als letzte der sieben Destillerien in Dufftown wurde Glendullan 1897 von Williams & Sons Ltd. aus Aberdeen errichtet, am River Fiddich, der nicht nur das Wasser lieferte, sondern auch ein Mühlrad antrieb. Von Anfang an benutzte der Erzeuger die Produktion für seine Blends, etwa für den exklusiv für König Eduard VII. hergestellten Scotch. 1919 fusionierte die Firma mit Macdonald Greenlees und wurde 1926 von DCL erworben. 1962 wurden Brennereigebäude und Maischhallen erneuert, 10 Jahre später dann eine neue Brennerei mit 6 Brennapparaten daneben gebaut. Die ursprüngliche Brennerei wurde 1985 geschlossen. Als Malt bildet Glendullan das Herz der Old-Parr-Blends, wird nur in geringer Menge als Single Malt abgefüllt und gelegentlich von unabhängigen Abfüllern angeboten.

Verkostungsnotizen

12 y.o.: Blaßgolden, mit einer warmen Nase nach Gebäck und dampfendem Heu. Mittelschwer, weich und sauber, mit etwas Vanille und Eichenholz und wärmendem Finish.

(SMWS) 17 y.o. (65,2%): Aus einem Sherry-Fass: hellgolden mit leicht scharfer Karamellnase. Die Karamellnote verstärkt sich bei Verdünnung, der Geschmack ist köstlich, lang und trocken. Ein guter Aperitif oder Whisky am Nachmittag.

GLEN ELGIN

Elgin, Morayshire — **SPEYSIDE**

Eigentümer:	United Distillers
Status:	In Betrieb; Top-Klasse

William Simpson, der Manager von Glenfarclas, erbaute die Destillerie 1898 während des Whiskybooms. Es war die letzte in Speyside erbaute vor 1958. Während der Bauzeit ging allerdings ein wichtiger Abnehmer Pleite, so wurde Glen Elgin nicht so groß ausgebaut wie ursprünglich geplant. 1900 wurde die Produktion aufgenommen, die Destillerie 1907 an einen Blender aus Glasgow verkauft. Glen Elgin wurde 1936 Teil von DCL

und gehört heute zu White Horse Distillers, für die der Malt wichtiger Bestandteil der Blends ist. Seit 1977 wird der Malt in limitierten Mengen abgefüllt, er verdient aber größere Bekanntheit.

Verkostungsnotizen

12 y.o. (43%): **Blassgolden, mit einer festen, angenehmen und duftigen Ansprache – Erika, Kräuter, Minze, etwas Sherry und ein Hauch Rauch. Mittelschwerer, öliger Körper mit honigsüßem, fruchtigem Geschmack. Süß und sauber bis ins Finish.**

(SMWS) 12 y.o. (57,5%): **Blassgolden und viskos, mit einer angenehm zarten Sherrynase, die nach Lilien und Jute duftet. Bei Verdünnung entfalten sich Fenchel, Blüten und Nüsse. Am Gaumen scharf, trocken und lederartig, dazwischen Malz und Schokolade, der Abgang ist leicht ölig.**

GLENESK auch Hillside

Montrose, Angus **ÖSTLICHES HOCHLAND**

Eigentümerr:	United Distillers
Status:	Geschlossen

Weinhändler James Isles verwandelte 1898 eine alte Flachsmühle in eine Brennerei, die Highland Esk oder North Esk genannt wurde. Der Standort in Montrose liegt nahe der Gerstenanbauregion Mearns und verfügt über gutes Wasser vom River North Esk. Kurz vor dem Ausbruch des Ersten Weltkrieges kaufte J. F. Caille die Brennerei und produzierte hier Whisky, bis ein Großfeuer die Destillerie zerstörte. 1938 erwarb Joseph Hobbs die Brennerei für Associated Scottish Distillers, benannte sie in Montrose um und produzierte Grain Whisky. 1954 von DCL übernommen, 1964 wieder in eine Maltdestillerie umgebaut, firmierte die Brennerei erst unter Hillside, bis sie, 1980 Glenesk getauft, 1985 geschlossen wurde. 1992 wurde die Brennlizenz zurückgegeben. Die benachbarte Großmälzerei ist noch in Betrieb. Der Malt Hillside wird noch in der Rare-Malt-Serie angeboten.

Verkostungsnotizen

25 y.o. (58,3%), *Rare Malt*: **Mittleres Gold und süße Karamellnase mit grasig-grünen Akzenten. Entwicklung zu einer Kombination aus süßem Malz, Malzdarren und Heu. Der Geschmack ist ausbalanciert, der Abgang kurz, mit einem angenehmen Nachgeschmack nach reifen Äpfeln.**

GLENFARCLAS

Ballindalloch, Banffshire **SPEYSIDE**

Eigentümerr:	J & G Grant
Status:	In Betrieb; 30 000 Kisten; 1. Klasse; Besucherzentrum

Dies ist eine der beiden bedeutendsten Destillerien in Schottland, die sich immer noch im Besitz der Gründerfamilie befinden. John Grant erhielt seine Brennlizenz 1865, seither erfreut sich der Malt ungebrochener Beliebtheit. Glenfarclas bedeutet das »Tal des grünen Grases«, und die Destillerie steht inmitten grüner Wiesen am Fuße des Ben Rinnes, von dem sie auch ihr Quellwasser bezieht. Dieses Wasser entstammt geschmolzenem Schnee und wird auf dem Weg talwärts durch Heidekraut gefiltert. 1897 wurde die Destillerie erneuert, 1973 ein Besucherzentrum mit Souvenirladen eröffnet. Die sechs Pot Stills von Glenfarclas gehören zu den größten in Schottland. Die Malts werden alle in Sherryfässern ausgebaut, einige davon als Erstfüllung. Die derzeitigen Inhaber sind der Urenkel und der Ururenkel des Gründers. Die Familie hat ihren Malt immer als Single Malt abgefüllt, zur Zeit in einer Reihe von Varianten: 10 Jahre alt (mit 40%), 12 Jahre (mit 43%), 15 Jahre (mit 46%), 21 Jahre, 25 Jahre, 30 Jahre (alle mit 43%) sowie den Glenfarclas »105« (in Fassstärke, ohne Altersangabe).

Verkostungsnotizen

15 y.o. (43%): **Reiche Amberfarbe mit einer malzigsüßen Fruchtnase mit floralen Elementen und etwas Torfrauch. Die Sherrynote ist unübersehbar, fügt sich aber gut ins Aromenspiel. Der Geschmack ist ausgeglichen, süß, reich und cremig.**

25 y.o. (43%): **Mahagonifarbenes Destillat, das im ersten Augenblick durch Sherrytöne auffällt, dazu etwas Sandelholz, Aprikosenkompott und Pflaumen. Bei Verdünnung entwickelt sich Karamell und Lavendel. Ein ausbalancierter, süß-trockener Brand mit einem nachklingenden Finish.**

GLENFIDDICH

Dufftown, Banffshire **SPEYSIDE**

Eigentümer:	William Grant & Sons
Status:	In Betrieb; 800 000 Kisten; 1. Klasse; Besucherzentrum

Die Destillerie, die den weltweit erfolgreichsten Malt herstellt, wurde 1887 von William Grant gegründet. Der Schneiderssohn hatte eine Lehre als Flickschuster gemacht, dann als Brenner gearbeitet. Bei Cardhu kaufte er gebrauchte Brennkolben und suchte sich das idyllische Tal von Glenfiddich, das »Wildtal«, als Standort für seine Destillerie aus. Seither ist die Brennerei in Familienbesitz geblieben. Jeder Arbeitsgang, vom Mälzen bis zum Abfüllen, findet vor Ort statt, auch eine eigene Küferei und Schmiede sind vorhanden. Das Wasser stammt aus der Robbie-Dubh-Quelle. Die Direktoren von William Grant waren die ersten, die Anfang der 60er-Jahre das Marktpotential eines Single Malt erkannten. 1969 wurde das Besucherzentrum eröffnet, das seither mehr als 125 000 Gäste im Jahr anzieht. Mittlerweile verfügt die Brennerei über 29 Brennblasen, die 35% des gesamten Single-Malt-Marktes erzeugen. Die Brände werden als Special Reserve (12 Jahre alten Malt), Cask Strength (15 Jahre alter Malt), Solera Reserve (ein komplexer Verschnitt aus 15 Jahre altem Malt), Ancient Reserve (18 Jahre alter Malt) mit 21 und 30 Jahren abgefüllt.

Verkostungsnotizen

Special Reserve: Strohblond mit grünem Funkeln, der Duft ist leicht, mit Getreidearomen, Pflanzenstengeln, Veresterungen, Äpfeln und einem kaum merklichen Hauch von Rauch. Bei Verdünnung wird der Brand frischer und appetitanregend: malzig-süß, dann etwas grüner und trockener, mit kurzem Abgang.

18 y.o. (43%): Leuchtendes Gold mit malzbetontem Aroma. Mit Wasser verdünnt, treten weinig-florale Noten hervor, mit etwas Rauch. Der Geschmack ist sauber, süß, grün und leicht würzig, der Abgang anhaltend.

GLEN FLAGLER

Airdrie, Lanarkshire **LOWLANDS**

Status:	Abgerissen

1965 von Inver House, damals Tochtergesellschaft von Publicker Industries Ltd., auf dem Gelände der Moffat-Graindestillerie am östlichen Rand von Airdrie erbaut. Der Gesamtkomplex umfasst fünf kontinuierliche Brennanlagen zur Produktion von Neutralsprit und Grain Whisky sowie zwei Pot Stills. Das Gebäude war einstmals eine Papiermühle namens Garnheath, die Destillerie wurde 1985 geschlossen. Der Malt ist sehr selten, mir selbst kam bisher nur eine Abfüllung des in Edinburgh beheimateten unabhängigen Abfüllers Signatory unter.

Verkostungsnotizen

(Signatory) 23 y.o. (51,1%): Amberfarben, mit einer delikaten Nase mit malzigen und nussigen Aspekten. Gut strukturierter Körper mit überraschend frischem Geschmack, Gewürznoten und einer Entwicklung von Süße zu trockenem Abgang.

GLENGARIOCH

Oldmeldrum, Aberdeenshire **ÖSTL. HOCHLAND**

Eigentümer:	Morrison Bowmore
Status:	In Betrieb; nur kommerzielle Visiten

Die Garioch-Region ist ein 30 km langer Streifen fruchtbaren Landes, das als die Kornkammer von Aberdeenshire bekannt ist. Nach einem Bericht der Lokalzeitung eröffnete hier eine Destillerie bereits im Jahre 1785, die derzeitige Brennerei stammt aus dem Jahre 1898. Zahlreiche der alten Gebäude blieben erhalten, einige der ursprünglichen Mälzböden sind noch in Betrieb, das Gebäudeensemble wirkt sehr charmant. Leider hat die unzuverlässige Wasserzufuhr mehrfach für Probleme gesorgt. 1884 kaufte William Sanderson, der Schöpfer des Markenblends Vat 69, die Destillerie, die damit zu DCL kam. 1970 erwarb Stanley P. Morisson Glengarioch als Teil seines Vorhabens, in jeder geographischen Region Destillerien zu besitzen. Morrison ließ erfolgreich einen neuen Brunnen graben und installierte eine dritte Pot Still. Leider wurde die Brennerei 1995 stillgelegt und steht momentan

zum Verkauf. Morrison Bowmore füllt Malts mit 15 und 21 Jahren ab und legte einen mittlerweile sehr seltenen Jahrgangs-Malt von 1987 auf.

Verkostungsnotizen

15 y.o. (43%): Mittlerer Goldton, im Aroma torfig mit Lavendel, Sägemehl und etwas Sandelholz, das sich schnell in Richtung Ingwer entwickelt und sich am Gaumen fortsetzt bis in den scharf gewürzten Abgang.

(SMWS) 12 y.o. (57,8%): Rotgolden mit Sherrynase. Bei Verdünnung treten Limetten und Karamell hervor, eine Kombination aus süßen und sauren Aspekten, die sehr erdig wirken. Am Gaumen holzbetont bis ins Finish.

GLENGLASSAUGH

Nahe Portsoy, Banffshire **ÖSTL. HOCHLAND**

Eigentümer:	Edrington
Status:	Geschlossen; 2. Klasse

Die Destillerie wurde in der Mitte der 70er-Jahre des 19. Jahrhunderts um drei alte Mühlen (darunter auch eine in Schottland seltene Windmühle) gebaut. 1892 kauften die Highland Distillers die Brennerei, die zwischen 1907 und 1931 stilllag. 1959 wurde sie generalüberholt und die beiden Brennapparate ersetzt, dennoch blieb die Qualität der Brände schwankend. Die Eigentümer gingen in ihrer Not sogar so weit, Wasser aus ihrer Destillerie Glenrothes zu holen. Auch das half nicht, so dass die Brennerei 1986 stillgelegt wurde. Nur selten als Single Malt zu finden.

Verkostungsnotizen

(SMWS) 12 y.o. (55,7%): Blassgolden mit orangefarbenen Lichtern. Das Aroma wird durch Karamell und poliertes Leder bestimmt, bei Verdünnung tritt angenehmer Duft nach getrockneten Muscheln, Hummerschalen, Seeigeln und sandigen Stränden hinzu, mit etwas Lavendel und Anissamen. Auf der Zunge adstringierend, leicht salzig und sogar etwas fischig.

GLENGOYNE

Nahe Killearn, Stirlingshire **WESTL. HOCHLAND**

Eigentümer:	Edrington
Status:	In Betrieb; 25 000 Kisten; Besucherzentrum

1833 von der Familie McLelland gegründet, wurde die Brennerei 1876 von Lang Brothers übernommen. Die sensible Modernisierung ließ Glengoyne zu einer der schönsten Destillerien in Schottland werden: schmal und kompakt, in ein waldiges Tal am Fuße der Campsie Fells geschmiegt. Ein wesentlicher Punkt bei der Produktion ist die Verwendung von ungetorftem Malz und die ausschließliche Lagerung in Sherry-Fässern. Glengoyne liegt genau auf der Grenze zwischen Highlands und Lowlands, und obwohl die Destillerie eigentlich in den Lowlands liegt (und bis zu den 70er-Jahren auch dort eingeordnet wurde), kommt das verwendete Wasser aus den Highlands, die dem Brand ihren Charakter mitteilen. Die Brennerei füllte die Altersstufen 10, 17 und 25 Jahre ab, daneben eine limitierte Menge an 26-jährigem Malt.

Verkostungsnotizen

10 y.o.: Strohblond mit goldenen Lichtern, sherrytöniges Aroma mit frisch-fruchtigen Akzenten. Am Gaumen weich und cremig, mit Nusstönen. Harmonisch ausbalanciert und bis ins Finish wohlgerundet.

17 y.o. (43%): Mittlerer Goldton mit würziger Sherrynase, die durch Vanille, Pfirsiche und Fenchel überlagert wird. Weich und komplex, ein harmonischer, süßlicher Malt.

GLEN GRANT

Rothes, Morayshire **SPEYSIDE**

Eigentümer:	Chivas Brothers
Status:	In Betrieb; 450 000 Kisten: Top-Klasse; Besucherzentrum

1833 waren die Gebrüder Grant Teilhaber von Aberlour und gründeten 1840 Glen Grant. Die Destillerie benutzt das Wasser des nahe gelegenen Black Burns, und die Brennapparate werden mit Kohle beheizt; Experimente mit indirekter Befeu-

erung in den 70er-Jahren schlugen fehl. Um 1860 wurde die Firma John & James Grant genannt, und als die Brüder starben, erbte James' Sohn, der die Firma seinem Enkel Major Douglas Mackessack hinterließ. Der Major erweiterte die Produktionskapazität und fusionierte 1953 mit George & J. G. Smith zur The Glenlivet & Glen Grant Distillers Ltd. 1972 schloss sich die Firma mit dem Blend-Unternehmen Hill, Thomson & Co. Ltd. aus Edinburgh und Longmorn Distilleries zusammen, 1977 kaufte Seagrams die Gesamtunternehmen auf. Die Brennkapazität und Qualität vor allem im Bereich der Rohbrand-Destillation wurde verbessert. 30 000 Besucher zählt das Unternehmen im Jahr. Die als »erfrischend-leicht, inspiriert und gesellig« positionierte Marke ist in Italien überaus erfolgreich, vor allem in der Altersstufe von 5 Jahren.

Verkostungsnotizen

10 y.o.: **Sehr helle Farbe, der Duft ist leicht und spritig mit Getreidenoten. Bei Verdünnung wird der Brand ausgeglichen und süßer, mit deutlich wahrnehmbaren Honig- und Haselnusstönen. Frischer, grasig-adstringierender Geschmack mit etwas Süße und trockener werdendem Finish.**

(SMWS) 12 y.o. (60,4%): **Blassgolden. Der erste Eindruck ist Puffreis, mit frischen Blüten und einer Bitterschokoladennote. Verdünnt tauchen Spuren von Lakritze auf. Am Gaumen zu Beginn süß, später würzig und pfeffrig mit hefigen Nussaromen, würziger Abgang.**

GLEN KEITH

Keith, Banffshire — **SPEYSIDE**

Eigentümer:	Chivas Brothers
Status:	In Betrieb; 1. Klasse

Eine alte Mühle am Spey gegenüber der Strathisla-Brennerei in Keith wurde 1957 von Seagrams zu einem modernen Destillerie-Komplex umgebaut, mit den ersten gasbeheizten Brennblasen und einer weitestgehend computergesteuerten Produktion. Ursprünglich wurde hier dreifach gebrannt, in drei miteinander verbundenen Stills. Im Jahre 1970 wurden noch zwei weitere Brennblasen hinzugefügt. Glen Keith produziert Malts für die bekannten Blends Chivas Regal, Passport und andere und wurde vor 1994 nicht vom Erzeuger abgefüllt.

Verkostungsnotizen

Before 1983 (43%): **Helle Amberfarbe, viskos, mittelschwerer Körper mit süßem Duft nach Vanille, Rum, etwas Torfrauch, der sich mit Karamellnoten am Gaumen fortsetzt. Weich und ölig bis in den Nachklang.**

GLENKINCHIE

Nahe Pencaitland, East Lothian — **LOWLANDS**

Eigentümer:	Guinness UDV
Status:	In Betrieb; 12 000 Kisten Besucherzentrum

1837 im Herzen von Lothian von den Gebrüdern Rate gegründet, die als Rinderzüchter ihre eigene Gerste anbauten, wurde die Destillerie um 1880 von einem Konsortium von Whiskyhändlern aus Edinburgh erworben und umgebaut. Als eines der Gründungsmitglieder von SMD trat Glenkinchie 1925 der DCL bei und wurde auf die Firma John Haig & Co. lizenziert. Heute produziert Glenkinchie einen der Classic Malts und füllt den Malt mit 10 Jahren ab; der Brand gewann 1993 eine Goldmedaille der IWSC. Das Besucherzentrum wurde 1996 völlig erneuert und umgestaltet und zeigt ein 1924 entstandenes Modell des Gesamtkomplexes. Glenkinchie erwartete 1997 etwa 35 000 Gäste.

Verkostungsnotizen

10 y.o.: **Weißweinfarben, mit leicht duftendem Aroma nach Vanille und Wiesen. Die Geschmacksentwicklung beginnt leicht süß, mit etwas Säure und endet trocken mit einem Hauch Ingwer.**

THE GLENLIVET

Minmore, Banffshire — **SPEYSIDE**

Eigentümer:	Chivas Brothers
Status:	In Betrieb; 320 000 Kisten; Top-Klasse; Besucherzentrum

George Smith, ein ortsbekannter Schwarzbrenner und Pächter des Herzogs von Gordon, war der Erste, der eine offizielle Brennerlaubnis nach dem

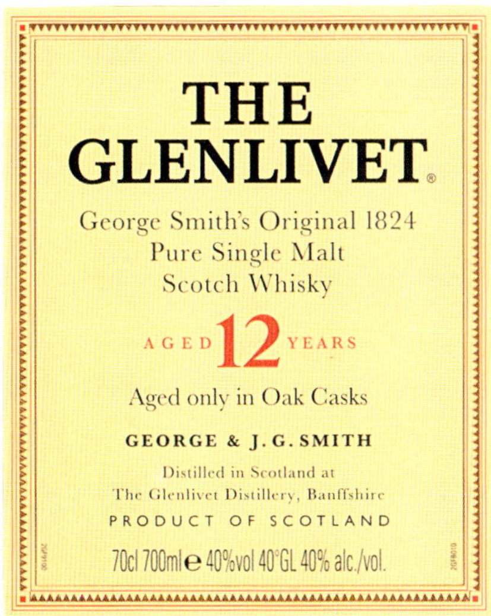

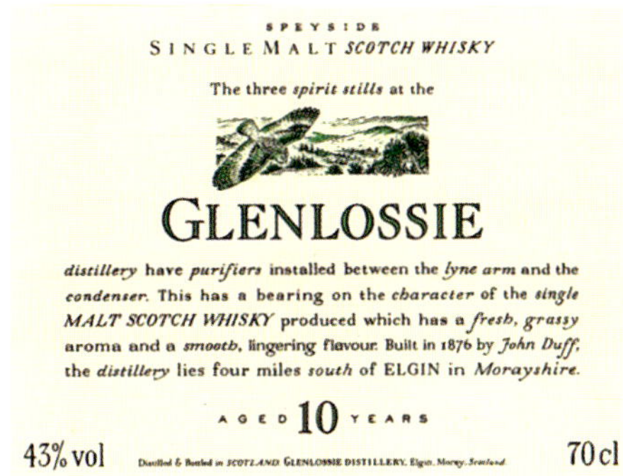

Gesetz von 1823 erhielt. Um 1830 wurde sein Whisky von dem renommierten Edinburgher Handelshaus Andrew Usher & Co. vertrieben, und um 1850 war Glenlivet so berühmt, dass zahlreiche andere Brenner die Bezeichnung verwendeten. Zusammen mit seinem Sohn James Gordon baute George Smith 1858 eine größere Brennerei bei Minmore. 1880 ergriff James Gordon legale Maßnahmen gegen die Nachahmer und bekam Recht: Das Gericht entschied, dass kein anderer Whisky als The Glenlivet bezeichnet werden durfte, obwohl es erlaubt blieb, den Namen Glenlivet an den eigentlichen Destillerienamen anzuhängen. 1953 fusionierte die immer noch in Familienbesitz befindliche Brennerei mit Glen Grant, 1970 auch mit Longmorn, die Gesamtgruppe wurde 1977 von Seagram erworben. Seit 1978 befindet sich ein Besucherzentrum im früheren Gerstenlager im ältesten Teil der Brennerei, in dem 80 000 Besucher pro Jahr gezählt werden. 1996/97 wurde das Zentrum auf den neuesten Stand gebracht, mit großer Multimedia-Ausstellung, einer interaktiven Show, mit Restaurant und Shop, und gehört heute zu den größten und bestausgestatteten Besucherzentren in Schottlands Destillerien. Die Malts von Glenlivet werden mit 12 Jahren, 18 Jahren und 21 Jahren abgefüllt, eine »Archive«-Abfüllung ohne Altersangabe wurde kürzlich vorgestellt. Gordon & MacPhail füllt die Malts in einer großen Auswahl an Jahrgangsstufen ab. Der 18-jährige Glenlivet gewann den Titel des »besten Malts über 15 Jahren«, den Titel »Außergewöhnlichster Single Malt« bei der IWSC 1995 und eine Goldmedaille 1996.

Verkostungsnotizen

12 y.o.: Blassgoldene Farbe und präsentes Sherryaroma, durch das delikate Blütendüfte, Malz und Gewürze schimmern. Bei Verdünnung wird das Destillat süßer, mit etwas Vanille und Teigaromen. Sehr harmonisch mit weichem, sauberem Geschmack, der sich von einem süßen Start über Honig, leichtes Fruchtaroma hin zu einem trockenen Nachhall entwickelt.

18 y.o. (43%): Tief bernsteinfarben mit rötlichen Lichtern, reiche und komplexe Nase mit vielschichtiger Struktur: Sherry, Mandeln, Salbei, Gewürze, Trockenfrüchte und Wiesenblumen. Mächtiger, weicher Körper mit zarten Rauchnoten, füllig und mittelsüß am Gaumen mit leichten Karamelltönen, die zum trockenen Abgang hin rauchiger werden.

GLENLOCHY

Fort William, Invernessshire **WESTL. HOCHLAND**
Status: Abgerissen

1898 nutzte David McAndie das vom Ben Nevis herabströmende Wasser sowohl zur Energieerzeugung als auch zur Produktion in seiner später von 1917 bis 1924 und von 1926 bis 1937 stillgelegten Destillerie, die dann von Train and McIntyre für Associated Scottish Distillers erworben wurde. 1953 ging Glenlochy an SMD (DCL) über und wurde 1983 abgerissen. Die Mälzerei und die Darren stehen unter Denkmalschutz und sind heute Teil einer neuen Freizeitanlage. Heutzutage sind nur unabhängige Abfüllungen im Handel.

Verkostungsnotizen

(SMWS) 14 y.o. (61,7%): Blassgolden, mit esterbetonter Nase, etwas Piniensaft und helles Karamell, das beim Verdünnen honigtöniger und säuerlicher wird. Die Geschmacksentwicklung beginnt süß, erfreut die Zunge mit angenehmer Säure und endet mit einem Bitterschokoladen-Akzent.

GLENLOSSIE

Nahe Elgin, Morayshire **NÖRDL. HOCHLAND**
Eigentümer: Guinness UDV
Status: In Betrieb; Top-Klasse

Der Manager der Glendronach-Brennerei, John Duff, erwarb 1876 die Lizenz zum Bau von Glenlossie. Bis 1919 firmierte die Destillerie unter Glenlossie-Glenlivet Co., bis SMD sie als erste Destillerie in Morayshire übernahm. Ab 1930 gehörte Glenlossie zur DCL, die die Brennerei erneuerte und 1962 zwei neue Brennblasen installierte. Mittlerweile für John Haig & Co. Ltd. lizenziert, wird der Brand nicht als Malt abgefüllt, ist ab und an als unabhängige Abfüllung zu finden.

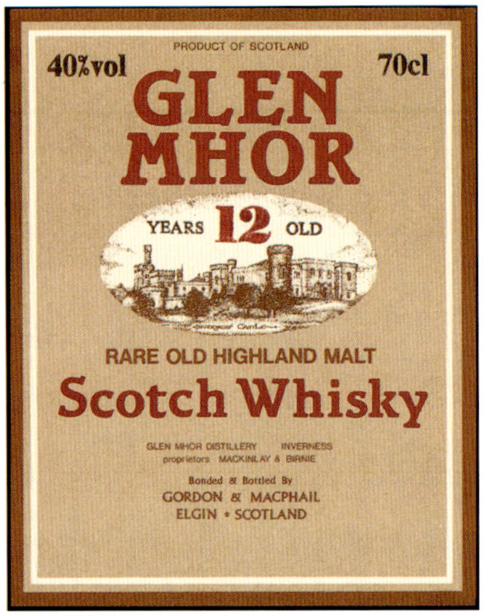

Verkostungsnotizen

(SMWS) 15 y.o. (64,4%): Weißweinfarben, aus einem zum zweitenmal befüllten Bourbonfass: ein typischer Speyside-Whisky. Die Nase ist frisch, sauber und so unschuldig wie ein Sommertag, duftet köstlich nach grünen Äpfeln und Birnen. Im Geschmack reiht sich eine süße Assoziation an die andere.

GLEN MHOR

Inverness, Invernessshire — **NÖRDL. HOCHLAND**
Status: Abgerissen; 3. Klasse

Glen Mhor wurde 1892 neben der Destillerie Glen Albyn von deren Manager John Birnie und seinem Partner James Mackinlay gegründet, der aus einer Edinburgher Blenderfamilie stammte. Neil Gunn, der bekannte schottische Romancier, war hier als Zollbeamter tätig. 1906 erwarb John Walker & Sons Ltd. 40% der Anteile an Glen Albyn. 1972 wurde die daraus entstandene Firma in die DCL eingebracht, Glen Mhor aber 1983 abgerissen.

Verkostungsnotizen

(SMWS) 16 y.o. (62,9%): Mittleres Gold, der Duft in Fassstärke erinnert an österreichischen Rauchkäse. Aufgeschlossen, entwickelt sich ein Speyside-Aroma mit frischem Thymian, Koriander und Minze. Der Geschmack ist gleichfalls erfrischend, dabei süßlich und leicht prickelnd: sauber, ausbalanciert mit pikantem Abgang.

GLENMORANGIE

Tain, Ross & Cromarty — **NÖRDL. HOCHLAND**
Eigentümer: Glenmorangie
Status: In Betrieb; 160 000 Kisten; 2. Klasse; Besucherzentrum

Einer der erfolgreichsten Malts weltweit, Marktführer in Großbritannien: Die Destillerie wurde 1843 am Südufer des Dornoch Firth an der Stelle einer alten Brauerei erbaut. Der Gründer William Mathieson war fasziniert vom harten, mineralischen Wasser der nahe gelegenen Tarlogie-Quelle. Da es ihm an Geld mangelte, kaufte er gebraucht einen Satz alter Gin-Brennblasen mit den höchsten Schwanenhälsen von Schottland. Seither wird jede neue Brennblase originalgetreu kopiert. 1918 erwarb die in Leith ansässige Whiskyfirma Macdonald & Muir Glenmorangie und erneuerte sie 1979, erweiterte im folgenden Jahr die Zahl der Brennapparate auf vier und 1993 auf insgesamt acht. Obwohl der Single Malt seit 1880 erhältlich war, fasste man erst Mitte der 70er-Jahre den Entschluss, Glenmorangie weltweit einzuführen. Glenmorangie war der Vorreiter im Ausbau von Malt in verschiedenen Holzarten, daher sind interessante Spielarten des Malts verfügbar. Zur Zeit wird Glenmorangie mit 10 Jahren (auch als 10-jähriger mit 50%) und 18 Jahren abgefüllt, mit Portfass-Finish, Sherryfass-Finish, Madeirafass-Finish, Rhoneweinfass-Finish, Claret-Finish und Jahrgang 1974. Zuvor wurden die Jahrgänge 1963, 1971 und 1972 präsentiert, die mittlerweile selten sind. Ein kleines Besucherzentrum wurde 1995 eröffnet.

Verkostungsnotizen

10 y.o.: Blassgolden mit floralen Zitrusnoten, besonders Mandarine, und einem Hauch Rauch. Mittelschwer und komplex, einfach zu trinken und harmonisch ausbalanciert mit Spuren von Mandeln, Gewürzen und Holzrauch. Erfrischend und eher trocken.

18 y.o.: Leuchtendes Gold, immer noch Anklänge an Zitrusfrüchte, mit Sherry, Marzipan, Heidehonig, Nüssen, Karamell, Sandelholz und Holzrauch. Im Munde weich und saftig, mit Anklängen an Vanillecreme, aber auch mit minziger Frische.

GLEN MORAY

Elgin, Morayshire — **SPEYSIDE**
Eigentümer: Glenmorangie
Status: In Betrieb; 12 000 Kisten; 2. Klasse

Als Destillerie im Jahre 1897 am westlichen Zipfel von Elgin gegründet und mit Wasser vom Dallas Moor versorgt, lag Glen Moray von 1910 bis zur Übernahme durch Macdonald & Muir Anfang der 20er-Jahre still. 1958 erweitert, werden die Whiskys von Glen Moray seit langem geschätzt, aber erst seit 1976 als Single Malt abgefüllt. Zur Zeit wird ein 12 Jahre und ein 16 Jahre alter Brand angeboten,

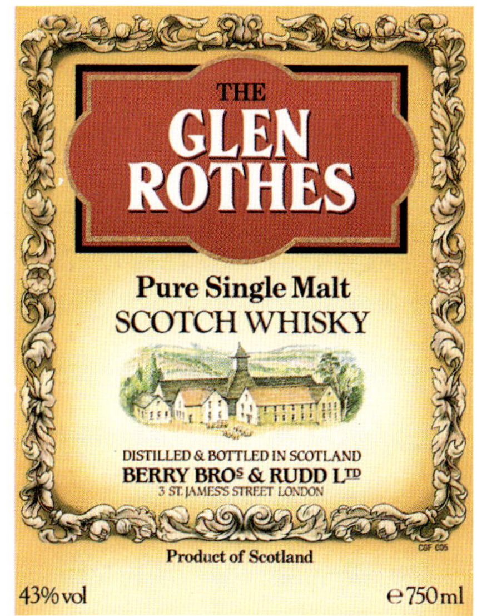

hinzu kommen Jahrgangsmalts von 1962, 1964, 1966, 1967 und 1973, die heute sehr selten sind.

Verkostungsnotizen

12 y.o.: Blassgolden mit der typischen estertönigen Speyside-Nase – etwas malzige Süße, Heu, frisch gemähtes Gras, Veilchen und ein Hauch Rauch, der auf das verwendete Wasser und natürliche Phenole in der Gerste zurückzuführen ist; das Malz wird nicht getorft. Leicht, aber weich, auf erfrischende Art süß und sauber, mit etwas Getreidearoma.

(Adelphi) 30 y.o. (44,1%): Olorosofarben mit Madeiranase, Anklängen an frisch gespitzte Bleistifte und Obstkuchen. Der Geschmack ist sauber und frisch, mit etwas süßem Karamell und Nüssen, der vollmundige, lange Abgang hinterlässt den Gaumen erfrischt.

GLEN ORD a. Ord, Glenordie, Muir of Ord

Ross & Cromarty **NÖRDLICHES HOCHLAND**
Eigentümer: Guinness UDV
Status: In Betrieb; 40 000 Kisten; 2. Klasse; Besucherzentrum

Der Standort wurde nahe einer Getreidemühle gewählt und benutzt das gleiche Wasser aus dem White Burn, der von zwei Seen gespeist wird, dem Loch of the Peats (Torfsee) und dem Loch of the Birds (Vogelsee). 1838 hielt ein Brenner namens MacLennan die erste Lizenz an Glen Ord. Der Whisky ist unter verschiedensten Namen bekannt, etwa als Ord, Glenordie oder Glen Ord. 1924 kauften James Dewar & Sons die Destillerie, aber schon im folgenden Jahr ging sie an DCL über. 1966 wurde die Brennerei runderneuert und hat ihre eigene Mälzerei nach dem Saladin-Prinzip; das Malz wird auch an andere Brennereien verkauft. Die Lagerung findet vor Ort statt, und der Single Malt reift in mehrfach verwendeten Sherry-Fässern. Bis 1993 war der Malt nur in der Destillerie erhältlich, seither hat er Goldmedaillen auf der Monde Selection in Brüssel und bei der IWSC (1994 Trophäe und Goldmedaille, 1995 Goldmedaille) gewonnen. Gut ausgestattetes Besucherzentrum und dazu eine Dauerausstellung.

Verkostungsnotizen

12 y.o.: Blassgolden, mit malziger Nase und etwas Zitrus. Heideblumen, Pflanzenstängel und ein wenig Torfrauch werden frei. Mittelschwer und geschmeidig. Süß zu Beginn, dann folgt ein schneller, trockener Schluss; leicht rauchig mit etwas Ingwer im Abgang.

GLENROTHES

Rothes, Morayshire **SPEYSIDE**
Eigentümer: Edrington
Status: In Betrieb; Top-Klasse

Die City of Glasgow-Bank finanzierte den Bau dieser Destillerie, ging aber 1878 noch während der Bauarbeiten in Konkurs. Die Brennereigesellschaft W. Grant & Co. schaffte es, diesen Tiefschlag zu überleben, und fusionierte mit der Islay Distillers Co., den Eigentümern von Bunnahabhain, zu den Highland Distillers. 1887 wurde die Brennerei doch noch fertig, und die Inhaber ernannten James Booth Henderson zum Brennmeister. 1963 und erneut 1980 wurde Glenrothes erweitert und im Zuge der damit zusammenhängenden Umbaumaßnahmen die Zahl der Pot Stills auf 10 erhöht. Die Brände der Destillerie sind als Single Malts nicht besonders bekannt, da sie bei Blendern beliebt und daher dort stark nachgefragt werden. Die Erzeugerabfüllung wird von Berry Bros. & Rudd vorgenommen, den bekannten Londoner Weinhändlern (ihr Blend Cutty Sark ist sehr populär). Als Single Malt ist Glenrothes auch von unabhängigen Abfüllern erhältlich.

Verkostungsnotizen

12 y.o. (43%): Rotgold in der Farbe, mit einer reichen, süßen Nase; viel Frucht, Sherry und Malz. Auf der Zunge weich und gut ausbalanciert mit süßem Auftakt und trockenem Abschluss, rosinentöniger Nachklang.

(Adelphi) 20 y.o. (53,4%): Tiefes Bernsteinrot, mit feigentöniger Sherrynase und einer eleganten, fruchtigen Frische. Im Geschmack Rosinen, etwas süßes Malz und der Abgang trockener als erwartet. Ein harmonischer, schöner Malt.

GLEN SCOTIA

Campbeltown, Argyll **CAMPBELTOWN**

Eigentümer:	Loch Lomond Distillery
Status:	In Betrieb

Als eine der beiden heute noch existierenden Destillerien in Campbeltown wurde Glen Scotia 1835 von Steward, Galbraith & Co. gegründet und 1919 an die West Highland Malt Distilleries verkauft, dann 1924 von Duncan McCallum erworben. Zwischen 1928 und 1933 ruhte die Produktion. 1954 wurde an Hiram Walker verkauft, die Glen Scotia im folgenden Jahr abstieß. Obwohl die Destillerie Anfang der 80er-Jahre vollständig erneuert wurde, blieb sie bis zum Kauf durch Gibson International 1989 außer Betrieb. In einer einst reichen Stadt angesiedelt, wirkt die Destillerie von außen wie ein vornehmes Stadthaus, und angeblich spukt dort noch ein früherer Eigentümer. Gibson International wurde 1994 unter Konkursverwaltung gestellt und Glen Scotia an die Glen Catrine Bonded Warehouse Ltd. verkauft. Die Destillerie produziert derzeit nicht durchgehend.

Verkostungsnotizen

8 y.o.: Gold mit rötlichen Lichtern, die Nase ist salzig, mit Anklängen an Sumpf-Immergrün und Morast. Mittelschwer mit weichem Geschmack, der sich harmonisch und salzig präsentiert, mit etwas Torfrauch. Langes und anhaltendes Finish.

GLEN SPEY

Rothes, Morayshire **SPEYSIDE**

Eigentümer:	Guinness UDV
Status:	In Betrieb; 2. Klasse

Ursprünglich Mill of Rothes genannt, wurde Glen Spey 1878 von James Stuart & Co., ehemals Besitzer von Macallan, erbaut. 1887 wurde die Destillerie an Gilbey Vintners verkauft, die die Brennerei 1962 mit zu IDV/Grand Metropolitan brachten. 1970 wurde Glen Spey vollständig überholt und auf vier Brennblasen erweitert. Als Hauptbestandteil der Justerini & Brooks-Blends wird der Malt als »Distiller's Malt« nicht vom Eigentümer abgefüllt.

Verkostungsnotizen

(SMWS) 10 y.o. (60,8%): Eine leicht ölige Nase, die nach Haselnüssen und alten Ledersitzen duftet, bei Verdünnung nach Lapsang Souchong, würzigem Rauch, Teer und Sätteln. Der Geschmack erinnert an süßen Tee, mit Tannin und Leinsamen.

GLENTAUCHERS

Mulben, Banffshire **SPEYSIDE**

Eigentümer:	Allied Distillers
Status:	In Betrieb

Glentauchers wurde 1898 von drei Geschäftspartnern erbaut, zu denen auch James Buchanan gehörte, der 1906 alleiniger Eigner wurde und Glentauchers 1925 mit zu DCL brachte. 1966 vollständig erneuert, die Zahl der Pot Stills wurde auf 6 erhöht. 1989 wurde die Destillerie an Allied Distillers nach 4 Jahren der Stillegung verkauft. Der hier destillierte Malt ist nur in unabhängigen Abfüllungen erhältlich, hauptsächlich von Gordon & MacPhail.

Verkostungsnotizen

(SMWS) 11 y.o. (59%): Der erste Eindruck: geschmolzene Kokosbutter mit Karamell, Haselnussöl und Rauch. Nach Verdünnung ändert sich das in erstaunlicher Weise, der Duft wird estertönig und grün (Grasabschnitte, abgebrochene Pflanzenstiele). Auch der Geschmack ist ganz eigen: Weingummis am Anfang mit einem bitteren, medizinischen Finish und Holzaromen. Ein Gestaltwandler.

GLENTURRET

Nahe Crieff, Perthshire **ZENTR. HOCHLAND**

Eigentümer:	Edrington
Status:	In Betrieb; 3. Klasse; Besucherzentrum

Glenturret kann sich die älteste noch in Betrieb befindliche Destillerie nennen, obwohl sich seither viel verändert hat: Die Brennerei wurde 1775 an der Stelle einer illegalen Destille erbaut. Das Wasser stammt aus dem schnell fließenden River Turret. In den 20er-Jahren aufgelöst, war die

Destillerie bis zum Verkauf an James Fairlie geschlossen, der an den traditionellen Brenntechniken festhielt und einer der Ersten in der Industrie war, der seine Brennerei für Besucher öffnete. In der Nähe von Crieff in idyllischer Landschaft gelegen, ist Glenturret die beliebteste Brennerei – 250 000 Besucher finden sich hier jährlich ein. 1993 wurde die Destillerie von Highland Distillers übernommen, der Malt wird in den Altersstufen 8, 12, 15, 21 und 25 Jahre abgefüllt. Ein Malt von 1966 gewann 1991 den Titel »bester Single Malt« der IWSC.

Verkostungsnotizen

12 y.o.: Strohblond mit grünen Lichtern, die Nase ist trocken und malzbetont mit etwas Holunder und Holz. Der Körper ist mittelschwer, weich und süßlich, mit malzigen Vanillenoten im trockenen Abgang.

GLENUGIE

Nahe Peterhead, Aberdeenshire **ÖSTL. HOCHL.**

Status: Abgerissen; 3. Klasse

Nahe der See, 3 Meilen südlich von Peterhead, wurde 1837 diese Destillerie erbaut, dann zu einer Brauerei umfunktioniert, 1873 wieder zur Brennerei umgebaut. Vor dem Ersten Weltkrieg wechselten die Besitzer mehrfach, die Brennerei war zwischen 1925 und 1937 stillgelegt, wurde 1956 dann von Long John Distillers Ltd. gekauft. 1975 übernahm Whitbread Long John und verkaufte Glenugie im selben Jahr an ein Konsortium aus der Ölindustrie. 1983 wurde die Destillerie geschlossen, und die Gebäude wurden schrittweise umgebaut. Der Malt ist nur noch sehr selten zu bekommen.

Verkostungsnotizen

(Oddbins) 12 y.o. (58%): Einer der dunkelsten Whiskys, die ich jemals gesehen habe – zwischen dunklem Mahagoni und altem Eichenholz, mit kraftvollem Oloroso-Charakter, etwas Karamell und einer Prise Rauch. Bei Verdünnung entstehen Früchtekuchen-Noten, die an Tabak, in Sirup eingelegt, erinnern. Am Gaumen sirupartig weich, mit Anklängen an Schwefel und Dieselöl und einem süßen Abschluss.

GLENURY ROYAL

Stonehaven, Kincardineshire **ÖSTL. HOCHLAND**

Status: Abgerissen; 2. Klasse

Captain Robert Barclay war Parlamentsabgeordneter des Bezirks und ein Modellathlet (1808 war er der erste Mensch, der jemals 1 600 km am Stück in 1 000 Stunden ging). Eine gute Bekannte bei Hofe, die er diskret *Mrs. Windsor* nannte, gestattete ihm den Zusatz *Royal* für seine Destillerie, die er 1836 erbaut hatte. Nach seinem Tod ging Glenury erst in den Besitz einer Familie aus Glasgow über, dann in den von Lord Stonehaven, der die Brennerei 1938 an Joseph Hobbs für die Associated Scottish Distillers kaufte. 1953 wurde Glenury von der DCL gekauft, die sie Mitte der 60er-Jahre grundlegend renovierte, aber 1985 endgültig schloss. 1992 wurde das Grundstück für Wohnbauzwecke verkauft. Obgleich der Malt selten ist, wurde er von United Distillers in der Rare-Malt-Serie abgefüllt und gewann mehrere Preise bei der IWSC.

Verkostungsnotizen

23 y.o. (57,4%): Reiches Gold mit rötlichen Lichtern, die Nase ist aromatisch, mit einem Hauch Sherry und etwas Torfrauch, süßlich, obgleich im malzig-komplexen Geschmack trockene Akzente dominieren, dazu Blütenaromen und Gewürze. Langes Finish.

HIGHLAND PARK

Kirkwall, Orkney **INSELN**

Eigentümer: Edrington

Status: In Betrieb; 26 750 Kisten; Besucherzentrum

1798 von Magnus Eunson gegründet, aber erst seit 1825 lizenziert: Highland Park überblickt die Hauptstadt von Orkney, Kirkwall. Man sagt dem Gründer Eunson, einem Kirchenältesten, gerne nach, er habe seinen illegal gebrannten Schnaps notfalls unter seiner Kanzel verborgen. 1888 kaufte James Grant, Inhaber von The Glenlivet, die Destillerie, seine Familie verkaufte 1937 ihre Anteile

an die Highland Distillers. Seit langem genießt Highland Park weltweit Hochachtung. Highland Park besitzt zwei Brennblasen-Paare, die ungewöhnlicherweise gleich groß sind. Der Erzeuger füllt Highland Park als 12-, 18- und 25-jährigen Malt sowie einige Jahrgangsmalts ab. Der Whisky gehört zu den weltweit erfolgreichsten Single Malts.

Verkostungsnotizen

12 y.o.: **Mittlere Goldfarbe, das Aroma wird durch Heidekraut mit rauchigen Untertönen geprägt. Bei Verdünnung entfalten sich Honignoten, mit einigen würzigen, krautigen Aspekten. Der Geschmack hält eine köstliche Balance zwischen süß und trocken, mit einer zupackenden Rauchigkeit im Abgang – typisch für diesen Malt.**

(Adelphi) 25 y.o. (55,9%): **Eine Farbe wie geschmolzene Butter, mit einem Aroma nach Orangenlikör mit Spuren von Mandeln. Bei Verdünnung entfaltet sich der Eindruck von Sirupkuchen und Bienenwachs. Der Geschmack entwickelt sich von Süße zu trockener Rauchigkeit, mit Honig- und Salznoten.**

IMPERIAL

Carron, Morayshire **SPEYSIDE**

Eigentümer: Allied Distillers
Status: Geschlossen; 3. Klasse

Die Destillerie wurde 1897, dem Jahr des diamantenen Thronjubiläums der englischen Königin Victoria, die auch den Titel der Kaiserin von Indien führte, erbaut und zu Ehren Victorias die »kaiserliche« genannt. Schon damals hielt Thomas Mackenzie einen Anteil an der Erbauergesellschaft, zu der auch die Brennereien Dailuaine und Talisker gehörten. Leider musste die Destillerie im Zuge des Zusammenbruchs der Whiskyhandelsgesellschaft Pattison 1899 schließen und blieb mit einer Unterbrechung zwischen 1919 und 1925 bis zum Jahre 1955 stillgelegt. 1982 übernahm DCL Imperial, verkaufte 1985 an Allied Distillers. Imperial ist selten und nur in unabhängigen Abfüllungen zu finden.

Verkostungsnotizen

(G&M) 16 y.o. (1979): **Amberfarben mit goldenen Lichtern, frische, spritige Nase mit etwas Sherry und Rauch: eindeutig ein Speyside-Malt. Im Geschmack unharmonisch, süßlich mit Getreidenoten, etwas trockene Torfigkeit und süßer Abgang.**

INCHGOWER

Buckie, Banffshire **SPEYSIDE**

Eigentümer: Guinness UDV
Status: In Betrieb; 3. Klasse

Die Brennerei wurde 1871 von Alexander Wilson anstelle der im benachbarten Cullen gelegenen, 1824 errichteten Destillerie Tochineal erbaut. Inchgower blieb bis 1930 in Betrieb, gehörte zwischen 1936 und 1938 dem Stadtrat von Buckie, der die Brennerei für 4000 Pfund an Bell's verkaufte. Der neue Eigentümer modernisierte und erweiterte den Komplex 1966. Der Malt von Inchgower wird in limitierten Mengen abgefüllt.

Verkostungsnotizen

4 y.o. (43%): **Mittleres Gold mit einem dichten, floralen Aroma, durch Malz, Karamell und etwas Minze geprägt. Am Gaumen füllig und weich, erneut Karamell, etwas Salz und einer vorherrschenden Trockenheit, die sich bis in den langen Abgang fortsetzt.**

INCHMURRIN

Alexandria, Dumbartonshire **ZENTR. HOCHL.**

Eigentümer: Loch Lomond Distillers
Status: In Betrieb; 3. Klasse

Der Malt Inchmurrin stammt aus der Loch-Lomond-Destillerie, die 1965 vom Eigentümer von Littlemill in den Gebäuden einer ehemaligen Kattunfärberei eingerichtet wurde. Das Wasser des gemächlich von Loch Lomond nach Dumbarton fließenden Leven ist weich, für die Färberei wie für das Destillieren ein großer Vorzug. 1985 kaufte die Glen Catrine Bonded Warehouse Ltd., Schwesterfirma des heutigen Eigentümers, die Brennerei. In den Anfangsjahren war der Inchmurrin ein Vatted Malt, seit genügend gereifter Malt der eigenen Brennerei verfügbar ist, ist Inchmurrin ein – wenn auch seltener – Single Malt.

Verkostungsnotizen

12 y.o.: Leuchtendes Gold mit von Rum und Karamell bestimmtem Duft. Bei Verdünnung wird dieser leichter, es treten malzige, grasige und an Heu erinnernde Aromen hinzu. Auf der Zunge weich, schmeckt der Malt eher leicht und trocken nach anfänglicher Süße.

INVERLEVEN

Dumbarton, Dumbartonshire **LOWLANDS**

Eigentümer: Allied Distillers
Status: Geschlossen

Die im Jahre 1939 von dem kanadischen Spirituosenkonzern Hiram Walker erbaute Destillerie war Teil des großen Brennereikomplexes zur Erzeugung von Grain Whisky in Dumbarton, auf dem Gelände der ehemaligen Clydeside-McMillan-Werft gelegen und zu seiner Zeit der größte Europas. Von Anfang an wurden Malts nahezu exklusiv für die Ballantine-Blends erzeugt, so dass der Single Malt sehr selten ist. 1959 wurde die Brennerei mit Lomond-Stills ausgestattet, die einen leichteren Whisky nach US-amerikanischem Geschmack erzeugten. 1991 geschlossen.

Verkostungsnotizen

(G&M) 1979: Strohfarben mit einem für einen Lowland-Whisky angenehm parfümierten, frischfruchtigen Duft (Nektarinen, Pfirsiche und etwas Zitrusfrüchte). Leichter Körper mit delikatem, leicht süßem Körper, einem Anflug von Karamell und einem langen, ingwertönigen Abgang.

(SMWS) 1968: Aus einem Bourbonfass: würzige Nase (Zimt und Gewürznelken), bei Verdünnung kommen süße Ester dazu, etwas Muskatblüte und -nuss. Im Geschmack zusätzlich Lakritze und Pfeffer.

ISLE OF JURA

Isle of Jura, Argyll **INSELN**

Eigentümer: Kyndal
Status: In Betrieb; 35 000 Kisten; Besucher nach Vereinbarung

Obwohl hier schon im 17. Jahrhundert illegal Schnaps gebrannt wurde, entstand die heutige Destillerie erst Ende der 50er-Jahre, erbaut von zwei einheimischen Landbesitzern mit Unterstützung der Scottish & Newcastle Breweries Ltd. Das Wasser stammt aus Loch a'Bhaile-Mhargaidh, 300 m oberhalb von Craighouse gelegen, dem einzigen Dorf auf der kleinen Hebrideninsel. Das Wasser ist dunkel vom Torf, aber der daraus destillierte Jura-Whisky ist überraschend leicht, in keinster Weise mit den Malts von der benachbarten Insel Islay zu vergleichen. Die ersten Jura-Malts kamen 1974 auf den Markt. 1985 erwarb die 1993 von Whyte & Mackay übernommene Invergordon Group die Brennerei. Der Malt mit 10 Jahren gewann 1991 eine Goldmedaille der IWSC.

Verkostungsnotizen

10 y.o.: Strohblond und verschlossen, mit Anklängen an Dieselöl und etwas Torf. Zu Beginn süßlich mit Vanille und Walnussnoten, im Abgang trocken, aber nicht bitter, mit leicht salzigen Akzenten.

(SMWS) 13 Jahre (61,5%): Aus einem wiederbefüllten Sherry-Fass, goldener Farbton mit grünen Lichtern und großen Bläschen. Die Nase bietet warmes Holz und Sand. Verdünnt mit Wasser, kommen Meeresgerüche – Salz und Seetang – und ein Hauch von geröstetem Huhn. Der Geschmack ist leicht und weich, dunstig, mit wohlausbalancierten ersten Geschmackseindrücken.

ISLE OF ARRAN

Lochranza, Isle of Arran **INSELN**

Eigentümer: Isle of Arran Distilling Co.
Status: In Betrieb; Besucherzentrum

Die Isle-of-Arran-Destillerie wurde 1995 in Lochranza, einer hübschen Bucht im Nordosten von Arran, gegründet. Für Harold Currie, den früheren Geschäftsführer von Chivas Bros. and Campbell Distillers, ein Lebenstraum, den er sich durch ein innovatives Finanzierungskonzept erfüllen konnte: Für 450 Pfund konnten Investoren Anteile zeichnen, die ihnen den Bezug von fünf Kästen gereiften Malts im Jahre 2001 und fünf Kästen Lochranza Blended Whisky im Jahre 1998

garantieren. Das Malz kommt vom Festland und wird in 2 Tonnen fassenden Lauter-Bottichen gemaischt. Die kleinen Stills (7 100 und 4 300 Liter) wurden im Stil der Stills bei Macallan gebaut. Die Reifung findet vor Ort, in Invergordon und Campbeltown statt. Der Single Malt konnte erstmals 2001 als 5 Jahre alter Malt erworben werden. Es gibt außerdem eine spezielle Founder's-Reserve-Abfüllung, die ebenfalls 5 Jahre alt ist, aber ihren vier- bis fünfmonatigen Finish in neuen Sherry-Fässern erhält. Die Destillerie bietet ein reizvolles Besucherzentrum mit hervorragendem Restaurant.

Verkostungsnotizen

5 y.o.: **Die Destillerie verwendet ungetorftes Malz, so dass der Whisky keinen Inselcharakter besitzt. Er ist überraschend süß, klar und leicht, mit einer Note frischer Früchte und Kräuter. Sehr abgerundet für sein Alter.**

KILLYLOCH

Airdrie, Lanarkshire **LOWLANDS**
Status: Abgerissen

Als Killyloch wurde ein zweites Paar Brennblasen in der Moffat-Destillerie bezeichnet, die 1965 installiert wurden und einen Malt nur zu Verschnittzwecken erzeugten (siehe auch Glen Flagler). Eigentlich sollte der Malt nach der verwendeten Quelle Lillyloch heißen, aber die Schablone zur Markierung der Fässer wurde falsch beschriftet, dabei blieb es dann. Als Single Malt ist Killyloch extrem selten, lediglich Signatory füllte 1994 ein Fass ab. 1985 wurden die Killyloch-Stills außer Betrieb gestellt.

Verkostungsnotizen

(Signatory) 22 y.o. (58,2%): **Sanftmütiger, mittelschwerer Whisky mit mittlerer Bernsteinfarbe und grüner, getreidetöniger, leicht öliger Nase, tanninbetont.**

KINCLAITH

Glasgow **LOWLANDS**
Status: Abgerissen

1958 von Long John International, der Tochtergesellschaft des US-Konzerns Seager Evans, als Teil des großen Destilleriekomplexes am Strathclyde erbaut, dessen Lager-, Küfer- und Blending-Kapazitäten von erstaunlicher Größe sind. Kinclaith war die letzte Destillerie, die innerhalb der Stadtgrenzen von Glasgow gebaut wurde, und bezieht ihr Wasser aus dem Loch Katrine. Nach der Übernahme von Long John International durch Whitbread & Co. im Jahre 1976 wurde Kinclaith aufgegeben, um die Grain-Brennerei zu vergrößern. Abfüllungen als Single Malt sind vorhanden, allerdings sehr selten zu finden.

Verkostungsnotizen

(G&M) 1967: **Ambergolden schillernder Malt mit für einen Lowland sehr stark parfümiert wirkendem Duft, durch einen Hauch Karamell, Wachs und Leder akzentuiert. Süßlicher Geschmack, im Abgang trockener werdend.**

KININVIE

Dufftown, Banffshire **SPEYSIDE**
Eigentümer: William Grant & Sons
Status: In Betrieb

Neu erbaute Destillerie auf dem Gelände von Balvenie und Glenfiddich, die Malt zur Herstellung der Grant-Blends liefert. 1991 eröffnet, bisher nicht als Single Malt abgefüllt.

KNOCKANDO

Knockando, Morayshire **SPEYSIDE**
Eigentümer: Guinness UDV
Status: In Betrieb; 90 000 Kisten; 2. Klasse; Besucher nach Vereinbarung

Im Jahre 1898 von Ian Thomson auf einem Hügel über dem River Spey (der Name Cnoc-an-Dhu bedeutet »dunkle Erhebung«) erbaut. Die Destillerie bezieht ihr Wasser exklusiv aus der Cardnach-Quelle und war die erste in Speyside, die elektrische Beleuchtung einführte, obwohl sie nach der Gründung nur zwei Jahre in Betrieb war. 1904 erwarb W. & A. Gilbey Ltd. Knockando. 1975 übernahm IDV/Grand Metropolitan Gilbey's

und erweiterte die Brennanlagen auf vier Pot Stills. Bei Knockando ist es üblich, Fässer erst dann abzufüllen, wenn der Whisky ausgereift ist, und die Flaschen dann mit der Jahrgangsangabe zu versehen. Dies geschieht normalerweise nach 10 bis 15 Jahren, bei länger gereiften Malts (Minimum 21 Jahre) wird die Version als Extra Old Reserve bezeichnet.

Verkostungsnotizen

12 y.o. (43%): **Blassgoldener Malt mit aromatisch-grünen Zügen nach Nuss und hellem Karamell. Auf der Zunge weich, komplex und gut ausbalanciert, vielschichtig mit floralen, nussigen und leicht rauchigen Elementen. Mittellanger Abgang mit einer bitter-süßen Kaffeenote.**

KNOCKDHU auch An Cnoc

Knock, Banffshire **ÖSTLICHES HOCHLAND**

Eigentümer: Inver House

Status: In Betrieb; 2. Klasse

Ursprünglich wurde der Single Malt Knockdhu wie die Destillerie genannt, aber 1994 in An Cnoc umgetauft, um die Verwechslung mit Knockando künftig auszuschließen. Genau hundert Jahre früher war Knockdhu die erste Malt-Brennerei, die als Vorzeigeobjekt der Distillers Company Ltd. unter Lizenz von Haig gebaut wurde. Knockdhu liegt am River Isla unterhalb des Knock Hill, von dessen Quelle das Wasser bezogen wird. In der Nähe liegen die fruchtbaren Gerstenfelder des Laich o'Moray. Die beiden Original-Brennblasen werden heute noch benutzt. Die Brennerei war 1983 vorübergehend geschlossen und wurde 1987 an Inver House verkauft, die den Malt mit zwölf Jahren als Single Malt abfüllen.

Verkostungsnotizen

12 y.o. (43%): **Sanfter, weicher Brand, amberfarben mit malzig-süßem, durch Frucht und etwas Torfrauch geprägtem Duft, im Munde süß mit Orangenoten bis ins trockene, rauchige, anhaltende Finish.**

(Adelphi) 14 y.o. (59,5%): **Sehr dunkler Malt aus einem Oloroso-Fass: malzige Sherrynase mit Anklängen an Honig, Trockenfrüchte und Gewürze, im Geschmack sanft und trocken, mit einem leicht rauchigen Abgang.**

LADYBURN

Girvan, Ayrshire **LOWLANDS**

Eigentümer: William Grant & Sons

Status: Abgerissen

Die Destillerie wurde 1966 von William Grant & Sons innerhalb des ausgedehnten Destilleriekomplexes von Girvan errichtet. Abgesehen von einigen Abfüllungen als Single Malt, die für den US-Markt bestimmt waren, ging die Produktion ins Blending. Gelegentlich finden sich unabhängige Abfüllungen. Die Brennerei wurde im Jahre 1975 geschlossen und 1976 aufgelöst. Sehr seltener Malt.

Verkostungsnotizen

20 y.o.: **Strohblond funkelndes Destillat mit fülligem Malzduft und einigen öligen Torfnoten. Im Geschmack weich, sanft und leicht rauchig mit konsequent trockener Ansprache.**

LAGAVULIN auch Malt Mill

Nahe Port Ellen **ISLAY**

Eigentümer: Guinness UDV

Status: In Betrieb; 63 000 Kisten; Besucherzentrum

Die Destillerie überblickt die Ruinen von Dunyveg Castle an einer kleinen Bucht an der Südküste von Islay, in der einstmals der Lord of the Isles seine Flotte ankern ließ. Auf Gälisch bedeutet der Name »Mühltal«, im ausgehenden 18. Jahrhundert sollen hier bis zu 10 illegale Schnapsbrennereien bestanden haben. 1837 wurden zwei alte Destillerien zu Lagavulin zusammengeschlossen. Die derzeitige Brennerei wurde von den Gebrüdern Graham erbaut, Geschäftspartnern von James Logan Mackie, dessen Neffe Sir Peter Mackie die White-Horse-Gruppe gründete. Im späten 19. Jahrhundert vermerkte der Reiseschriftsteller Alfred Barnard in seinem Tagebuch, dass »nur wenige Brenner in Schottland Whisky von solcher Qualität erzeugten, dass man sie pur genießen mag, der von

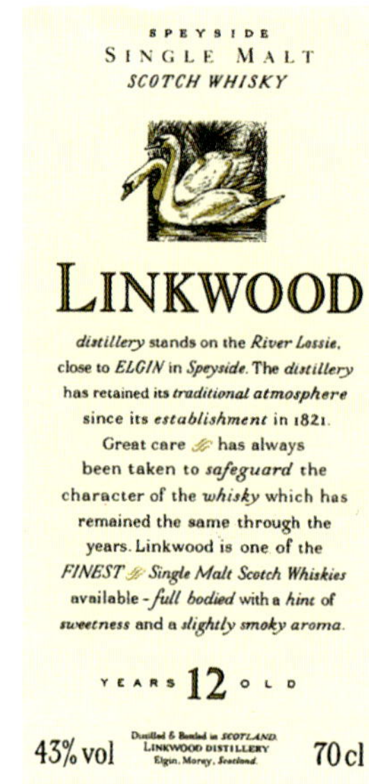

Lagavulin gehört zu den besten«. »Der rastlose Peter« Mackie war ein ebenso gewitzter wie innovativer Mann: 1908 richtete er direkt neben Lagavulin seine winzige Malt-Mill-Brennerei ein, deren Malt ein bewusstes Imitat des Nachbarn darstellte. 1960 wurde die Kleindestillerie geschlossen, die Räumlichkeiten wurden zur Erweiterung von Lagavulin genutzt. Drei Jahre nach Sir Peters Tod fiel diese Brennerei an DCL, behielt aber die Lizenz. Heutztage ist Lagavulin der erfolgreichste der Classic-Malt-Range von United Distillers, gewann 1994 den Titel »Bester Single Malt« und eine Goldmedaille, 1995 und 1996 jeweils eine Goldmedaille der IWSC.

Verkostungsnotizen

16 y.o. (43%): **Harmonischer Malt mit tiefer Bernsteinfarbe und einem Aroma wie Lapsang-Souchong-Tee: würziger Rauch, trockene Röstaromen, exotisch und schön. Am Gaumen zunächst malzig-süß mit Sherrynoten, in der Entwicklung dann bitterer werdend mit anhaltenden salzigen Torfrauchnoten.**

(SMWS) 15 y.o. (63,3%): **Im Oloroso-Fass gereifter Brand mit der Farbe dunklen Mahagonis. Zurückhaltende Nase mit seifig-süßen Sherryaspekten. Bei Verdünnung entsteht ein kraftvoller Duft nach feuchtem Stoff, später Marzipan, Zigarrenrauch, karamellisiertem Zucker, Heidekraut und angebranntem Toast.**

LAPHROAIG

Nahe Port Ellen **ISLAY**

Eigentümer: Allied Distillers
Status: In Betrieb; 80 000 Kisten; Besucherzentrum

Im 19. Jahrhundert standen auf dem kurzen Küstenabschnitt zwischen Port Ellen und Ardbeg mindestens 5 Destillerien. Laphroaig, an der Kildalton-Küste im Süden der Insel gelegen, wurde Mitte der 20er-Jahre des 19. Jahrhunderts von Donald Johnston gegründet. Bis 1962 verblieb die Destillerie in Familienbesitz, bevor sie an die Long John Distillers Ltd. verkauft wurde. Der Single Malt wird mit 10 Jahren (mit 40% und in Fassstärke) und mit 15 Jahren abgefüllt, in nur vor Ort erhältlichen, limitierten Auflagen auch als Vintage '76 (19 Jahre alt, 43%), Vintage '77 (18 Jahre alt, 43%) sowie mit 30 Jahren abgefüllt (nur in der Destillerie und in den USA erhältlich). Der 15-jährige Single Malt gewann 1988 und 1993 Goldmedaillen der IWSC, 1993 auch den Titel »Bester Single Malt bis 15 Jahre Lagerdauer«.

Verkostungsnotizen

10 y.o.: **Ein alter Seebär: das Aroma ist kraftvoll und phenolgeprägt: Torfrauch, Fischernetze, Medizinschränkchen, Dieselöl, und setzt sich konsequent am Gaumen fort. Hinzu kommen Seetang, Jod und Salz.**

(SMWS) 16 y.o. (56,6%): **Die Reifung in Sherryholz verleiht dem Whisky ein freundliches, bernsteinfarbenes Funkeln und eine leicht angebrannt duftende Süße – wie bei Keksen, die etwas zu lange im Ofen blieben. Ausgeprägte Rauchigkeit und nach Verdünnung ein fruchtiger Unterton.**

LEDAIG (siehe TOBERMORY)

LINKWOOD

Nahe Elgin, Morayshire **SPEYSIDE**

Eigentümer: Guinness UDV
Status: In Betrieb; Top-Klasse

1821 von Peter Brown erbaut, produzierte Linkwood schon 1835 in seinen ungewöhnlich großen Brennapparaten bis zu 91 000 Liter im Jahr – mehr als doppelt so viel wie The Glenlivet. 1873 generalüberholt, wurde Linkwood 1898 eine Aktiengesellschaft und 1936 von SMD (DCL) übernommen. Bis zur erneuten Modernisierung 1963 wurde der gesamte Maschinenpark durch ein Wasserrad betrieben. Der damalige Manager sorgte für die originalgetreue Nachbildung der Brennblasen und behutsame Renovierung. 1973 kam ein neuer Brennereitrakt mit 4 Brennblasen hinzu, die ursprüngliche Brennerei wurde zwischen 1985 und 1990 vorübergehend geschlossen, produziert aber wieder. Die Malts von Linkwood sind seit langem bei Gordon & MacPhail erhältlich, in Kleinstmengen auch von United Distillers.

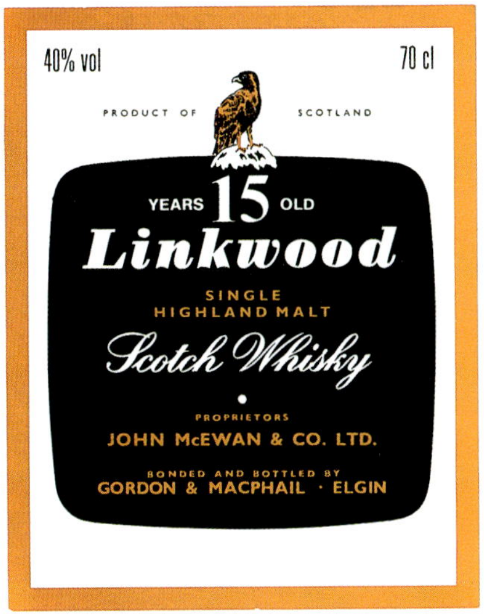

Verkostungsnotizen

12 y.o. (43%): Amberfarben mit stark estertönigem Duft nach Kaugummi, Bananen, Nagellackentferner und etwas Sherry Fino. Zunächst süß, wird der Brand zunehmend trockener mit Bitternoten und Apfeltönen.

(SMWS) 15 y.o. (57,6%): Cremig-fülliger Malt mit rotgoldener Farbe und einer reichen, süßlichen Nase zwischen Erdbeergelee und Erdbeeressig, Nagellack, Aceton und Bananen. Bei Verdünnung entwickeln sich Noten nach Honig und Bienenwachs, Bonbons und Bananenpüree. Reicher, schokoladiger Geschmack mit Bonbon- und Tabakaromen. Bitterschokolade im Abgang.

LINLITHGOW (siehe ST. MAGDALENE)

LITTLEMILL

Bowling, Dumbartonshire **LOWLANDS**

Status: Abgerissen

1772 am Standort einer Brauerei aus dem 14. Jahrhundert erbaut, ist dies eine der ältesten Destillerien in Schottland, die allerdings zahlreiche Besitzerwechsel und vorübergehende Schließungen hinter sich hat. Das Wasser stammt aus den Kilpatrick Hills in den Highlands. 1988 ließ der damalige Besitzer Gibson International die Brennerei generalüberholen. 1994 ging die Firma in Konkurs und wurde von der Glen Catrine Bonded Warehouse Ltd., aufgekauft. Littlemill wurde 1996 abgerissen.

Verkostungsnotizen

8 y.o.: Weißweinfarben mit einer leichten, frischen, getreidetönigen Nase. Der Geschmack ist malzig-süß und erinnert an Marshmallows. Schneller, aber sauberer Abgang.

LOCHSIDE

Montrose, Angus **ÖSTLICHES HOCHLAND**

Status: Abgerissen

1957 von MacNab Distilleries anstelle der alten Deuchar & Sons-Brauerei in Montrose errichtet. Die Gründer wurden zu ihrem Schritt durch Joseph Hobbs ermutigt, einen außergewöhnlichen Mann, der während der Prohibition in den USA als Schwarzbrenner tätig und später nach Schottland zurückgekehrt war, um ein Vermögen durch den Aufkauf von Destillerien zu machen. Berühmt auch durch seine Rinderfarm nach amerikanischem Vorbild in Great Glen, verkaufte er später alle seine Brennerei-Anteile und erwarb Inverlochy Castle, heute ein Luxushotel. Lochside wurde neben zwei Pot Stills auch mit einer kontinuierlichen Coffey-Still ausgestattet. 1973 wurde die Brennerei an die Destilerias y Crienza del Whisky S.A. der spanischen Domecq-Gruppe verkauft, die 1974 die Grain-Produktion einstellten und auch die Malt-Destillation Mitte der 80er-Jahre beendeten. 1994 übernahm Allied Lyons die Kontrolle über Domecq. Die Destillerie wurde stillgelegt. Gelegentlich in sehr seltenen unabhängigen Abfüllungen erhältlich.

Verkostungsnotizen

(G&M) 20 y.o.: Mittlerer Goldton, leichte Sherrynase mit Anklängen an Karamell, verbranntes Gummi und schwarze Johannisbeeren. Unschuldig-zurückhaltender Geschmack mit etwas Süße und Sherrycharakter, der zunehmend trockener und betonter wird.

LOMOND

Dumbarton, Dumbartonshire **LOWLANDS**

Status: Abgerissen

Lomond war der Name des Single Malts, der in der Lomond-Still in Hiram Walkers Inverleven-Destillerie in Dumbarton gebrannt wurde, die 1956 installiert, in den 80er-Jahren dann stillgelegt wurde. Ein extrem seltener Malt.

Verkostungsnotizen

(SMWS) 1973 (60,6%): Sauberer, trockener Malt mit mittelgoldener Farbe und scharfer Nase, die sich bei Verdünnung süßer zeigt, mit Kampfer und Leinennoten. Im Geschmack Anklänge an getrocknete Aprikosen, anhaltender Abgang.

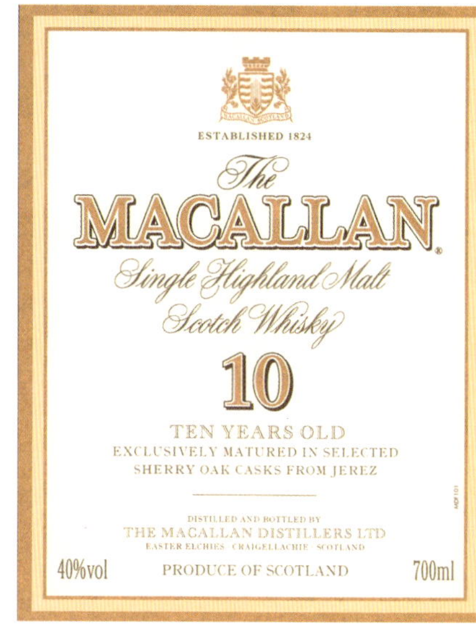

LONGMORN

Nahe Elgin, Morayshire **SPEYSIDE**

Eigentümer: Chivas Brothers
Status: In Betrieb; Top-Klasse; Besucher nach Vereinbarung

Der Name Longmorn geht auf das altbritische *Lhanmorgund* zurück, das »Platz des heiligen Mannes« bedeutete. Am vermuteten Standort einer alten Kapelle, die im 15. Jahrhundert durch ein frühes Wasserrad ersetzt wurde, steht heute ein Lagerhaus. John Duff, der Gründer von Glenlossie, erbaute an diesem Standort 1893 zwei Destillerien, die er Longmorn und Benriach nannte. Die Gegend hatte einen unerschöpflichen Vorrat an Torf sowie Quellwasser aus den Mannoch Hills im Überfluss zu bieten. Zudem war es nicht weit zur nächsten Eisenbahnstrecke. Longmorn eröffnete 1897 und blieb seither in Betrieb. Bis 1970 gehörte Longmorn der Familie Grant, die dann mit ihren Namensvettern von The Glenlivet und denen von Glen Grant zur The Glenlivet Distillers Ltd. fusionierten, die 1977 von Seagram und schließlich 2001 von Pernod Ricard übernommen wurde. Der Malt wird mit 15 Jahren abgefüllt und bildet einen Teil der Heritage-Selection-Range von Chivas & Glenlivet. Longmorn gewann 1993 und 1994 Goldmedaillen bei der IWSC.

Verkostungsnotizen

15 y.o. (43%): **Goldfunkelnder Auftritt mit zartem Sherryduft, durch ölige, buttrige und malzige Noten akzentuiert. Bei Verdünnung öffnet sich das Aroma und enthüllt mehr florale Backaromen. Am Gaumen ölig-weich, malzig und süß, an Nüsse und erneut an Sherry erinnernd, wird der Brand zum Finish hin trockener.**

(SMWS) 17 y.o. (54,4%): **Aus einem zum zweiten Male befüllten Sherry-Fass: mittelgold, mit interessantem, zwischen stechenden und süßen Tönen liegendem Duft (Frucht, Gewürze, Malz und hefige Weinigkeit). Bei Verdünnung blüht der Malt auf, entwickelt Blumen- und Heudüfte nach feuchter Erde. Der Geschmack ist pikant, mit Mandelnoten. Trockener, anhaltender Ausklang.**

LONGROW

Campbeltown, Argyll **CAMPBELTOWN**

Eigentümer: J. & A. Mitchell
Status: In Betrieb

Longrow nennt sich ein Malt, der in der Springbank-Destillerie in Campbeltown gebrannt wird, aber einen völlig anderen Charakter hat. Er wird aus stark getorftem Malz erzeugt, das in der hauseigenen Mälzerei unter Verwendung von örtlichem Torf gemälzt wird, und ist sehr stark phenolisch. In Blindverkostungen wird Longrow meist für einen Islay-Malt gehalten. Ursprünglich existierte tatsächlich eine Destillerie des Namens am heutigen Standort von Springbank (siehe unter Springbank), aber der Single Malt wurde erst 1973 eingeführt und war ursprünglich als Ersatz für teure Islay-Malts zum Blenden des Campbeltown Loch gedacht. Longrow wird nur zweimal jährlich, im Frühjahr und im Herbst, in kleinen Mengen gebrannt.

Verkostungsnotizen

22. y.o. 1974 (46%): **Strohblond mit einem stechenden, erdigen, torfigen Duft nach feuchter Wolle. Mittel- bis vollmundig, sehr ölig mit malzig-cremigen Tönen und etwas Salz und Jod-/Seetang-Phenolen. Der Gesamteindruck ist trocken, der Abgang hart, rauchig und intensiv.**

MACALLAN

Craigellachie, Morayshire **SPEYSIDE**

Eigentümer: Edrington
Status: In Betrieb; 162 000 Kisten; Top-Klasse; Besucher nach Vereinbarung

Macallan war ursprünglich eine Farmdestillerie des 18. Jahrhunderts in Easter Elchies. 1824 erhielt Alexander Reid die erste offizielle Brennlizenz. Seine Destillerie wechselte mehrfach den Besitzer, bis sie James Stuart von der Glen-Spey-Destillerie 1886 kaufte. 1892 verkaufte Stuart an den Händler Roderick Kemp aus Elgin, dem auch Talisker auf Skye gehörte, und Macallan blieb bis 1996 in Familienbesitz, als zwei Anteilseigner, Highland Distillers und Suntory, die Mehrheit übernahmen.

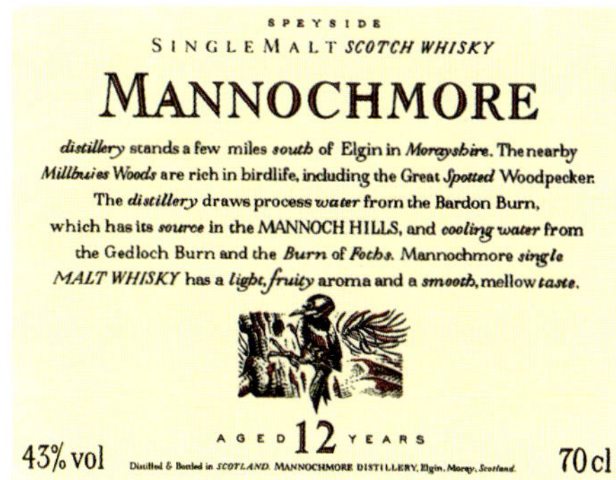

Der Malt von Macallan genießt seit langem einen außerordentlichen Ruf bei Blendmeistern, aber erst seit den frühen 70er-Jahren wird er als Single Malt vom Erzeuger promotet und gehört heute zu den bestverkauften Malts der Welt. Abfüllungen findet man mit 7 Jahren (nur für den italienischen Markt), 10 Jahren (auch in Fassstärke), 12, 18 und 25 Jahren. Hinzu kommen Spezialabfüllungen wie The 1874, der eine Replik eines in diesem Jahr gebrannten historischen Malts ist.

Verkostungsnotizen

10 y. o.: Vollmundiger, harmonisch ausbalancierter Malt mit tiefer Amberfarbe und einem reichen Duft nach Fruchtkuchen und Weihnachtspudding, dazu Olorosonoten und Karamell. Am Gaumen entfaltet er aufs Schönste die Aromenfülle von Sherry und Trockenfrüchten, etwas Eichenholz und deutlich Schokolade; trockener, sherrytöniger Abgang.

10 y.o. (Cask Strength; 57%): Ein deutlich vielschichtigerer Whisky als sein Bruder mit 40%: tief bernsteinrot mit purpurfarbenen Lichtern und recht verschlossenem Duft mit tiefen Sherryzügen. Bei Verdünnung entwickelt sich das komplexe Aroma von Trockenfrüchten, Nüssen und Rosinenbrötchen. Im Munde viskos, mit süßem Auftakt, würzigem Intermezzo und trockenem Abschluss, der mit anhaltenden Sherry-Schokoladen-Noten erfreut.

MACDUFF auch Glen Deveron

Nahe Banff, Banffshire — **ÖSTLICHES HOCHLAND**

Eigentümer:	John Dewar & Sons
Status:	In Betrieb; 30 000 Kisten; 2. Klasse; Besucherzentrum

Macduff wurde 1963 von der Glen Deveron Distillers Ltd. erbaut und zehn Jahre später an William Lawson Distillers verkauft, die heute zur Bacardi-Gruppe gehören. Der hier produzierte Malt wird zum Blenden von William Lawson's Finest verwendet und als Single Malt unter dem Namen Glen Deveron vermarktet. Dieser bezieht sich auf die Herkunft des Brauwassers, das aus dem River Deveron stammt, der die Grenze zwischen Speyside und den östlichen Highlands bildet. Unabhängige Abfüller bezeichnen den hier gebrannten Malt als Macduff.

Verkostungsnotizen

12 y.o. (Glen Deveron): Strohblond mit goldenen Lichtern, im Duft gekochte Bonbons, Rum und Karamell mit Anklängen an Dieselöl und etwas Rauch. Am an sich süßen Gaumen der Eindruck von Salz und Pfeffer.

(SMWS) 17 y.o. (Macduff, 56,1%): Toffeefarben, aus einem zum zweitenmal gefüllten Oloroso-Fass. Bei Verdünnung ergibt sich vielschichtige Würze: Würzmischung, Zimt und etwas Torf, zudem ein leichter Wildgeruch. Der Geschmack ist weich, süß und honigtönig. Der Nachgeschmack ist sauber, wie ein guter weißer Burgunder.

MALT MILL (siehe LAGAVULIN)

MANNOCHMORE

Nahe Elgin, Morayshire — **SPEYSIDE**

Eigentümer:	Guinness UDV
Status:	In Betrieb

Während einer kurzen Hausse im Whiskygeschäft erbauten John Haig & Co., die Inhaber von Glenlossie, 1971 diese benachbarte Destillerie. Mannochmore ist ein großer, moderner Komplex mit drei Brennanlagen-Paaren und einer Kapazität von 4 500 000 Litern im Jahr. 1985 wurde Mannochmore vorübergehend stillgelegt, aber schon 1989 wieder in Betrieb genommen und liefert hauptsächlich Malts zum Blenden der Haig-Whiskys. Seit 1992 wird auch Single Malt abgefüllt und seit 1996 ein Malt präsentiert, der seine tiefdunkle Farbe aus der Lagerung in zweifach ausgebrannten Fässern bezieht und Loch Dhu heißt.

Verkostungsnotizen

Loch Dhu 10 y.o.: Sirupfarben mit einer trockenen Nase nach frischen Feigen, Trockenfrüchten, Minztoffees, poliertem Leder und überreifen Bananen. Am Gaumen flach und trocken, mit einem Hauch verbrannten Toasts und Lakritzwasser. Kurzes Finish mit leichtem Nachhall.

MILLBURN

Inverness, Invernessshire **NÖRDL. HOCHLAND**
Status: Abgerissen; 2. Klasse

Angeblich bereits 1807 gegründet und ursprünglich Inverness-Destillerie genannt, wurde Millburn am Ende des 19. Jahrhunderts komplett umgebaut. 1892 wurde die Brennerei von zwei Mitgliedern der Familie Haig gekauft, die auch die Technik erneuerten. Millburn ging 1921 an Booth's, den Ginhersteller, wurde ein Jahr später durch einen Brand vollkommen zerstört, wiederaufgebaut und 1937 an DCL verkauft. Seit 1985 geschlossen und in ein Restaurant umgebaut. Seltene Händlerabfüllungen.

Verkostungsnotizen

(SMWS) 12 y.o. (56,8%): **Mittlere Goldfarbe mit einer würzigen, leicht süßen Sherrynase. Im Hintergrund schwingen verschiedene Fruchtschalen- und Pfefferkuchenaromen mit, die bei Verdünnung weniger komplex erscheinen, wie Gewürzbrot. Am besten stellt sich das Aroma in Orginalstärke oder mit wenig Wasser dar.**

MILTONDUFF

Nahe Elgin, Morayshire **SPEYSIDE**
Eigentümer: Allied Distillers
Status: In Betrieb; 1. Klasse; Besucher nach Vereinbarung

1824 erbaute Destillerie. 1896 wurde die Brennerei von Thomas Yool & Co. erweitert, die die Destillerie bis zum Verkauf an Hiram Walker 1936 führten. Die Lizenz ging auf George Ballantine & Sons über. Miltonduff-Malt ist bis heute wesentlicher Bestandteil der Ballantine-Blends. 1964 wurde auch ein Paar Lomond-Brennblasen installiert. Die Malts von Miltonduff wurden in den 70er- und 80er-Jahren abgefüllt, mittlerweile existieren nur noch unabhängige, seltene Abfüllungen.

Verkostungsnotizen

(SMWS) 18 y.o. (52,1%): **Goldene Farbe und attraktiver Duft zeichnen diesen Malt aus: Lavendel, Honig, Sahne, bei Verdünnung auch grünes Kraut, Leder, Seife und indische Gewürzmischung. Die Süße umschmeichelt den Gaumen wie Milchschokolade, die im Abgang bitterer wird.**

MORTLACH

Dufftown, Banffshire **SPEYSIDE**
Eigentümer: Guinness UDV
Status: In Betrieb; Top-Klasse

1823 wurde hier die Destillerie Mortlach errichtet. Bis 1887 blieb Mortlach, die einzige Brennerei in Dufftown – heute sind es sieben. Ein späterer Eigentümer von Mortlach, John Gordon, verkaufte seinen Brand als The Real John Gordon nach Glasgow. 1854 engagierte er George Cowie als Geschäftsführer, der die Brennerei nach Gordons Tod übernahm. 1897 wurde die Destillerie von drei auf sechs Brennblasen erweitert und 1923 von John Walker & Sons erworben. Der Malt wird für die John-Barr-Blends verwendet. Der Erzeuger füllt nur kleine Mengen im Alter von 16 Jahren ab, darüber hinaus sind seltene, unabhängige Abfüllungen erhältlich.

Verkostungsnotizen

16 y.o. (43%): **Mahagonifarben mit rötlichen Lichtern, stark parfümierter Duft voller mysteriöser Aromen nach tropischen Früchten und Gewürzen, darunter Weihrauch. Weiche Fülle im Mund mit einem süßen, nussigen, dann trockenen Finish.**

(SMWS) 13 y.o. (59,3%): **Keine typische Probe, sehr blass und ohne Wasserzusatz auf abweisende Art verschlossen: nur etwas Zitrone, heidetönig-cremige Süße, dazu der seltsame Duft nach poliertem Kupfer. Komplexer Geschmack mit exquisiter Struktur: zu Beginn süß, zum Abschluss trocken wie Jod, aber immer vornehme Zurückhaltung bewahrend.**

MOSSTOWIE

Dufftown, Banffshire **SPEYSIDE**
Eigentümer: Allied Distillers
Status: In Betrieb; 1. Klasse

Mit dem Namen Mosstowie wurde zwischen 1964 und 1981 ein Malt bezeichnet, der in den Lomond-

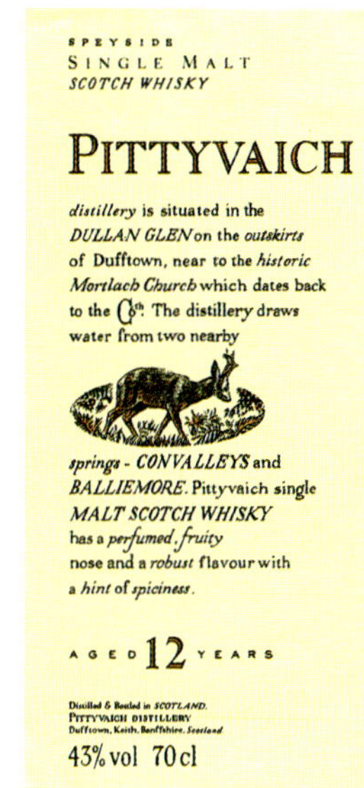

Stills von Miltonduff gebrannt wurde, die dann aber abgebaut und durch klassische Brennblasen ersetzt wurden. Eine sehr seltener Single Malt, der nur schwer zu bekommen ist.

Verkostungsnotizen

(G&M) 18 y.o. 1975: Eine angenehme Malznase mit fruchtigen Aromen, die sich schnell entfalten: Feigen, Nektarinen, etwas Sherry. Der Geschmack ist süß, weich und harmonisch, fast sirupartig, aber mit einer erfrischenden Trockenheit im Abgang.

NORTH PORT

Brechin, Angus **ÖSTLICHES HOCHLAND**

Status: Abgerissen; 3. Klasse

Die Mitglieder der Familie Guthrie waren alteingesessene Ackerbauern und die Bankiers ihres Dorfes, einer von ihnen brachte es gar zum Bürgermeister. 1820 gründeten sie ihre Destillerie. 1922 erwarb DCL zusammen mit den Weinhändlern Holts aus Manchester die Brennerei und übertrug die Lizenz auf Mitchell Bros. Ltd. aus Glasgow. 1983 wurde die Brennerei stillgelegt und später abgerissen. Die Malts sind nur noch selten zu finden.

Verkostungsnotizen

(G&M) 20 y.o. 1970: Trocken-spritige, adstringierende Nase mit undeutlichen Rauchnoten und süßen Düften: Marzipan und Fenchel. Adstringierend auch auf der Zunge, obwohl kurz ein malzig-süßer Eindruck auftaucht. Kurzer Abgang.

OBAN

Oban, Argyll **WESTLICHES HOCHLAND**

Eigentümer: Guinness UDV

Status: In Betrieb; 25 000 Kisten; 2. Klasse; Besucherzentrum

Der Reichtum der Stadt Oban Ende des 18. Jahrhunderts wurde entscheidend von den Gebrüdern Stevenson gefördert: Unternehmern, die in der Baubranche, dem Werftgeschäft und im Schiefer-Tagebau aktiv waren. 1794 gründeten sie die Destillerie. 1883 kaufte Walter Higgin die Brennerei, die er modernisierte und bis in die Felsen hinter der Anlage erweiterte. Die dabei gefundenen Überreste mesolithischer Menschen stammen aus der Zeit um 4 500 v. Chr. Zur Zeit der Funde war Oban ein erfolgreicher Hafen mit guten Handelsverbindungen nach Liverpool und Glasgow. 1923 wurde die Brennerei an Dewars verkauft, die 1925 mit DCL fusionierten. Von 1931 bis 1937 und von 1969 bis 1972 stillgelegt, dann völlig renoviert. 1989 entstand in der alten Mälzerei ein neues Besucherzentrum, nachdem der Malt im Jahr zuvor für die Classic-Malt-Range ausgewählt worden war.

Verkostungsnotizen

14 y.o. (43%): Bernsteinfarbe und ein edles Seearoma bestimmen diesen weichen, mittelschweren Malt mit seinem süßen Duft nach Sumpf-Immergrün und etwas Rauch. Die Geschmacksentwicklung beginnt süß und endet bei konsequenten Torfrauch-Noten trocken.

PITTYVAICH

Dufftown, Banffshire **SPEYSIDE**

Eigentümer: Guinness UDV

Status: Abgerissen

In den 70er-Jahren begann der Whiskyerzeuger Arthur Bells & Sons ein umfangreiches Expansions- und Modernisierungsprogramm, in dessen Rahmen die Pittyvaich-Destillerie neben der Dufftown-Destillerie errichtet wurde. Pittyvaich liegt im Dullan-Tal, bezieht das Wasser aus den Quellen von Convalley und Balliemore und verfügt über 4 Pot Stills. Die Produktionsbedingungen sind die gleichen wie in Dufftown, aber wie so oft ist das Resultat höchst unterschiedlich. Pittyvaich wurde 1993 geschlossen. Obwohl die Destillerie erst in den 70er-Jahren erbaut wurde, ist sie so heruntergekommen, dass sie sehr wahrscheinlich abgerissen wird.

Verkostungsnotizen

12 y.o. (43%): Bernsteinfarben mit einer durch Esterverbindungen bestimmten süßen Nase, die sich durch Pfeffer, Anis und Fenchel akzentuiert zeigt. Am Gaumen weich und harmonisch mit süßem, karamell- und tannintönigem Geschmack und würzigem, anhaltendem Finish.

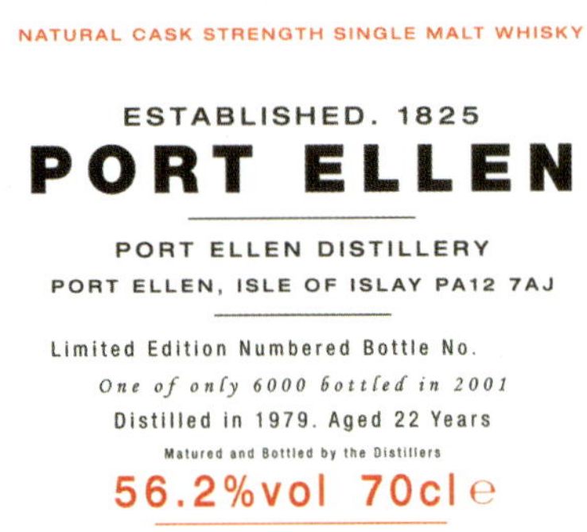

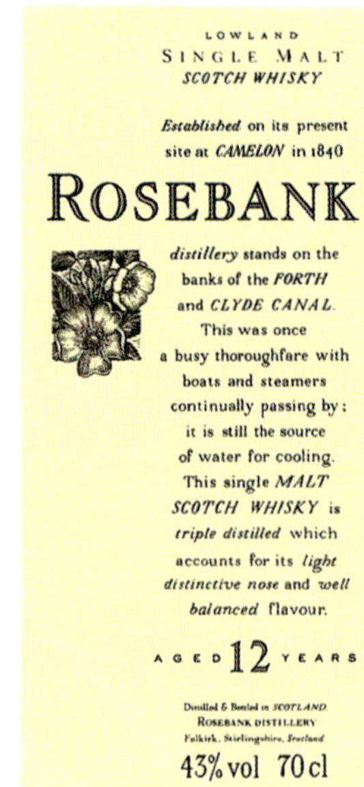

PORT ELLEN

Port Ellen **ISLAY**

Eigentümer: Guinness UDV
Status: Abgerissen

Wie Bowmore ist auch Port Ellen ein hübsches Dorf, das sich um eine Destillerie herum entwickelt hat. Und wie die anderen Brennereien von Islay liegt auch Port Ellen am Meer, wo sich leicht Landestellen für den bequemen Kontakt zum Festland einrichten ließen. Um 1820 gebaut, gelangte die Destillerie nach dem Konkurs ihres Gründers A. K. Mackay 1936 in den Besitz von John Ramsay. Ramsay war einer der Pioniere der Whiskyindustrie, unterstützte Stein und Coffey bei ihrer Neuentwicklung der kontinuierlichen Brenntechnik und führte als Erster den Spirit safe ein. Er nutzte seinen Einfluss auf die Regierung, um zollfreie Waren und Fässer mit mehr als 360 Litern Inhalt für den Export einzuführen. Seine eigenen Malts wurden direkt von Port Ellen in die USA exportiert. 1925 übernahm DCL die Brennerei und schloss sie bis 1967, trotz umfangreicher Modernisierungsmaßnahmen wurde die Produktion 1983 eingestellt, die technische Ausrüstung aber an Ort und Stelle belassen. 1973 wurde eine bedeutende Mälzerei nebenan gebaut, deren Malz seit dem Inkrafttreten eines Vertrages zum Schutze der einheimischen Arbeitsplätze von allen Destillerien auf Islay genutzt wird.

Verkostungsnotizen

(G&M) 1978 (63,3%): Mittelgolden mit einer mächtigen, phenolbetonten Nase: Schwarzpulver und Jod. Bei Verdünnung wird der Duft sanfter, eher moosige Noten und etwas Gewürz entwickeln sich, die Komplexität und Spannung verleihen. Vollmundig, erst süß, dann trocken und salzig mit anhaltendem Abgang.

(SMWS) 16 y.o. (61,4%): Ein Malt für gastronomische Masochisten: mittelgold, mit wildem Aroma: beißend wie brennendes Torf, nach Schweiß, Urin und verrottender Frucht riechend. Der Geschmack ist dagegen köstlich: kraftvoll, süß, würzig und exquisit mit einem langen, rauchigen Nachgeschmack.

PULTENEY auch Old Pulteney

Nahe Wick, Caithness **NÖRDL. HOCHLAND**

Eigentümer: Inver House
Status: In Betrieb; 2. Klasse; Besucherzentrum

Die nördlichste Destillerie auf dem Festland wurde 1826 von James Henderson gegründet und steht landeinwärts 20 km von der Nordküste entfernt bei Wick in Caithness. 1810 hatte Sir William Pulteney, Direktor der British Fishing Society, den modernen Teil der Stadt als Modellhafenstadt entworfen, man nennt sie deshalb auch Pulteneytown. Bis in die 20er-Jahre blieb die Brennerei in Familienbesitz, dann kaufte John Dewar & Sons das Unternehmen, das zwischen 1930 und 1951 von der DMD (DCL) stillgelegt wurde. 1955 übernahm Hiram Walker die Destillerie, die bis 1959 komplett modernisiert wurde. 1995 ging sie an Inver House über, die einen 12-jährigen Malt im Jahre 1997 herausbrachten. Old Pulteney wird in Anspielung auf seine trockene Art als der »Manzanilla des Nordens« bezeichnet. Der Malt ist nicht leicht erhältlich; Abfüllungen unabhängiger Händler sind selten.

Verkostungsnotizen

(SMWS) 11 y.o. (64%): Blasse Farbe, aber aromatischer, floraler Duft mit Marzipannoten, Hefe, Zitronensorbet und Birnenbonbons. Am Gaumen weich und cremig, aber erstaunlich trocken mit leichtem Prickeln. Die Struktur ist weich und viskos, das Finish lang und knochentrocken.

ROSEBANK

Falkirk, Midlothian **LOWLANDS**

Eigentümer: Guinness UDV
Status: Abgerissen

Ursprünglich die Mälzerei der Camelon-Brennerei am Ufer des Forth-Clyde, wurde hier 1840 von dem am Ort angesehenen Wein- und Spirituosenhändler James Rankine eine neue Destillerie eingerichtet, die so gut bei den Blendern ankam, dass James Rankine der erste Brenner war, der Gebühren für die verkauften, aber bei ihm gelagerten Whiskys erheben konnte. 1914 gründete er mit anderen die

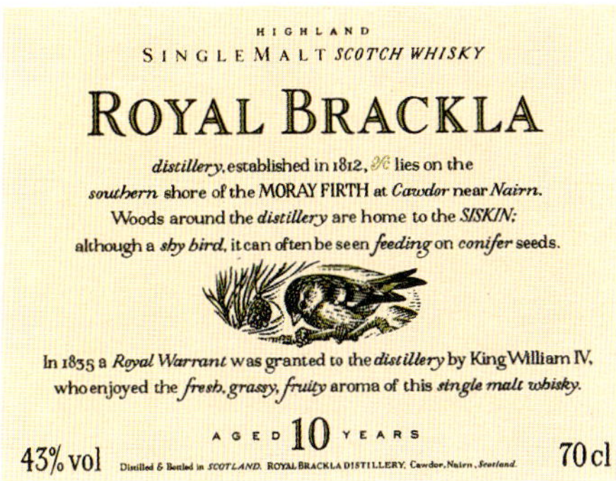

SMD, die in der DCL aufging. Der Malt Whisky wurde dreifach destilliert, wie es in den Lowlands üblich ist. Seit 1993 ist die Destillerie stillgelegt, Teile der Anlage wurden nicht abgerissen. Das Grundstück wurde 2002 für weiteren Ausbau verkauft.

Verkostungsnotizen

(G&M) 1979: Bernsteinfarben mit rötlichen Lichtern. Stark parfümierter Whisky mit Anklängen an Veilchen, Karamellbonbons, Apfelkompott, etwas Sherry und Honig. Im Mund zunächst süß, dennoch trockener als erwartet. Ein perfekt ausbalancierter, eleganter Malt.

ROSDHU auch Old Rosdhu

Alexandria, Dumbartonshire **ZENTR. HOCHL.**

Eigentümer: Loch Lomond Distillers
Status: In Betrieb; 2. Klasse

Einer der beiden Malttypen, die in der 1965 eröffneten und 1984, bis zur Übernahme durch die Glen Catrine Bonded Warehouses Ltd. 1987, stillgelegten Loch-Lomond-Brennerei erzeugt werden. Die Abfüllung eines 8 Jahre alten Malts (siehe auch Inchmurrin) erfolgt im Namen der Schwesterfirma Loch Lomond Distillers; sehr selten.

Verkostungsnotizen

8 y. o.: Strohblond, füllige, malzige Nase mit Getreide- und Heidekrautnoten. Saftiger Geschmack, der erste Eindruck ist süß, aber nicht zuckrig.

ROYAL BRACKLA

Nairn, Invernessshire **SPEYSIDE**

Eigentümer: John Dewar & Sons
Status: In Betrieb; 2. Klasse

Captain William Fraser of Brackla gründete 1812 die Destillerie auf den Ländereien von Cawdor, die einst zum Besitz von Macbeth, bei Shakespeare der Thane of Cawdor, gehörten. Brackla war die erste Brennerei, die den Titel des königlichen Hoflieferanten verliehen bekam. 1835 erlaubte König William IV. die Bezeichnung Royal Brackla, um 1850 bestätigte Königin Victoria dieses Privileg. Nach mehreren Besitzerwechseln wurde die Destillerie am zwei Wein- und Spirituosenhändler aus Aberdeen verkauft, die die Fabrikation 1898 komplett modernisierten. 1926 ging Brackla an die in Leith ansässige Whiskyfirma John Bisset & Co. über, die 1943 zur DCL stießen. 1965/1966 wurde die Destillerie umgebaut und 1970 auf 4 Brennanlagen erweitert. Zwischen 1985 und 1991 stillgelegt, produziert Brackla einen als Single Malt seltenen Malt, der nur gelegentlich vom Erzeuger abgefüllt wird.

Verkostungsnotizen

10 y.o.: Blassgolden, aromatisch und estertönig, mit etwas Bananen-, Getreide- und Raucharoma. Beim Verkosten malzig-süß, mit etwas Salz. Im Abgang trocken bis bitter, mit anhaltender Frucht.

ROYAL LOCHNAGAR

Crathie, Aberdeenshire **ÖSTL. HOCHLAND**

Eigentümer: Guinness UDV
Status: In Betrieb; 26 000 Kisten; 1. Klasse; Besucherzentrum

Die derzeitige Destillerie wurde 1845 von John Begg auf den Ländereien von Balmoral erbaut, die der Gründer Gordon of Abergeldy gepachtet hatte. 1848, nur drei Tage nach ihrem Einzug in Balmoral Castle, besuchte Königin Victoria in Begleitung ihrer Familie auf Einladung des Inhabers die Brennerei, und alle probierten den Whisky. John Begg beschrieb sein außergewöhnliches Erlebnis ausführlich in seinem Tagebuch und erhielt nur wenige Tage später den Titel des Hoflieferanten als Anerkennung für die Güte seines Destillats. Um 1880 verkaufte er den Hauptteil der Produktion als Hauptbestandteil des Vat 69 an seinen Freund William Sanderson, daneben stellte er seinen eigenen Blend John Beggs Blue Cap zusammen. 1916 wurde seine Firma Teil der DCL. Bis zu den 80er-Jahren war Royal Lochnagar ein seltener Malt, aber dennoch hochgeschätzt – in den 60er-Jahren gar der teuerste Whisky Schottlands! Heutzutage wird der Single Malt mit 12 Jahren abgefüllt, zudem wird jedes Jahr eine Mischung aus vier ausgesuchten, etwa 20 Jahre alten Fässern zusammengestellt, die Selected Reserve genannt wird (limitierte Auflage von 3 000 Flaschen). 1988 wurde ein Besucherzentrum eröffnet, das derzeit

die Touristenattraktion in Royal Deeside ist und 40 000 Gäste zur Destillerie lockt.

Verkostungsnotizen

12 y.o.: Honigfarben mit ansprechendem Duft nach Karamelbonbons, Frucht, Leinsamenöl und Torfrauch. Vollmundig und köstlich, intensiv und weich. Ein eher trockener Malt mit leichter Süße zu Beginn und anhaltender Frucht; langer und trockener Abgang.

ST. MAGDALENE auch Linlithgow

Linlithgow, Midlothian — **LOWLANDS**

Status: Abgerissen

Der renommierte Lowland-Brenner Adam Dawson gründete die Destillerie 1797 auf dem Gelände eines früheren Hospitals. Zu dieser Zeit war Linlithgow eine bedeutende Stadt mit königlichem Schloss, ein Zentrum der Brau- und Destillationskunst mit 5 Destillerien. Im 19. Jahrhundert bestand ein eigener Hafen am Union Canal, ein günstiger Transportweg, der für Erfolge in den Geschäftszentren des Südens sorgte. A. & J. Dawson wurden 1912 von DCL übernommen und war Gründungsmitglied der SMD. Die Produktion von Whisky fand bis zur Schließung 1983 statt. Zur Zeit ist der Malt von St. Magdalene sehr gefragt.

Verkostungsnotizen

(G&M) 1965: Reiche Mahagonifarbe mit roten Lichtern; stark parfümiert (Rosenessenz, Hanfseil, frisch gemahlener Pfeffer und orientalische Düfte), weich im Munde, delikat ausbalanciert mit rauchigem Artischockengeschmack. Sauber und eher trocken mit prägnantem Finish.

(SMWS) 11 y.o.: Grüngolden mit einer verschlossenen Nase, die an die Gerüche eines in der Sattelkammer aufgehängten Gewürzregals erinnert. Leicht adstringierend, aber fruchtig im Geschmack, mit einem langen, knackigen, aromatischen Nachklang.

SCAPA

Kirkwall, Orkney — **INSELN**

Eigentümer: Allied Distillers
Status: In Betrieb; Besucher nach Vereinbarung

Dies ist eine der beiden Destillerien auf Orkney, die andere ist Highland Park. 1885 von dem aus Speyside stammenden Brennmeister John Townsend gegründet, wurde Scapa von Alfred Barnard als eine »der kompaktesten kleinen Brennereien des Königreichs« beschrieben. Die Destillerie steht am Nordufer des Scapa Flow, in dem sich die deutsche Marine zum Ende des Ersten Weltkrieges selbst versenkt hatte. Lange Jahre konnten die gigantischen Kriegsschiffe »Hindenburg« und »Seidlitz« zwischen den Wellen bestaunt werden, die mächtigen Masten bei Ebbe über die See hinausragend. Die völlige Zerstörung der Destillerie durch ein Feuer im Ersten Weltkrieg konnte durch die tatkräftige Unterstützung von in der Gegend einquartierten Marinesoldaten verhindert werden, die die Gefahr nicht scheuten und ihr eigenes Leben aufs Spiel setzten, um das Feuer zu löschen. 1954 kaufte Hiram Walker Scapa und modernisierte sie 5 Jahre später, wobei eine Lomond-Still installiert wurde. Die Destillerie wurde in den Folgejahren im Zuge steigender Nachfrage enorm erweitert und erstreckt sich mittlerweile über 28 000 m². Scapa ist ein wesentlicher Bestandteil der Ballantine-Blends, wird als Single Malt mit 12 Jahren und von unabhängigen Abfüllern angeboten. 1994 legte Allied Distillers die Produktion still, heute erlaubt Gordon & Macphail die Abfüllung einer kleinen Menge 10jährigen Malts.

Verkostungsnotizen

(G&M) 10 y.o.: Blassgolden mit ungewöhnlichem Aroma. Der erste Eindruck erinnert an altmodische Ölhäute, dann entwickelt sich ein Hauch Heideblumen. Artischocken und Bourbonwhisky. Im Geschmack zunächst trocken mit leichter Schärfe, dann süßer werdend mit Karamellnoten, ja Schokolade. Weiche Struktur und ein fester, trockener Abgang.

(SMWS) 15 y.o. (56%): Rauchige Weinigkeit mit kräftigen Karamelltönen. Bei Verdünnung wird der Brand süß und leicht, wie mit Azaleen und Jasmin parfümiert. Zu Beginn süß, später trocken.

THE SINGLETON (siehe AUCHROISK)

SPEYBURN

Rothes, Morayshire **SPEYSIDE**

Eigentümer: Inver House

Status: In Betrieb; 9 000 Kisten; 2. Klasse

Im Jahre 1897 gegründete Destillerie, dem Jahr des diamantenen Kronjubiläums von Königin Victoria. Die Inhaber beeilten sich sehr, noch in diesem Jahr mit der Destillation zu beginnen, um das historische Datum auf ihre Fässer schreiben zu können. Die Brennerei hat zwei Brennblasen und war die erste Destillerie, die Trommelmälzanlagen verwendete. Diese wurden 1968 stillgelegt. Speyburn wurde 1990 an Inver House verkauft. Der Malt war früher nur schwer zu finden, mittlererweile füllt Inver House mit 10 und 21 Jahren ab.

Verkostungsnotizen

10 y.o.: Blassgoldener Malt mit überwiegend trockenem Charakter: frische Nase mit einem Anflug von Heideblumen, mitelschwer, weich und sauber, mit der malzigen Süße von Hopfen und Heidehonig.

SPEYSIDE auch Drumguish

Kingussie, Invernessshire **SPEYSIDE**

Eigentümer: Speyside Distillery Co.

Status: In Betrieb; 10 000 Kisten

1987 begann George Christie mit dem Bau der heutigen Brennerei, die Produktion wurde 1990 aufgenommen. Die unabhängige Familienfirma produziert neben dem Speyside-Malt einen gleichnamigen Blend sowie den Vatted Malt Glentromie.

Verkostungsnotizen

(Ohne Altersangabe): Harmonischer Brand mit leuchtend goldener Farbe, jugendlicher malziger Getreidenase mit einem Hauch Torfrauch und dem deutlichen Aceton-Charakter der Region Speyside. Am Gaumen sauber und angenehm, mit überraschender Fülle und Milde, harmonisch ausgewogen zwischen süßen und trockenen Elementen und vorwiegend grünen Aromen.

SPRINGBANK

Campbeltown, Argyll **CAMPBELTOWN**

Eigentümer: J & A Mitchell

Status: In Betrieb; 70 000 Kisten; Besucher nach Vereinbarung

1828 erbaute und immer noch im Besitz der Gründerfamilie befindliche Destillerie. Die ursprünglichen Gebäude sind ebenso erhalten geblieben wie die Malzböden und der gusseiserne Maischbottich. Die uralte und einzigartige Rohbrandblase, durch eine Kombination aus Dampfrohren und Ölbrenner befeuert, enthält ein Rührwerk, um das Anbrennen der Hefebestandteile am Boden zu verhindern. Dies legt regelmäßig kleine Stellen reines Kupfer frei, die vermutlich den Geschmack des Malts beeinflussen. Ungewöhnlich auch die parallele Verwendung zweier Feinbrandblasen. Springbank-Malt wird in Erzeugerabfüllung in den Altersstufen 12 (mit 46% und 57%), 15, 21, 25 und 30 Jahren (alle mit 46%) angeboten. In Kürze soll ein sehr strikt limitierter West Highland Malt von 1966 aus Campbeltown-Gerste vorgestellt werden.

Verkostungsnotizen

15 y.o.: Malt mit eindeutigem Charakter: bernsteinfarben mit reichem, würzigem Aroma, im Duft ein wenig Karamell und Torfrauch, am Gaumen dicht und weich mit erfrischenden, dabei typisch salzigen Noten, harmonisch ausbalanciert mit langem, heller werdendem Abgang.

(SMWS) 32 y.o. (52%): Ein vom ersten Moment an stimmiger Whisky: die Farbe wie Tawnyport mit rötlichem Funkeln, Duft nach Port oder Pflaumenwein mit leicht salziger Note, dabei herrlich weich und füllig. Schicht um Schicht gibt dieser üppigsüße Brand sein Aroma frei: komplexe, ineinander gewebte dunkle Töne mit Anklängen an Moschus, Weihrauch und etwas Pfeffer.

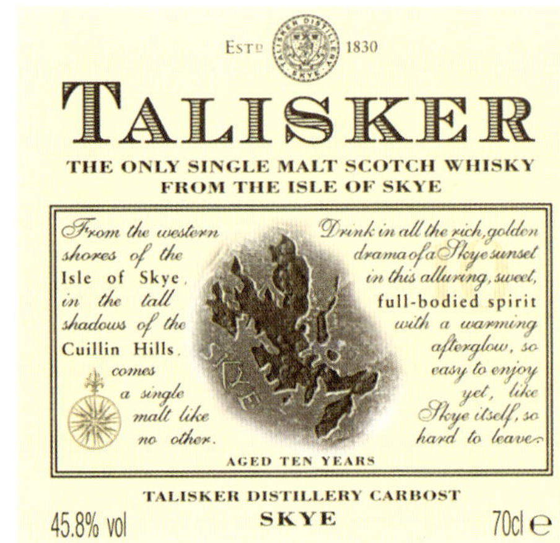

STRATHISLA

Keith, Banffshire **SPEYSIDE**

Eigentümer:	Chivas Brothers
Status:	In Betrieb; 1. Klasse; Besucherzentrum

Die 1786 unter dem Namen Milltown erbaute Destillerie ist die älteste ununterbrochen produzierende in Schottland. Ihr Gründer, George Taylor, war ein reicher Geschäftsmann. Die Destillerie ging 1830 an William Longmore. Zwischen 1870 und 1880 nannte man die Destillerie Strathisla, kam aber gegen 1890 auf den Ursprungsnamen zurück. 1879 wurde Strathisla bei einem Feuer schwer beschädigt und unter Hinzufügung einer Abfüllanlage wiederaufgebaut. 1940 wurde die Inhaberfirma durch den betrügerischen Financier Jay Pomeroy gekauft, der 1949 wegen Hinterziehung von Steuern in Höhe von 111 038 Pfund verurteilt wurde – Pomeroy hatte die Produktion seiner Brennerei unversteuert unter verschiedensten Namen auf dem Schwarzmarkt verkauft. Zwei Jahre später übernahm James Barclay von Chivas Bros., die seit 1949 zu Seagram gehörten, die nun wieder Strathisla genannte Brennerei. Obwohl die Brennanlagen 1965 auf vier erweitert wurden, ist Strathisla nach wie vor eine attraktive, kleine und sehr traditionelle Destillerie. Der Malt wird vom Eigentümer im Alter von 12 Jahren abgefüllt, bei den unabhängigen Abfüllern ist eine Reihe von Jahrgangsmalts verfügbar.

Verkostungsnotizen

12 y.o.: **Mittlere Bernsteinfarbe mit zunächst sherrytöniger Karamell-Nuss-Nase. Bei Verdünnung wird der Duft fruchtiger, mit leichten Röstaromen und Malz. Weich und wohlgerundet, mit süßem Auftakt und trockenem Finish: ein komplexer, harmonischer Brand.**

STRATHMILL

Keith, Banffshire **SPEYSIDE**

Eigentümer:	Guinness UDV
Status:	In Betrieb

Das Destilleriegebäude wurde im Jahre 1823 als Mühle erbaut und 1891 zu einer Glenisla-Glenlivet genannten Brennerei umgebaut. Vier Jahre später erwarb das Londoner Weinhandels- und Ginherstellungshaus Gilbey's Strathmill im Zuge seiner Expansion ins Scotch-Geschäft. Die Malts von Strathmill sind sehr selten und nur als unabhängige Abfüllungen zu beziehen, da der Großteil der Produktion in die Blends von Justerini & Brooks eingeht.

Verkostungsnotizen

(G&M) 10 y.o. (1981): **Ungewöhnlicher Malt, blassgolden mit einer üppigen floral-fruchtigen Nase, die bei Verdünnung malzigen Speyside-Charakter entwickelt. Geschmacklich zunächst süß, aber sogleich an Schärfe und Bitterkeit zunehmend bis ins chilischarfe Finish.**

TALISKER

Carbost, Isle of Skye **INSELN**

Eigentümer:	Guinness UDV
Status:	In Betrieb; 26 000 Kisten; Besucherzentrum

Robert Louis Stevenson erwähnt Talisker in einem 1880 entstandenen Gedicht und nennt den Malt darin den »König der Brände, wie ich mich überzeugen konnte«. Die Destillerie wurde 1830 von Hugh und Kenneth MacAskill in Carbost am Ufer des Loch Harport erbaut, im Schutz des Cnoc-nan-speireag-Hawkhills. Hugh war Großgrundbesitzer und hielt Talisker House und die Ländereien als Lehen des Macleod of Macleod, des Laird von Skye. Die dort entstandene Destillerie war kein wirtschaftlicher Erfolg, so dass 1848 seine Bank die Pacht für den Talisker-Besitz übernahm. 1857 kaufte MacAskills Schwiegersohn Donald Maclellan Talisker für 500 Pfund, ging aber seinerseits bankrott. Wenig später erwarb der Glasgower Agent der Destillerie, John Anderson, Talisker und investierte viel. Trotz seines guten Rufes in der Branche ging Anderson 1879 ebenfalls bankrott. Ein Jahr später übernahmen Roderick Kemp und A. G. Allan die Brennerei und nahmen sie wieder in Betrieb. 1892 kaufte Kemp Macallan, 1898 vereinigte Allan Talisker mit der Destillerie Dailuaine in Speyside. Letztere wurde 1925

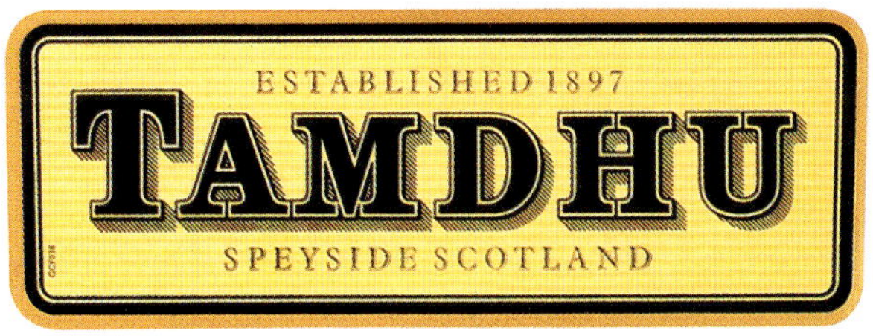

Teil der DCL. Talisker wurde nach einem Feuer im Jahre 1960 teilweise neu erbaut, 1972 wurden die Mälzböden abgerissen. Die Brennerei verfügt über 5 Pot Stills und setzt weiterhin auf traditionelle Kühlsysteme statt auf moderne Kolonnenkondensatoren. Der hier erzeugte Single Malt wird von Kennern hochgeschätzt, gewann 1993 eine Goldmedaille des IWSC und bildet einen Teil der Classic-Malt-Range von United Distillers. Das Besucherzentrum erfreut sich großen Interesses und eines ebensolchen Zustroms: Es wird jährlich von 40 000 Gästen besucht.

Verkostungsnotizen

10 y.o. (48,8%): **Derek Cooper beschrieb diesen Malt als das »Lava der Cuillians«, der beeindruckenden Berge von Skye: mittlere Goldfarbe, der Duft stechend nach verbranntem Holz und Ozon, was die Verwandtschaft zu den Irish Whiskeys belegt. Mächtiger Körper, cremige Struktur mit rauchig-würzigem Geschmack und einem präsenten Ausklang nach schwarzem Pfeffer.**

(SMWS) 15 y.o. (64,2%): **Kraftvolle Nase mit einer Fülle an scharfen Aromen, wie bei einem Curry: fleischig, fruchtig, exotisch mit einem Anklang nach Platanenholz. Bei Verdünnung ergibt sich ein wahrer Fruchtrausch mit nussigen Aspekten, einem Anflug von Essig und deutlicher Rauchigkeit. Weich, aber mit einem erfreulichen pikanten Ton im Abgang.**

TAMDHU

Knockando, Morayshire — **SPEYSIDE**

Eigentümer: Edrington
Status: In Betrieb; 7 000 Kisten; 2. Klasse; Besucher nach Voranmeldung

Tamdhu wurde im Jahre 1897 von einem Konsortium aus Blendern und der Highland Distillers Co. Ltd. erbaut. Damals eine der modernsten Destillerien ihrer Zeit, hat Tamdhu immer noch seine Saladin-Mälzerei – das einzige Unternehmen in Speyside mit eigenem Gerstenanbau. In den 20er-Jahren schloss Tamdhu für zwei Jahrzehnte, weil die Entsorgung der Brennabfälle nicht gelöst werden konnte, ging aber 1947 wieder in Betrieb. Der Malt von Tamdhu ist ein wesentlicher Bestandteil des The-Famous-Grouse-Blends; durch dessen wachsenden Erfolg musste die Zahl der Brennanlagen 1975 auf 6 Pot Stills verdreifacht werden. Zwischenzeitlich bestand ein Besucherzentrum in der alten Bahnstation.

Verkostungsnotizen

10 y.o.: **Blassgolden mit bernsteinfarbenen Lichtern. Sauberer, süßlicher Duft nach Gebäck mit etwas Rauchigkeit; bei Verdünnung entwickeln sich Apfelnoten. Harmonischer Geschmack, süßlich, leicht karamelltönig und erneut Rauch, der im Abgang deutlicher hervortritt.**

TAMNAVULIN

Tomnavoulin, Banffshire — **SPEYSIDE**

Eigentümer: Kyndal
Status: Vorübergehend stillgelegt; Besucher nach Vereinbarung

Als eine der neuesten Destillerien in Speyside wurde Tamnavulin in den Jahren 1965/66 erbaut und ist eine der modernsten der Region, in der alle Möglichkeiten moderner Computertechnologie genutzt werden. Die gesamte Produktion kann von wenigen Betriebsleuten und Technikern gesteuert werden. Der gälische Name *Tamnavulin* bedeutet die »Mühle auf dem Hügel«; die alte Mühle hinter der Brennerei wurde zum Besucherzentrum umgebaut. Tamnavulin liegt im Glenlivet-Bezirk, und trotz der allgemeinen Verwendung dieses Namens ist die Destillerie die einzige, die tatsächlich am Ufer des Livet liegt. 1995 vorübergehend stillgelegt. Der Malt wird mit 10 Jahren abgefüllt, daneben ist ein seltener 26 Jahre alter Old Stillman's Dram mit 45% gelegentlich erhältlich.

Verkostungsnotizen

10 y.o.: **Erfrischender Malt mit heller Farbe und einem sanften, süßen und leicht floralen Duft mit Spuren von Getreidenoten. Im Geschmack süß und frisch, mit Anklängen an frisch geschnittenes Gras, Heu und Zitronenschale. Im Finish merkliche Würze und Trockenheit.**

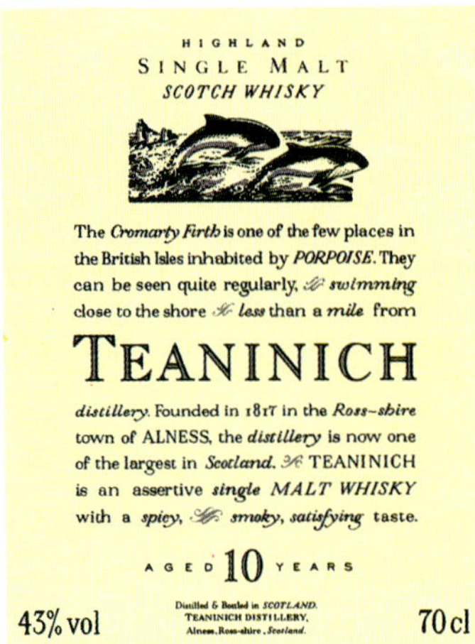

TEANINICH

Alness, Ross & Cromarty **NÖRDL. HOCHLAND**

Eigentümer: Guinness UDV
Status: In Betrieb

1817 erbaute Captain Hugh Munro die Destillerie auf seinem Besitz Teaninich, zu einer Zeit, als die meisten Destillerien der Gegend schwarz brannten und die gesamte Gerstenernte zur Destillation genutzt wurde. 1898 kauften die Whiskyhändler Munro & Cameron aus Aberdeen Teaninich auf, 1904 wurde Innes Cameron der Eigentümer, der zudem Anteile an Highland Distillers besaß. 1934 verkauften seine Verwalter Teaninich an SMD (DCL). Mit Ausnahme der Kriegsjahre produzierte Teaninich Malts, die nur zum Blenden benutzt wurden. Seit 1992 bietet der heutige Eigner, United Distillers, auch einen 10-jährigen Single Malt an. Bis 1974 bestand die Destillerie aus 4 Brennanlagen, dann wurde ein neuer Trakt mit 6 zusätzlichen Pot Stills angebaut. Der ältere Teil der Brennerei wurde 1995 stillgelegt, die Malts aus den nicht mehr benutzten alten Stills sind selten.

Verkostungsnotizen

10 y. o. (43%): Ein Malt mit der Farbe von Fino Sherry und dem Duft eines Friseursalons: leichte Zitrusdüfte, estertönig und lebendig, dazu rauchige Bergamottenoten wie im Lapsang-Souchong-Tee. Der Geschmack ist süßlich, mit etwas Salz und deutlichen Jodspuren akzentuiert.

TOBERMORY auch Ledaig

Tobermory, Mull **INSELN**

Eigentümer: Burn Stewart
Status: In Betrieb; Besucherzentrum

John Sinclair war ein erfolgreicher Reeder, der auf Mull erzeugtes Kelp nach Glasgow und Liverpool transportierte. Auf dem Rückweg brachte er Gerste und Brennstoff für seine 1795 gegründete Destillerie mit. Zwei Eigentümerwechsel folgten, bis die Destillerie 1890 von John Hopkins & Co. übernommen wurde. Von 1930 bis 1972 ruhte die Produktion, bis die Destillerie von einer Liverpooler Firma modernisiert und unter dem Namen Ledaig wiedereröffnet wurde. Doch schon 1975 musste Tobermory wegen wirtschaftlicher Schwierigkeiten erneut schließen. Seit 1990 wird wieder destilliert, seit 1993 gehört Tobermory zu Burn Stewart, die zwei Malts herstellt: Tobermory aus ungetorftem Malz und Ledaig aus leicht getorftem Malz. Von beiden liegen noch keine Abfüllungen vor, die verkostete Probe stammt von einem früheren Erzeuger.

Verkostungsnotizen

Ledaig 18 y. o. (43%): Blassgolden mit einer grasigfrischen Nase nach Leder und etwas Torfrauch. Bei Verdünnung wird der Brand süßer, fast wie eine Kuchenmischung. Der Geschmack ist überraschend süß und angenehm, mit trockenem Finish und anhaltender Rauchigkeit.

TOMATIN

Tomatin, Invernessshire **NÖRDL. HOCHLAND**

Eigentümer: Takara & Okura
Status: In Betrieb; 13 750 Kisten; 3. Klasse; Besucherzentrum

Die heute größte Destillerie von Schottland wurde Ende des letzten Jahrhunderts von Investoren aus Inverness gebaut. Die Kriegszeiten bereiteten Tomatin Schwierigkeiten, erst in den 50er-Jahren konnte die Produktion wieder anlaufen. 1956 von 2 auf 4 Pot Stills erweitert, besaß Tomatin 1964 schon 12 Brennanlagen, ein Dutzend mehr kam 1974 dazu, so dass die Destillerie über eine Produktionskapazität von über 12 Mio. Liter im Jahr verfügt. Zur Zeit wird weniger als die Hälfte an Malt Whisky erzeugt. 1985 wurde die Destillerie von einem Konsortium gekauft, die die Malts mit 10 und 12 Jahren (nur für den Export) und 25 Jahren abfüllen und einen Blend namens Big T. erzeugen.

Verkostungsnotizen

10 y.o.: Leuchtende Goldfarbe mit frischer, leicht karamelltöniger Rauchnase. Am Gaumen füllig, eher süß mit einem durch Torf und Pfeffer betonten Abgang.

(SMWS) 11 y.o. (60,8%): Tiefgoldener Malt mit weichem, durch Vanille, Muskatblüte und Nelken betonten Duft. Verdünnt erscheinen Ledernoten über fruchtig-floralem Aroma. Honigsüß und lecker.

TOMINTOUL

Nahe Tomintoul, Banffshire **SPEYSIDE**

Eigentümer: Kyndal

Status: In Betrieb; 8 000 Kisten; 1. Klasse; Besucher nach Voranmeldung

Tomintoul ist zwar unbestritten das höchstgelegene Dorf in den Highlands, aber die 1965 erbaute Destillerie gleichen Namens liegt etwas unterhalb des Örtchens, so dass der Preis für die höchstgelegene Brennerei tatsächlich an Dalwhinnie geht. Zwei Whiskyhandelsfirmen aus Glasgow, W. & S. Strong sowie Hay & MacLeod, bauten die Destillerie und verkauften sie dann im Jahre 1973 an den Scottish and Universal Investment Trust. 1974 wurden die Brennanlagen unter dem Management von Whyte & Mackay im Zuge einer umfassenden Modernisierung und Erweiterung auf 4 Pot Stills aufgestockt, im gleichen Jahr wurde der erste Malt mit 12 Jahren Reife präsentiert.

Verkostungsnotizen

12 y.o.: Strohblond auftretend, mit sehr verhaltener Nase – der Tomintoul gehört zu den leichtesten Malts von Speyside. Am Gaumen wirkt er zunächst malzig-süß, begleitet von Getreidenoten, zum Abgang hin entwickelt sich eichentönige Vanille. Langer, aber schwer zu greifender Abgang.

TORMORE

Advie, Morayshire **SPEYSIDE**

Eigentümer: Allied Distillers

Status: In Betrieb; 2. Klasse; Besucher nach Voranmeldung

Long John Distillers Ltd. erbaute 1960 die Destillerie, deren Design von Sir Albert Richardson, dem früheren Präsidenten der Royal Academy, als architektonisches Schaustück konzipiert wurde, mit Zierteichen und Springbrunnen. Es war die erste neue Destillerie in den Highlands in diesem Jahrhundert. Zu Beginn gab es viel Spekulationen über den Malt, viele fragten sich, ob man mit moderner Brenntechnologie überhaupt einen echten Highland Malt brennen konnte. Sie wurden eines Besseren belehrt. Der Malt von Tormore ist nicht nur ein typischer Vertreter seiner Region, er erinnert in seinem ausgeprägten Nachgeschmack an die besten Malts der Vergangenheit. 1975 verkaufte Schenley Industries Inc. Long John an Whitbread & Co., die heute zu Allied-Domecq gehören. Tormore wurde mit 10 Jahren abgefüllt, bald sind nur noch unabhängige Abfüllungen zu erhalten.

Verkostungsnotizen

10 y.o.: Blassgolden, mit sanftem, malzigem Duft nach etwas Sherry und Rauch. Im Munde weich und ein wenig spritig, der Körper mittelschwer und geschmacklich eine harmonische Verbindung aus Süße und rauchiger Trockenheit.

TULLIBARDINE

Blackford, Perthshire **ZENTRALES HOCHLAND**

Eigentümer: Kyndal

Status: Geschlossen; 3. Klasse; Besucher nach Voranmeldung

Tullibardine wurde auf dem Gelände einer ehemaligen Brauerei erbaut, die schon den Hof von König James IV. belieferte, der als Förderer der ersten Brennereien Schottlands gilt. Die Destillerie bezieht ihr Wasser aus der gleichen Quelle, der Danny Burn, in der Gegend, aus der auch das bekannte Mineralwasser Highland Springs stammt. Die Gebäude wurden von dem bekannten Architekten W. Delmé Evans 1949 entworfen. 1953 kaufte die Firma Brodie Hepburn die Brennerei und brachte sie bei der Übernahme 1971 mit zu Invergordon Distillers. 1993 ging Invergordon in Whyte & Mackay auf, 1995 wurde Tullibardine stillgelegt. Die Malts werden in den Altersstufen 10 und 26 Jahre abgefüllt – Letzterer, mit 45% auch der Stillman's Dram genannt, ist selten.

Verkostungsnotizen

10 y.o.: Blassgoldener Malt mit weicher, malziger, ein wenig durch Sherry geprägter Nase. Am Gaumen üppig und fülliger, als der Duft erwarten lässt, recht trocken und würzig mit einer angenehmen Rundheit. Der Abgang ist duftig und pikant mit leichter Bitterkeit.

Malt Whisky kaufen

Der eigentliche Zweck von Malt Whisky ist der Genuss. Drei Möglichkeiten gibt es dabei für die Whiskyfreunde: als Genießer, als Sammler oder Spekulanten. Die Grenzen der Kategorien sind dabei fließend. Hier einige Richtlinien für den Kauf:

MALT FÜR GENIESSER

Ich werde oft nach meinem Lieblingsmalt gefragt. Das hängt von meiner Stimmung, der Tageszeit, den Begleitumständen und der Gesellschaft ab, in der ich mich befinde. Zudem natürlich auch vom Abfüller, dem Alkoholgehalt, dem Alter und der individuellen Entwicklung eines jeden Fasses. Bei dieser großen Variationsbreite ist es unmöglich, den unvergleichlichen Favoriten zu bestimmen.

Da ich bei einer ganzen Reihe regelmäßiger Verkostungsveranstaltungen mitteste, habe ich die Chance, Tausende von Malts zu riechen und zu schmecken. Es ist immer wieder faszinierend, wie sich einzelne Fässer unbekannter und geringgeschätzter Malts zu echten Entdeckungen entwickelt haben, aber andererseits die Abfüllungen von renommierten Malts im Einzelfall enttäuschen. So ist jeder Whiskyfreund auf seine eigenen Erfahrungen angewiesen. Ein altes Sprichwort behauptet, es gäbe keine schlechten Whiskys, nur gute und noch bessere. Ob es sich um die besten handelt, hängt sehr oft von den Umständen ab, in denen die Brände genossen werden.

Unverzichtbar ist allerdings die Verwendung des richtigen Glases. Es ist unglaublich, wie viel mehr Charakter ein Malt im richtigen Glas entwickelt, wie viel mehr er von sich in einem Verkostungsglas oder einer Sherry-Copita freigibt als in einem so genannten Whisky-Tumbler. In Deutschland ist vor kurzem ein neues, qualitativ hochwertiges Malt-Whisky-Glas aus der Glashütte Eisch auf den Markt gekommen. Dieses nach oben schmal zulaufende und mit einem Mundrand versehene Glas erlaubt es, den Malt Whisky mit seinen vollen Aromen zu genießen.

Malt Whisky wird zunehmend beliebter, so dass wesentlich mehr Varianten als je zuvor zu probieren sind, sei es in der Gastronomie oder im Handel. Zudem gibt es immer mehr spezialisierte Geschäfte und Clubs mit umfangreicher Liste, die im Versand liefern.

Drei Kategorien von Malt Whisky gilt es zu unterscheiden:

Single Malts – Zu dieser Gruppe gehören die meisten angebotenen Whiskys, meist mit 40 oder 43 Vol.-% Alkoholgehalt (letzteres ist US-Standard). Jede Abfüllung ist ein Verschnitt aus mehreren Fässern, um gleichmäßige Farbe und Geschmack sicherzustellen. Falls ein Alter angegeben ist, bezieht es sich auf den jüngsten enthaltenen Anteil, andere Anteile können sehr viel älter sein. Meist wird auch die Herkunftsregion angegeben.

Vatted Malts – Verschnitte aus Malts verschiedenen Alters aus einer oder mehreren Destillerien (meist bis zu sechs, manchmal mehr. Der Chivas Century enthält 100 verschiedene Malts, J & B's Ultima 128 Malt und Grain Whiskys). Ein guter Vatted verbindet die diversen Charakterzüge harmonisch ausgewogen zu etwas Neuem, das im Idealfall besser ist als die Summe seiner Elemente. Altersangabe ist selten, andere Bezeichnungen sind Pure Malt Whisky, Fine Old Malt Whisky etc. Zu den führenden Vatted Malts gehören: As We Get It, Berry's All Malt,The Famous Grouse Vintage Malt, Glendower, Glen Flagler Pure Malt, Glentromie, Grierson's No. 1, Islay Mist, Old Elgin, Poit Dubh, Pride of Islay/Lowlands/Orkney/Strathspey, Sainsbury's Islay/Speyside Malt, Sheep Dip, Royal Culross und Johnnie Walker Pure Malt.

Single Cask Malts – Abfüllungen aus einem Einzelfass, die sich je nach individuellem Fass erheblich voneinander unterscheiden können. Oft in Fassstärke abgefüllt, Alkoholgehalt um 60 Vol.-%, keine Kaltfilterung (siehe Seite 70).

Abfüller und Händler

Die führenden Marken werden von ihren Herstellern abgefüllt. Kleinere Produktionsläufe weniger bekannter Whiskys und Einzelfässer werden oft von unabhängigen Händlern abgefüllt, mit oder ohne Erlaubnis der Destillerie, die Herkunft anzugeben. Die Brennereien zögern damit, da sie keine Qualitätskontrolle über den Inhalt der möglicherweise vor langer Zeit verkauften Fässer haben. Wenn Sie einen Single Malt finden, dessen Name hier nicht verzeichnet ist, hat die Brennerei vermutlich ihre Zustimmung verweigert.

Herstellerabfüllungen

Für eine einzige Abfüllung werden manchmal Hunderte von Fässern eingesetzt, um die richtige Mischung und damit den gewünschten Charakter des Whiskys zu erzeugen. Manchmal stammen die Destillate aus Sherry- und Bourbon-Fässern. In anderen Fällen werden auch kleine Mengen sehr alter Whiskys beigemengt. Anschließend findet eine rigorose Qualitätskontrolle statt.

Unabhängige Händler

Die folgenden Firmen verkaufen im Versand, oft weltweit. Ex- bzw. Importbestimmungen, Zölle etc. sind kompliziert und ändern sich gelegentlich. Fragen Sie Ihr Zollamt oder den jeweiligen Händler.

The Adelphi Distillery
3 Gloucester Lane
Edinburgh EH3 6ED
Tel: (+44) 131 226 6670
Die ursprüngliche Adelphi-Destillerie war eine der größten in Schottland und lag im Herzen von Glasgow. 1902 wurde sie geschlossen, der Name aber 1993 von James Walker, dem Urenkel des letzten Inhabers, wiederbelebt. Die Firma wählt eine kleine Anzahl einzelner Fässer mit bestem Single Malt aus und füllt die Brände mit Fassstärke ab.

William Cadenhead
172 Canongate
Royal Mile
Edinburgh EH8 8DF
Tel: (+44) 131 556 5864
1842 in Aberdeen gegründet, befindet sich der Firmensitz heute in Campbeltown (mit einem Laden in Edinburghs Old Town und einem in Covent Garden, London). Cadenhead ist Schottlands ältester unabhängiger Abfüller. Die Firma gehört J. & A. Mitchell, denen auch die Destillerie Springbank gehört. Unter dem Namen Cadenhead wird eine Reihe Malts abgefüllt, die in Fassstärke verbleiben oder auf Trinkstärke herabgesetzt werden.

Gordon & Macphail
George House
Boroughbriggs Road
Elgin, Morayshire IV30 1JY
Tel: (+44) 1343 545111
1896 gegründet und immer noch im Familienbesitz, bieten Gordon & Macphail in ihrem Laden in Elgin die weltweit größte Auswahl an Whiskys an, etwa 500 Marken in verschiedenen Altersstufen. Daneben kauft man Fässer direkt von der Destillerie, reift sie in eigenen Lagerhäusern und füllt sie seit der Jahrhundertwende selbst ab. Gordon & Macphails beispielhafte *Connoisseur's Choice Range* präsentiert etwa 50 Single Malts, einige davon älter als 30 Jahre.

Loch Fyne Whiskies
Inverary
Argyll PA32 8DU
Tel: (+44) 1499 302219
1992 von den Fischern Richard Joynson und Lyndsay Shearer gegründetes Unternehmen, das heute zu den größten Versandhändlern in Großbritannien zählt. Die Liste enthält Jahrgangsmalts, Miniaturen, Bücher und Zubehör, die Firma veröffentlicht zudem ein unterhaltsames Newsletter namens *The Scotch Whisky Record.*

Murray McDavid
56 Walton Street
Knightsbridge
London SW3 1RB
Tel: (+44) 207 823 7717
Murray McDavid wurde 1995 von Mark Reynier, Gordon Wright und Simon Coughlin gegründet (und nach zweien ihrer Großeltern benannt). Sie beschränken sich auf eine begrenzte, äußerst ausgesuchte Auswahl, von denen alle paar Monate ungefähr zehn ausgetauscht werden. Das gesamte Angebot kann bei Mark's London Shop, La Reserve, bestellt werden. Nachdem James McEwan sich 2001 ebenfalls beteiligte, kauften die Partner die Bruichladdich Destillerie.

Royal Mile Whiskies
379 High Street
Edinburgh EH1 1PW
Tel: (+44) 131 225 3383
Keir Sword erwarb 1997 den ursprünglich 1991 gegründeten Laden in Edinburghs geschichtsträchtiger High Street und vergrößerte die Angebotspalette beträchtlich. Rund 700 unterschiedliche Whiskyarten können hier erworben werden – hauptsächlich Single Malt, einige Blends und Old Whiskys sowie Bücher und Accessoires. Außerdem wird eine eigene limitierte Abfüllung sowohl unter dem eigenen Namen wie unter dem Namen The Dormant Distillery Company verkauft.

Signatory Vintage Scotch Whisky Co.
Elizafield,
Bonnington Industrial Estate
Newhaven Road
Edinburgh EH6 5PY
Tel: (+44) 131 555 4988
1988 von Andrew und Brian Symington gegründet, listet Signatory jederzeit etwa 50 Single Malts auch von stillgelegten oder abgerissenen Destillerien. Abfüllungen in Fassstärke oder mit 43 Vol.-%.

Blackadder International
Logie Green
Larkhall ML9 1DA
Tel: (+44) 1435 87 47 00
1995 von John Lamont und Robin Tucek nach ihrer Trennung von der Malt Whisky Association gegründet. Blackadder füllt etwa 50 Fässer Whisky im Jahr ab.

The Vintage Malt Whisky Co.
2 Stewart Street
Milngavie
Glasgow G62 6BW
Tel. (+44) 141 955 1700
Das unabhängige Familienunternehmen wurde 1992 von Brian Cook, der vorher lange als Vertriebsleiter bei Morison Bowmore gearbeitet hatte, gegründet. Vintage Malt bietet eine kleine Anzahl an Single Malts unter ihrem eigenem Namen, z. B. Finlaggan, Tantallan, Glenalmond etc., an, füllt diese jedoch auch als The Cooper's Choice' Serie unter dem Namen der Destillerie ab.

Inverarity Vaults
Inverarity House
Biggar Road
Symington MDL12 6FT
Tel: (+44) 1899 308000
1994 gründete Hamish Martin Inverarity Vaults mit Unterstützung seines Vaters Ronnie Martin, des früheren Produktionsdirektors bei United Distillers. Das Unternehmen füllt eigene Malts ab, vom zehn und 14 Jahre alten Speyside, der 1999

eine Goldmedaille auf der IWSC gewann, bis zum zehn Jahre alten Islay. Zudem wird ein eigener, von Ronnie Martin kreierter Blend verkauft.

GUIDE FÜR SAMMLER

Whisky zu sammeln ist keine so dumme Sache – wenn man des Sammelns überdrüssig ist, kann man seinen Vorrat immer noch trinken! Zudem verändert sich Whisky im Gegensatz zu Wein nicht, wenn er – versiegelt – richtig (nämlich stehend und dunkel) gelagert wird, so dass er stets genauso gut schmeckt wie zum Zeitpunkt seiner Abfüllung.

In den vergangenen Jahren erzielten alte und seltene Whiskys gute Preise, die Tendenz ist steigend. Im Allgemeinen erreichen Single Malts höhere Preise als Blends und Herstellerabfüllungen mehr als die unabhängiger Abfüller. Das Alter, die Qualität des Whiskys (wobei auch der Flüssigkeitsstand in der Flasche und damit der Verdunstungsgrad beachtet wird) sowie das Etikett (Stil und Zustand) und der Seltenheitswert (limitierte Abfüllung etc.) beeinflussen den Preis. Einer der Vorteile beim Sammeln von Whisky ist jedoch, dass man auf jedem Niveau sammeln kann, das einem der eigene Geldbeutel erlaubt.

Sammler

Es gibt zwei Arten von Whisky-Sammlern: museal interessierte und konsumorientierte, die ungewöhnliche Malts kaufen, um sie zu trinken. Viele Sammler tun beides. Wenn möglich, kaufen sie eine Flasche als Sammelobjekt und eine, um sie zu leeren. Manche Sammler besitzen auch eine Bar oder ein Restaurant, wo sie ihre Erwerbungen glasweise verkaufen. Das breiteste Sortiment bietet mit 2500 verschiedenen Sorten und Varianten das Waldhaus am See in St. Moritz in der Schweiz (**www.waldhaus-am-see.ch**).

Whisky kaufen

Aufgrund des allgemein gestiegenen Interesses an alten und seltenen Malts begann Christie's 1989, allein auf Whisky spezialisierte Auktionen zu veranstalten. Seit in den späten Neunzigerjahren des letzten Jahrhunderts das bis dahin in Glasgow stationierte Büro, wo diese Auktionen stattfanden, geschlossen wurde, werden wieder außergewöhnliche Whiskyflaschen bei Weinauktionen mitversteigert. Der damalige Whiskyspezialist bei Christie's, Martin Green, berät nun McTears Auctioneers (Tel: +44 141 221 4456; **enquiries@mctears.co.uk**), die seit dem Jahr 2000 zwei große Whiskyauktionen pro Jahr abhalten.

Außerdem hält nur noch das Auktionshaus Bonhams in Edinburgh eine große Whiskyauktion ab, aber diese findet im Rahmen der großen jährlichen »Schottischen Auktion« statt, bei der auch schottische Gemälde, Möbel, Silber, Keramik, Glas, Bücher u.v.a. unter den Hammer kommen. Ich selbst berate Bonhams bezüglich Whiskys (Tel: +44 131 225 2266; **www.bonhams.com**).

Einige auf Whisky spezialisierte Läden bieten eine kleine Anzahl alter Flaschen ebenso wie gegenwärtige limitierte Auflagen an, so z. B. The Whisky Exchange, ein nahe dem Flughafen London Heathrow gelegener Laden (Tel: +44 208 606 9388; **enquiries@thewhiskyexchange.com**), der eine große Auswahl alter Malt Whiskys vorrätig hält und zwei- oder dreimal im Jahr einen nützlichen Katalog herausgibt. Die weltweit größte Anzahl alter Whiskys findet man im Whisky Paradise in Bologna, das sich auch mit der größten Whiskysammlung der Welt schmücken kann, beide im Besitz von Giuseppe Begnoni (+39 0513 140 534; **info@whiskyparadise.com**).

Informationen über alte Whiskyflaschen kann man manchmal auf an Sammler-Websites angeschlossenen Whisky-Foren gewinnen. Die Website der Zeitschrift Whisky, **www.whisky-world.com**, ist ein guter Ausgangspunkt für eine Suche im Netz. Sammlerclubs sind mir nicht bekannt, mit einer Ausnahme: Der auf Miniaturen spezialisierte The Mini Bottle Club (1979 gegründet, mit Sitz in Cramlington, Northumberland, Tel: +44 191 268 6561) gibt einen zweimal monatlich erscheinenden Newsletter heraus; Redakteur und gleichzeitiger Clubsekretär ist David Hamilton.

GUIDE FÜR INVESTOREN

Ende 1996 und Anfang 1997 kam vermehrt Interesse an der Geldanlage in Whiskyfässer auf – wobei es auch zu in die Hunderttausende gehende Betrügereien zum Schaden von Käufern wie von Anbietern kam.

Die Idee, in Whiskyfässer zu investieren, ist nicht neu – es gab schon immer Whisky-Broker. Ende des vergangenen Jahrhunderts wurde alles, was mit Whisky zu tun hatte, für eine sichere Anlage gehalten – bis zum Crash im Jahre 1900. Anfang der 70er-Jahre wurde diese Praxis wieder populär, und wieder verbrannten sich Anleger die Finger an Überkapazitäten. In beiden Fällen war der Grundgedanke, dass das junge Destillat später – ausgereift – mit Gewinn an die Industrie zurückverkauft werden könnte.

Der Unterschied zu den heutigen Investment-Angeboten liegt in der Spanne zwischen dem Preis einer Flasche jungen Destillats und dem einer Flasche ausgereiften Single Malt Whisky. Abfüllung, Lagerkosten, Mehrwertsteuer und Zoll eingerechnet, so rechnen die Anbieter vor, müsse eine Flasche Malt im Laden 25 Pfund kosten, damit man 150% Gewinnspanne innerhalb von zehn Jahren erzielt.

Tatsächlich betragen aber die wahren Preise für das junge Destillat oft nur ein Viertel des im Angebot genannten Preises, so dass zunächst einmal das Investmentunternehmen einen stattlichen Gewinn macht. Sie haben auch keine Garantie, dass in Ihrem individuellen Fass ein guter Malt heranreift oder dass die Steuersätze unverändert bleiben. Niemand garantiert Ihnen, dass Sie am Schluss einen Abfüller finden oder dass Sie den Fassinhalt eines Hogshead, rund 460 Flaschen, zum genannten Preis verkaufen können. Also Vorsicht vor solchen Anlagegeschäften!

Destillerien verkaufen ihre jungen Destillate aus verschiedenen Gründen nicht. Schon weil es den Papierkrieg nicht lohnen würde. Ebensowenig verfügen sie über genügend Fässer an ausgereiftem Whisky, um ihn an Privatkunden verkaufen zu können.

BEZUGSQUELLEN

Importadressen in Deutschland

Glengoyne
Horst J. Bewarder
An der Schwentine 17
24336 Dörnick
04522/7051, Fax 2887

Tobermory / Ledaig, Deanston
J. J. Jacobs Import
Husumer Str. 200
24941 Flensburg
0461/93001, Fax 92794

Fettercairn, Tamnavulin, Tullibardin, Isle of Jura, Dalmore, Tomintoul
Kammer-Kirsch GmbH
Hardtstrasse 35-37
76185 Karlsruhe
0721/955510, Fax 550688

Glenfarclas, Springbank, Longrow, Old Pulteney, Isle of Arran, Speyburn, An Cnoc, Bruichladdich
HWG Hanseatische Weinhandelsgesellschaft
Am Neustadtsbahnhof 3
28199 Bremen
0421/549493, Fax 5494949
Balvenie, Glenfiddich
Diversa Spezialitäten GmbH
Hubert-Underberg-Allee 1
47493 Rheinberg
02843/920-0, Fax 920 313

Auchentoshan, Bowmore, Glen Garioch
Schlumberger GmbH & Co KG
Buschstraße 20
53340 Meckenheim
02225/925-0, Fax 925 151

Aberlour, Glen Grant, The Glenlivet
Pernod Ricard Deutschland
Universitätsstraße 91
50931 Köln
0221/430909-0, Fax 430909-43

Glenkinchie, Cragganmore, Dalwhinnie, Oban, Talisker, Lagavulin, Knockando, Royal Lochnagar, Cardhu, Rare Malts
Guinness UDV Deutschland GmbH
Europastraße 10
65385 Rüdesheim / Rhein
06722/12-0; Fax 12-442

Bunnahabhain, The Macallan, Highland Park
Maxxium Deutschland GmbH
Söhnleinstraße 8
65201 Wiesbaden
0611/250-01, Fax 250-340

Glendronach, Laphroaig, Scapa, Tormore
Jacobi Allied Domecq Spirits & Wine GmbH & Co. KG
Grunbacher Str. 63
71384 Weinstadt
07151/607-0, Fax 607 100

Glenmorangie, Glen Moray, Ardbeg
Moët-Hennessy
Nymphenburger Straße 21
80335 München
089/99421-0, Fax 99421 290
Glengoyne

Leser in Österreich und der Schweiz können sich mit Fragen nach in ihren Ländern zuständigen Importeuren an die folgenden Verbandsadressen wenden:

Österreichischer Spirituosenverband
An der Zaunergasse 1-3
1030 Wien
+43-(0)17153193

Schweizerischer Spirituosenverband
Amthausgasse 1
Postfach
3000 Bern 7
+41-(0)31-3124141

Spezialversender

Celtic Whisk(e)y
Bulmannstraße 26
90459 Nürnberg
0911/4398928, Fax 458428

The House of Whiskies
Dieter Kirsch
Schnepker Straße 24-26
28857 Syke-Schnepke
04242/1537, Fax 4338

Macha – Weine & Feines
Rahmengasse 12
69120 Heidelberg
06221/412883, Fax 402526

Scoma Scotch Malt Whisky GmbH
Am Bullhamm 17
26441 Jever
04461/912237, Fax 912239

The Whisky Store
St. Heinricher Str. 42b
82402 Seeshaupt
08801-2317, Fax 2637

Whisky & Whiskey
Gotthilf-Salzmann-Str. 34
67227 Frankenthal
06233/47066, Fax 47065

Whisky Societys weltweit

The Keepers of the Quaich
Burke Lodge
20 London End
Beaconsfield
UK – Buckinghamshire HP9 2JH
Tel: (+44) 141 221 4456
Keepers@keepersofthequaich.co.uk
Dieser Club bildet die angesehenste und exklusivste Whiskygesellschaft der Welt. Er wurde 1988 von führenden Mitgliedern der schottischen Whiskyindustrie gegründet, um diejenigen zu ehren, die sich um das Ansehen und den Erfolg des schottischen Whiskys verdient gemacht haben, und um den Ruf des Scotch und der schottischen gastfreundlichen Traditionen in der Welt voranzubringen.

Zur Zeit trifft sich der Club zweimal jährlich auf Blair Castle, dem Sitz des Schirmherrn, des Herzogs von Atholl. Ebenfalls zweimal jährlich gibt der Club eine Zeitschrift heraus, *The Quaich*.

The Scotch Malt Whisky Society
The Vaults, Giles Street,
UK – Leith, Edinburgh EH6 6BZ
Tel: (+44) 131 554 3451
www.smws.com

ODER:

19 Greville Street,
UK – London EC1N 8SQ
Tel.: (44) 207 242 8494
london@smws.com
1983 gegründet, hat The Society ihre Basis in dem ältesten Geschäftshaus Schottlands in Leith, dem Hafen von Edinburgh. Hier verfügt sie über großzügige Räumlichkeiten, etwa den Members Room mit Bar, Kaminfeuer und Ledermöbeln, in dem auch Lunch serviert wird, den Nosing Room für festliche Dinnerabende, verschiedene Büros und zwei Appartements, die Mitglieder für ihre Aufenthalte mieten können.

Seit September 1999 unterhält der Club auch einen Members Room bei Hatton Garden in der Londoner Innenstadt.

Die Society wählt einzelne Fässer ungewöhnlicher Malt Whiskys aus, füllt die Brände in Fassstärke ab und bietet die Flaschen ihren Mitgliedern in der zweimonatlich erscheinenden Liste an. Zur Zeit werden 150-200 Fässer pro Jahr abgefüllt. Zudem gibt man vierteljährlich ein ebenso informatives wie unterhaltsames Newsletter heraus, führt in ganz Großbritannien Verkostungen und halbjährlich »Whisky-Schulen« in London und Edinburgh durch. Die SMWS hat folgende Vertretungen, die die Whiskys vertreiben:

In den USA:
4604 North Hiatus Road, Sunrise,
USA – Florida 33351
Tel.: (001) 954 749 2440
www.smwsa.com

In Deutschland und Nordeuropa:
Vijfhuizenberg 103, PB 1812, 4700 BV
NL – Roosendaal
Tel: (+31) 165 529905
puntl@planet.nl

In der Schweiz:
Entfelderstraße 7
CH – 5012 Schönenwerd
Tel.: (41) 62 858 7030

In Frankreich:
5 Square du Trocadéro
F – 75016 Paris
Tel: (+33) 1 5626 6000
www.smwsfrance.com

In Italien:
Via Veneto 2/c
I – 36015 Schio (VI)
Tel: (39) 0445 579344
www.smws.it

In Österreich:
Postfach 54
A – 6890 Lustenau
Tel: (+43) 1 512 4000

In Japan:
Garden Terrace Jingumac 101,
Jingumac 3-3317 Shibuya-ku
Tokio 150-0001, Japan
Tel: (+831) 3405 7779
www.whisk-e.co.jp
15/32 Nakanocho 2-Chome, Miyakojimaku,
Osaka 534, Japan
Tel: (+81) 6 351 1895

The Masters of Malt
96a Calverley Road, Tunbridge Wells,
UK – Kent TN1 2UN
Tel: (+44) 1892 513295
www.mastersofmalt.com
Diese Gesellschaft gehört zum Master of Malt-Shop in Tunbridge Wells und wurde 1988 von John Lamont und Robin Tucek, den Autoren von *The Malt Whisky File*, gegründet. Beide haben mit der Association nichts mehr zu tun. Ein jährlicher Mitgliedsbeitrag wird erhoben, monatlich erscheint eine Liste mit den Master of Malt-Abfüllungen sowie anderen ungewöhnlichen Whiskys. Weltweite Mitgliedschaft.

The Scotch Single Malt Circle
Bill & Maggie Miller
Auf der Hofreith 35
D-40489 Düsseldorf
Tel: 0211 400 153; Fax: 0211 408 9417
Seit Mitte der 80er-Jahre bestehender Single Malt Club mit eigenen Abfüllungen.

La Scotch Single Malt Whisky Society de Belgique
c/o Food from Britain
Tweedekkerstraat, 187 rue du Biplan
B – 1140 Brüssel
Tel: (32) 2245 6420
(Kontakt: Claudine van der Abeele)
1995 von *Ambience* (der führenden französischsprachigen Food-Zeitschrift in den Beneluxländern), Food From Britain und neun Malt-Whisky-Herstellern mit dem Ziel gegründet, durch Verkostungen und Publikationen den Single Malt einer breiteren Öffentlichkeit zugänglich zu machen.

The Single Malt Club of Scotland (Italien)
Palazzo Locatelli
Via Porta Nova 3
I – 40123 Bologna
Tel: (+39) 51 656 9023
Singlemaltclub@ffb.it
Dieser Club wurde im Jahr 2000 mit Unterstützung von Food From Britain und der schottischen Whiskyindustrie gegründet, um durch Veranstaltungen und Verkostungen das Interesse am Single Malt in Italien aufrechtzuerhalten.

Dansk Maltwisky Akademi
GI Hovedvej 3
DK – 8410 Ronde
Tel: (+45) 8637 3311
1995 gegründet, um die Verbraucher durch Studiengruppen, Verkostungen und Reisen sowie durch das vierteljährlich erscheinende Magazin *Malten* zu informieren und um Whisky, Whiskybücher und mit Whisky verbundene Artikel zu importieren. Die Akademi importiert außerdem Signatory Bottlings und bietet Dänemarks kleinen Whiskyclubs ebenso wie den Händlern ein Forum.

Le Club Maison du Whisky
30 rue Voltaire
F – 92240 Malakoff
Tel: (+33) 1 46 55 9913
Der Club wurde 1995 in Paris als Erweiterung der erfolgreichen französischen Kette La Maison du Whisky gegründet. Er hat ungefähr 600 Mitglieder, ungefähr die Hälfte von ihnen sind in der Spirituosenindustrie tätig. Der Club

gibt einen vierteljährlichen Newsletter, *Le Still*, heraus und veranstaltet Verkostungen.

An Quaich: The Scotch Malt Whisky Society of Canada
198 Promenade Des Bois
Russell, Ontario K4R 1C4
Kanada
Tel: (+001) 613 445 26 27
Diese non-profit-Gesellschaft wurde 1983 gegründet, um die Wertschätzung gegenüber dem Whisky und das Vergnügen an ihm zu unterstützen. An Quaich veröffentlicht einen Newsletter, *Malt Tidings*, hält zweimal monatlich Verkostungstreffen ab und organisiert Destillerietouren in Schottland.

The Single Malt Club of Scotland (Portugal)
Rua Castilho No. 67, 2 Frente
P – 1250-068 Lissabon
Tel: (351) 21 371 2720
www.singlemaltclub.com.pt
Ähnlich seinem italienischen Pendant wurde der Club im Jahre 2000 gegründet, um durch Veranstaltungen und Verkostungen das Interesse am Single Malt in Portugal zu entwickeln. Neben Verkostungen werden auch Trainingskurse für professionelle Organisationen abgehalten.

Associacao Brasileira dos Colecionadores de Whisky
Rue General Pereira da Cunha 105
Sao Paulo SP, CEP 05692-060
Brasilien
Tel: (+55) 11 3750 0007
Claive Vidiz, Keeper of the Quaich, hat eine sehr ansehnliche Whiskysammlung. Seine ca. 3000 Flaschen stellt er in einem eigens dafür gebauten Museum aus. 1989 gründete er den brasilianischen Whiskysammler-Club. Der Club organisiert Vorlesungen und Verkostungen für seine Mitglieder und gibt eine monatlich erscheinende Zeitung, *Double Dose*, heraus.

Sociedad Brasilia du Whisky
Av. Rui Barbosa 830, Ap 102
Rio de Janeiro, RJ 22250-020
Brasilien
Tel: (+55) 21 551 2297
Dieser ausgezeichnete Club wurde 1988 von einer Gruppe von Freunden gegründet, die das Interesse am Whisky miteinander verband. Der Club hat um die 700 aktive Mitglieder und wurde vom Bürgermeister für seine Verdienste mit dem Titel »Partner von Rio« geehrt.

PUBLIKATIONEN
Es sind nur sehr wenige Publikationen zum Thema Scotch Whisky erhältlich. Nachfolgend sind die mir bekannten aufgeführt:

Whisky Magazine
St. Faith's House
39 Mountergate
UK – Norwich NR1 1PY
Tel: (+44) 1603 633808
Office@whiskymag.com
1998 von zwei erfahrenen Verlegern von Weinzeitschriften gegründet, wurde dieses zweimal monatlich erscheinende Blatt schnell zu einem sowohl von Konsumenten als auch Händlern international akzeptiertem Organ.

The Scotch Whisky Review
Loch Fyne Whiskies
Inveraray
UK – Argyll PA32 8UD
Tel: (+44) 1499 302219
www.LFW.co.uk
Dieses unterhaltsame, zwölf Seiten lange Blatt ist kostenlos bei Loch Fyne Whiskies erhältlich.

MM Masters of Malt Advocate
3416 Oak Hill Road
USA – Emmaus, PA 18049
Tel: (+001) 610 967 1083
www.maltadvocate.com
(Vierteljährlich erscheinendes Magazin, das *real beer* und Scotch Whisky gewidmet ist. Interessant und intelligent.)

Harpers
Jordan House
47 Brunswick Place
UK – London M1 6EB
Tel: (+44) 207 575 5600
editor@harpers-wine.com
Außer diesen Magazinen gibt es von verschiedenen Versendern und Verlagen immer wieder *Newsletters*, die vielfach eine gute Informationsquelle darstellen.

WHISKY IM INTERNET
Als dieses Buch erstmals veröffentlicht wurde, befand sich das Internet noch in den Kinderschuhen. Mittlerweile stehen Dutzende von Whisky-Websites im Netz. Die beste Auflistung solcher Websites findet man meiner Meinung nach bei Bozo's Links (**http//home.swipnet.se/whisky**). Hier werden die Links in vier Kategorien eingeteilt: Allgemeine und Club-Websites, Whiskyläden (zum Online-Verkauf), private Websites und die Websites der Brennereien und Destillerien.

ALLGEMEINE UND CLUB-WEBSITES
Der Urahn dieser Websites ist die Edinburgh Malt Whisky Tour (mit der leicht zu merkenden URL **www.dcs.ed.ac.uk/home/jhb/whisky**), die vor vielen Jahren von John Butler vom Department für Computerwissenschaften an der Edinburgher Universität eingerichtet wurde. Was dieser Website an grafischer Eleganz abgeht, macht sie durch ihre Informationsfülle wieder wett: breit angelegt und wissenschaftlich fundiert werden dem User hier die Geschichte von Destillerien, Statistiken, Führungen, Auflistungen von Marken, eine kleine Bibliografie u.v.m. zugänglich gemacht.

Dr. Butler war auch bei der Erstellung von **www.whiskyweb.com** beteiligt, die sich selbst als »erste Whisky-Site-Adresse« beschreibt. Sie ist mit www.scotweb.com verbunden und bietet ebenfalls zahlreiche breit gestreute Informationen. Sie enthält zum Beispiel den gesamten Text von Michael Jacksons unschätzbarem Buch *Malt Whisky* (ebenfalls in der Collection Rolf Heyne erschienen) ebenso die nützliche Einführung zu Lamond & Tuceks *Malt Whisky File*, des Weiteren Landkarten und Führungen, eine Auflistung von Malts mit guten Verkostungsnoten sowie ein Glossar der Whiskyterminologie und schlussendlich ein Diskussionsforum. Es gibt *shopping links* zu Scotweb und zu drei unabhängigen Abfüllern: Adelphi, Blackadder und Masters of Malt.

Beim Benutzen einer Suchmaschine werden oft zwei weitere, »frühe« Websites genannt, **www.scotchwhisky.com** und **www.scotch.com**, aber diese können leider als völlig überholt angesehen werden. Die ehrfurchtgebietendste deutsche Website, **www.whisky.de**, wurde vor über fünf Jahren ins Netz gestellt. Auf ihr werden neben dem Üblichen vor allem Deutschland betreffende Informationen behandelt. Shopangebote, Diskussionsforum, Newsletter und ein Club runden das Angebot ab.

Die führende Website, die von Seiten des Handels ins Netz gestellt wurde, ist **www.scotch-whisky.org.uk** der Scotch Whisky Association, die wertvolle Auflistungen von Marken und Gesellschaften sowie den Handel betreffende Bezüge bietet (Foren, Informationen und die Möglichkeit, Fragen an Experten zu stellen). Außerdem wird kurz und klar die Geschichte des Scotch wiedergegeben sowie die Herstellung von Malt und Kornwhisky beschrieben.

Die wichtigste Club-Website ist **www.smws.com**, die Teile des Newsletters der Scotch Malt Whisky Society abbildet. Auch **www.maltadvocate.com** und **www.whisky-world.com**, die Websites der Zeitschriften *Malt Advocate* und *Whisky Magazine*, bieten gute

Informationen und geben Artikel und Features der jeweiligen Zeitungen wieder.

Viele Websites haben einen »Club« oder ein Forum, aber der aktivste von allen scheint mir der Yahoo Single Malt Club zu sein, den man unter **clubs.yahoo.com** findet.

WHISKYLÄDEN

Bozo führt 46 Websites von Whiskyläden in Europa und Nordamerika auf. Meine Lieblingswebsite wird von Loch Fyne Whiskies (**www.lfw.co.uk**) gepflegt, die sowohl das große Angebot auflistet, Seiten aus der ausgezeichneten Zeitschrift, die der Laden herausgibt, *The Scotch Whisky Review*, sowie einige amüsante Fotos abbildet. Auch lohnt es sich, die Website der größten französischen Ladenkette, La Maison du Whisky (**www.whisky.fr**), zu besuchen. Bei Bozo ist **www.the-whiskyexchange.com** nicht zu finden, aber hier wird eine faszinierende Menge alter Flaschen angeboten, auch zwei weitere ausgezeichnete Läden aus Edinburgh wurden bisher noch nicht aufgenommen: **www.royalmilewhiskies.com** und **www.whiskyshop.com**.

Wenn auf den Websites der Brennereien und Destillerien die Möglichkeit geboten wird, Whisky online zu kaufen, darf der Preis denjenigen in den Läden nicht unterschreiten, so dass es wahrscheinlich von Vorteil sein dürfte, einen engeren Bezug zu einem Laden in der Gegend zu knüpfen. Zu möglichen Schwierigkeiten, die in manchen Ländern bei der Lieferung von Alkohol auftreten können, berät Sie dieser Laden sicher gern.

PRIVATE WEBSITES

Bozo führt um die 130 privaten Websites auf, eine seltsame Mischung. Probieren Sie es aus und finden Sie neue Freunde!

WEBSITES DER BRENNEREIEN UND DESTILLERIEN

Von manchen wird die Meinung vertreten, das Internet sei nicht für den Handel geschaffen worden. Vor einigen Jahren gab es auch nur wenige Websites, die offen ihre Produkte zum Kauf anboten. Die meisten der Brennereien und Destillerien haben es vermieden, auf diesem Weg direkt zu verkaufen. Stattdessen versuchen sie, mit Informationen und hübschem Design Werbung zu machen. Einige waren dabei erfolgreicher als andere. Als die eindrucksvollsten Internetauftritte kann man die von The Macallan, Glenfiddich, Highland Park und Bladnoch nennen.

Nur wenige dieser Websites bieten gute Informationen. Die meisten sind oberflächlich und vereinfachend. Einer der Nachteile des Mediums besteht darin, dass alles stark zusammengefasst wird, wie in Werbeprospekten. Vielleicht liegt das darin begründet, dass das Internet seine Ursprünge im elektronischen Austausch akademischer Diskussionen hatte, aber deren Fundiertheit fehlt leider, zumindest was den Whisky angeht, meistens, auch wenn in einigen Whisky-Foren durchaus tiefschürfend diskutiert wird.

Die hier getroffene Auswahl an Websites gibt meine persönlichen Vorlieben wieder. Eigentlich braucht man nur loszusurfen: Das Wasser ist warm und die Cybersee ruhig, obwohl mir etwas zu sehr Flaute herrscht – es ist eher ein Herumgepaddel als ein Surfen. Aber man merkt, dass es eine Menge Leute gibt, die sich für Whisky begeistern, und es ist schön, das zu wissen. Probieren Sie es aus!

WEBSEITEN EINZELNER WHISKYMARKEN (AUSWAHL)

Adelphi
http://www.adelphidistillery.com

Ardbeg
http://www.ardbeg.com

Classic Malts
http://www.classicmalts.de

The Macallan
http://www.themacallan.co.uk

http://www.maxxium.de/macallan/

Highland Park
http://www.maxxium.de/highlandpark/

Bunnahabhain
http://www.maxxium.de/bunnahabhain/

Aberlour
http://www.aberlour.de

Glenfiddich
http://www.glenfiddich.de

Glengoyne

http://www.glengoynedistillery.com

Glenmorangie
http://www.glenmorangie.com

Laphroaig
http://www.laphroaig.com/germany/

Glen Moray
http://www.glenmoray.com

EINZELNE BLENDED WHISKYS (AUSWAHL)

Ballantines
http://www.ballantines.de

Chivas
http://www.chivas.com

Cutty Sark
http://www.cutty-sark.co.uk

The Famous Grouse
http://www.maxxium.de/famousgrouse/

J&B
http://www.jbscotch.com

Johnnie Walker
http://www.johnniewalker.de

Dimple
http://www.dimple.de

BEZUGSADRESSEN (AUSWAHL)

Die meisten Malt-Whisky-Destillerien haben heute auf ihrer Webseite einen kleinen Shop mit direkter Bestellmöglichkeit eingerichtet. Einige spezielle Einkaufsmöglichkeiten im Internet sind nachfolgend aufgelistet:

Gordon & MacPhail
http://www.gordonandmacphail.com

Scoma
http://www.whisky.de/scoma/

Celtic
http://www.whisky.de/celtic/

The Whisky Store
http://www.thewhiskystore.de

Whisky.de
http://www.whisky.de

Destilleriebesichtigungen

Der Erste, der auf die Idee kam, in Destillerien ein Besucherzentrum einzurichten, war James Fairlie, ein enthusiastischer Whiskyfreund, der 1957 die kleine, sehr alte Brennerei Glenturret gekauft hatte, um »die handwerklichen Traditionen der Malt-Destillation und Reifung zu bewahren«. 1964 eröffnete er sein Besucherzentrum, das heute von 200 000 Gästen im Jahr besucht wird.

Die hier aufgeführten Destillerien verfügen alle über Besucherzentren. In einigen wurde ein Restaurant oder ein Café eingerichtet, andere verkaufen Whisky, Bücher und Geschenke, zeigen Ausstellungen oder haben ein Museum oder Filmvorführeinrichtungen. Andere bieten lediglich geführte Besichtigungen an. Bei den meisten Destillerien ist der Eintritt frei; dort, wo ca. 3 Pfund Einlassgebühr erhoben wird, bekommt der Gast dafür einen entsprechenden Rabatt beim Kauf des hauseigenen Whiskys. Gelegentlich müssen sich Besucher vorher anmelden, dies ist jeweils bei der Destillerie angegeben. Generell sollte man sich jedoch vorher über die Öffnungzeiten jeder Brennerei telefonisch erkundigen, besonders wenn man als Gruppe unterwegs ist.

Vor kurzem hat das Scottish Tourist Board die Besucherzentren der Destillerien qualifiziert und mit Punkten benotet. Die drei Kategorien sind dabei:

Genaue Wegbeschreibungen sowie Darstellungen der Betriebe und ihrer Besonderheiten machen das Buch *Visiting Distilleries* von Duncan und Wendy Graham (Neil Wilson Publishing, 2001) zu einem unentbehrlichen Begleiter für Destilleriebesucher. Ich möchte hier dem Bewertungssystem dieses Guides folgen, bei dem bis zu 7 Sterne vergeben werden.

Aberfeldy Distillery *****
Aberfeldy, Perthshire
Tel: (+44) 1887 820330
Öffnungszeiten: April bis Oktober: Mo-Sa 10.00-18.00, So 12.00-16.00; November bis März: Mo-Fr 10.00-16.00 Voranmeldung erwünscht.

Ardberg Distillery ******
Kildalton, Port Ellen, Islay
Tel: (+44) 1496 302244
Öffnungszeiten: Juni bis September: Mo-So 10.00-17.00; Oktober bis Mai: Mo-Fr 10.00-16.00

Ben Nevis Distillery ****
Lochy Bridge, Fort Williams
Tel: (+44) 1397 700200
Öffnungszeiten: Juli bis August: Mo-Fr 9.00-19.30; Juni bis September: zusätzlich Sa 10.00-16.00; September bis Mai: Mo-Fr 9.00-17.00

Benromach ******
Forres, Morayshire
Tel: (+44) 1309 675938
Öffnungszeiten: Oktober bis März: Mo-Fr 10.00-16.00; April bis September: Mo-Sa 9.30-17.00; Juni bis August: zusätzlich So 12.00-16.00

Bladnoch Distillery ******
Bladnoch, Wigtown, Dumfries and Galloway
Tel: (+44) 1988 402605
Öffnungszeiten: Ostern bis Oktober: Mo-Fr 9.00-17.00; Juli bis August: zusätzlich So 12.00-17.00; November bis Ostern auf Anfrage.

Blair Athol Distillery *****
Pitlochry, Perthshire
Tel: (+44) 1796 472234
Öffnungszeiten: Ostern bis September: Mo-Sa 9.00-17.00; Juli bis September: zusätzlich So 12.00-17.00; Oktober: Mo-Fr. 9.00-17.00; November bis Ostern: Mo-Fr 10.00-16.00 (Anmeldung erwünscht).

Bowmore Distillery *******
Bowmore, Isle of Islay, Argyll
Tel: (+44) 1496 810441
Öffnungzeiten: Ganzjährig geöffnet: Mo-Fr 9.00-17.00; Sommer zusätzlich Sa 10.00-12.30.

Bunnahabhain Distillery ****
Bunnahabhain, Isle of Islay, Argyll
Tel: (+44) 1496 840646
Öffnungszeiten: April bis Oktober: Mo-Fr 10.00-16.00. Nur nach vorheriger Anmeldung.

Caol Ila Distillery *****
Port Askaig, Isle of Islay
Tel: (+44) 1469 302760
Öffnungzeiten: Ganzjährig von Mo-Fr nach Anmeldung geöffnet.

Cardhu Distillery *****
Knockando, Aberlour, Banffshire
Tel: (+44) 0134 872552
Öffnungszeiten: März bis Juni: Mo-Fr 10.00-16.30; Juli bis September: Mo-Fr 10.00-18.00, Sa 10.00-16.30, So 11.00-16.00; Oktober: Mo-Fr 10.00-16.30; November bis Februar: Mo-Fr 11.00-15.00.

Clynelish Distillery ****
Brora, Sutherland
Tel: (+44) 1408 623000
Öffnungszeiten: März bis Oktober: Mo-Fr 9.30-17.00.

Dalwhinnie Distillery ****
Dalwhinnie, Invernessshire
Tel: (+44) 1540 672219
Öffnungszeiten: Ostern bis September: Mo-Sa 9.00-17.00, So 12.00-17.00; Oktober: Mo-Fr 9.00-17.00; November bis Ostern: Mo-Fr 10.00-16.00.

Edradour Distillery **
Pitlochry, Perthshire
Tel: (+44) 1796 472095
Öffnungszeiten: März bis Oktober: Mo-Sa 9.30-17.00, So 12.00-17.00; November bis Februar: Mo-Sa (nur Shop) 10.00-16.00.

Fettercairn Distillery *****
Distillery Road, Fettercairn, Kincardineshire
Tel: (+44) 1561 340205
Öffnungszeiten: Mai bis September: Mo-Sa 10.00-16.30.

Glendronach Distillery ****
Forgue, by Huntly, Aberdeenshire
Tel: (+44) 1466 730202
Öffnungszeiten: Ganzjährig von Mo-Fr geöffnet. Täglich zwei Führungen.

Glenfarclas Distillery *****
Ballindalloch, Banffshire
Tel: (+44) 1807 500209
Öffnungszeiten: Oktober bis März: Mo-Fr 10.00-16.00; April bis September: Mo-Fr 10.00-17.00; Juni bis September: zusätzlich Sa 10.00-17.00.

Glenfiddich Distillery ****
Dufftown, Keith, Banffshire
Tel: (+44) 1340 820373
Öffnungszeiten: Mitte Oktober bis Ostern: Mo-Fr 9.30-16.30; Ostern bis Mitte Oktober: Mo-Sa 9.30-16.30; Ostern bis Mitte Oktober: zusätzlich So 12.00-16.30.

Glengoyne Distillery *****
Dumgoyne, Stirlingshire
Tel: (+44) 1360 550254

Öffnungszeiten: Ganzjährig geöffnet:
Mo-Sa 10.00-16.00, So 12.00-16.00

Glen Grant Distillery *******
Rothes, by Aberlour, Banffshire
Tel: (+44) 1542 783318
Öffnungszeiten: Mitte März bis Oktober: Mo-Sa 10.00-16.00, So 11.30-17.00; Juni bis Ende September: Mo-Sa 10.30-17.00, So 11.30-17.00

Glenkinchie Distillery *******
Pencaitland, bei Tranent, East Lothian
Tel: (+44) 1875 342004
Öffnungszeiten: November bis Februar: Mo-Fr 11.00-15.00, So 11.30-16.00; Juni bis Ende September: Mo-Sa 10.00-17.00, So 11.30-17.00

The Glenlivet Distillery *******
Glenlivet, Ballindalloch, Banffshire
Tel: (+44) 1542 783220
Öffnungszeiten: April bis Oktober: Mo-Sa 10.00-16.00, So 12.30-16.00; Juli bis August: Mo-Sa 10.00-16.00, So 12.30-16.00

Glenmorangie Distillery *****
Tain, Rossshire
Tel: (+44) 1862 892477
Öffnungszeiten: Ganzjährig geöffnet: Mo-Fr 9.00-17.00; Juni bis August: zusätzlich Sa 10.00-16.00 und So 12.00-16.00

Glen Ord Distillery *****
Muir of Ord, Rossshire
Tel: (+44) 1463 872004
Öffnungszeiten: März bis Oktober: Mo-Fr 9.30-17.00; Juli bis September: zusätzlich Sa 9.30-17.00 und So 12.30-17.00; November bis Januar: eingeschränkte Führungen. Februar: 13.00-15.30 (vorher anmelden).

Glenturret Distillery *******
The Hosh, Crieff, Perthshire
Tel: (+44) 1764 656565
Öffnungszeiten: März bis Dezember: Mo-Sa 9.30-18.00, So 12.00-18.00; Januar: Mo-Fr 11.30-16.00; Februar: Mo-Sa 11.30-16.00.

Highland Park Distillery *******
Holm Road, Kirkwall, Orkney
Tel: (+44) 1856 874619
Öffnungszeiten: April bis Oktober: Mo-Fr 10.00-17.00; Juli bis September: zusätzlich Sa & So 12.00-17.00; November bis März: nur eine Führung um 14.00

Isle of Arran Distillery *****
Lochranza, Isle of Arran
Tel: (+44) 1770 830334
Öffnungszeiten: April bis Oktober: täglich von 10.00-18.00. Winteröffnungszeiten auf Anfrage.

Isle of Jura Distillery *****
Craighouse, Isle of Jura, Argyll
Tel: (+44) 1496 820240
Öffnungszeiten: Ganzjährig nach vorheriger Anmeldung geöffnet: Mo-Do 9.00-16.00, Fr 9.00-13.00.

Lagavulin Distillery ******
Port Ellen, Isle of Islay, Argyll
Tel: (+44) 1496 302400
Öffnungszeiten: Ganzjährig geöffnet: Mo-Fr nur nach vorheriger Voranmeldung.

Laphroaig Distillery *****
Port Ellen, Isle of Islay, Argyll
Tel: (+44) 1496 302418
Öffnungszeiten: Ganzjährig geöffnet. Führungen nur nach vorheriger Anmeldung.

Macallan-Glenlivet Distillery *******
Craigellachie, Aberlour, Banffshire
Tel: (+44) 1340 871471
Öffnungszeiten: Ganzjährig geöffnet: Mo-Fr 9.30-15.00.

Oban Distillery ******
Stafford Street, Oban, Argyll
Tel: (+44) 1631 572004
Öffnungszeiten: Ganzjährig geöffnet: Mo-Fr 9.30-17.00; Ostern bis Oktober: zusätzlich Sa 9.30-17.00; Juli bis September: Mo-Fr 9.30-20.30; Juli bis September: zusätzlich 12.00-17.00; Dezember bis Februar: nur eingeschränkte Führungen.

Pulteney Distillery
Huddart Street, Wick, Caithness
Tel: (+44) 1955 602371
Öffnungzeiten: April bis Dezember: Mo-Fr 10.00-15.00; Januar bis März: eingeschränkte Führungen. Alle Führungen nur nach Voranmeldung.

Royal Lochnagar Distillery ****
Crathie, Ballater, Aberdeenshire
Tel: (+44) 1339 742700
Öffnungszeiten: Ostern bis September: Mo-Sa 10.00-17.00, So 12.00-16.00; Oktober bis Ostern: Mo-Fr 10.00-16.00.

Springbank Distillery ******
85 Longrow, Campeltown, Argyll PA28 6ET
Tel: (+44) 1586 552 009
Öffnungszeiten: April bis Oktober: Mo-Do 14.00-15.15

Strathisla Distillery *******
Seafield Avenue, Keith, Banffshire
Tel: (+44) 154 278 3044
Öffnungszeiten: April bis Oktober: Mo-Sa 10.00-17.00, So 12-16.00. September bis Ostern: Mo-Fr 10.00-16.00.

Talisker Distillery ******
Carbost, Isle of Skye
Tel: (+44) 1878 640314
Öffnungszeiten: April bis Juni: Mo-Fr 9.00-16.30; Juli bis September: Mo-Sa 9.00-16.30; Oktober: Mo-Fr 9.00-16.30; November bis März: Mo-Fr 14.00-16.30

Tobermory Distillery ****
Main Street, Tobermory, Isle of Mull
Tel: (+44) 1688 302645
Öffnungszeiten: Ostern bis Oktober: Mo-Fr 10.00-17.00; Oktober bis Ostern: nur nach Voranmeldung.

Weitere Adressen für Whiskyfreunde

Dallas Dhu Distillery *****
Forres, Morayshire
Tel: (+44) 1309 676548
Öffnungszeiten: April bis September Mo-Sa 9.30-18.30, Oktober bis März Mo-Sa 9.30-16.00. So 14.00-18.00. Donnerstagnachmittag und Freitag geschlossen.

Speyside Cooperage ******
Dufftown road, Craigellachie, Aberlour AB38 9RS
Tel: (+44) 1340 871108
Öffnungszeiten: Ganzjährig geöffnet: Mo-Fr 9.00-16.30; Juni bis September: zusätzlich Sa 9.30-12.30

The Scotch Whisky Heritage Centre ******
Castle Hill, Edinburgh
Tel: (+44) 131 220 0441
Öffnungszeiten: Mitte Juni bis September: Mo-So 9.30-18.30; September bis Mitte Juni: Mo-So 10.30-17.30

Bibliographie

* *Standardtitel*

Allen, H. Warner
No 3 St James' Street
London 1950
Andrews, Allen
The Whisky Barons
London 1977
Arthur, Helen
Malt Whisky: Das Handbuch für Genießer
Köln 1998
Barnard, Alfred
The Whisky Distilleries of the United Kingdom
London 1887; Repr. Newton Abbot 1969; Edinburgh 1987*
Verlag Raschedition, Osnabrück 2000
Begg, Donald
The Bottled Malt Whiskies of Scotland
2. Aufl. 1979
Bell, Colin
Scotch Whisky
Newtongrange 1985
Bergius, Adam
Make Your Own Scotch Whisky
Glasgow 1972
Birnie, William
The Distillation of Highland Malt Whisky
Privat, 1937 und 1964
Bold, Alan (Hrsg.)
Drink to Me Only: The Prose (and Cons) of Drinking
London 1982
Brander, Michael
The Original Scotch
London 1974
A Guide to Scotch Whisky
Edinburgh 1975
The Essential Guide to Scotch Whisky
Edinburgh 1990
Bronfman, Samuel
From Little Acorns: The Story of Distillers Corporation – Seagrams Limited
Privat, 1970
Broom, David
Das Whisk(e)y Handbuch
Christian Verlag2001
Brown, Gordon
Classic Spirits of the World
London 1995
Bruce-Lockhart, Sir Robert
Scotch
London 1951*
Burns, Edward
Bad Whisky
Glasgow 1995
Cooper, Derek
A Taste of Scotch
London 1989
The Little Book of Malt Whiskies
Belfast 1992
The Whisky Roads of Scotland
London 1982
A Guide to the Whiskies of Scotland
London 1978
The Century Companion to Whiskies
London 1978*
Craig, Charles
The Scotch Whisky Industry Record
Norfolk 1994*
Glenpatrick House, Elderslie – The Story of an Unsuccessful Distillery
Privat, 1982
Daiches, David
Scotch Whisky
London 1969*
Let's Collect Scotch Whiskies
London 1981
Darwen, James
Das Buch vom Whisky
München, 4. Aufl. 1997
Dewar, John & Sons
The House of Dewar 1846-1946
Privat, 1946
Distillers Company Limited
DCL and Scotch Whisky
London 1961; zahlreiche Nachauflagen
Going Strong: The Johnnie Walker Story
Privat, 1974
The DCL Gazette
Dunnet, Alastair
The Land of Scotch
Edinburgh 1953
Forbes, George
Scotch Whisky
Glasgow 1995
Glen Grant Distillery
A Distillation of 150 Years
Aberdeen 1989
Greenwood, Malcolm
The Diary of a Whisky Salesman
Argyll 1995
Another nip around the world
Neil Wilson Publishing, 1997
Grey, Alan S.
The Scotch Whisky Industry Review
Glasgow, jährliche Publikation*
Grindal, Richard
Das Whisky-Brevier
München, 2. Aufl. 1995
Gunn, Neil M.
Whisky and Scotland
London 1935, Neuaufl. 1990*
Hills, Philip u. a.
Scots on Scotch
Edinburgh 1991
*Appreciating Whisky**
Harper Collins, 2000
House, Jack
Pride of Perth: the Story of Arthur Bell & Co
Perth 1976
The Spirit of White Horse
Glasgow, 1975
Howard, Kathleen
The Lore of Still Building
Ohio 1973
Jackson, Michael
Malt Whisky: Der Guide für Kenner und Genießer
München, 10. Aufl. 1998
Schottland und seine Whiskys
Hallwag Verlag, 2001
Jackson, Michael/ Claus Arius/Walter Schober
Whisky
Weil der Stadt, 4. Aufl. 1997*
Jordan & Sons (Surveys) Ltd.
The British Distilling Industry
A Landed Proprietor in the County of Inverness, 1980
Thoughts on the Distillation of Ardent Spirits in the Highlands of Scotland
Inverness 1814
Lamond, John/Robin Tucek
The Whisky Connoisseur's Book of Days
Edinburgh 1992
The Malt Whisky File
Canongate 1995, Neueste Auflage 2000
Laver, James
The House of Haig
Perth 1958
McCall, Robert
500 Years of Scotch Whisky
Glasgow 1994
Macdonald, Aeneas
Whisky
Edinburgh 1930*
MacDonogh, Giles
The Classic Malts of Scotland
Berkshire 1994
McDowall, R. J. S.
The Whiskies of Scotland
London 1967*
McHardy, Stuart
Tales of Whisky and Smuggling
Moffat 1991
Mackie, Albert David
The Scotch Whisky Drinker's Companion
Edinburgh 1973
MacLean, Charles
The Pocket Whisky Book
London, 1993
Discovering Scotch Whisky
London 1996
Sainsbury's Guide to Malt Whisky
London 1995
The Pitkin Guide to Scotch Whisky
London 1996
De Fonte Laporum The Fountain of Delights,
Edinburgh 1993
Scottish Toasts & Graces
Belfast, 1993
McNeill, F. Marian
The Scots Cellar: Its Traditions and Lore
Edinburgh 1986

Mantle, Jonathan
The Ballantine's Story
London 1991
Martine, Roddy
Scotland: The Land and the Whisky
London 1994
Milroy, Wallace
Der Malt Whisky Almanach
4. Aufl. 1995
Milsted, David
Bluff Your Way in Whisky
London 1991
Moore, Graham
Malt Whisky
Swan Hill Press, 1998
Morewood, S. A.
Philosophical and Statistical History of the Inventions and Customs of Ancient and Modern Nations in the Manufacture and Use of Inebriating Liquors
Dublin 1838
Morrice, Philip
The Schweppes Guide to Scotch
London 1983*
The Whisky Distilleries of Scotland and Ireland
London, limitierte Aufl. 1987
Moss, M. S./J. R. Hume
The Making of Scotch Whisky: A History of the Scotch Whisky Distilling Industry
Edinburgh 1981*
Moss, Michael
100 Years of Quality: A History of The Highland Distilleries Company 1887-1987
Manuskript, 1987
Chambers Scottish Drink Book
Edinburgh 1990
Scotch Whisky
Edinburgh 1991
Murphy, Brian
The World Book of Whisky
London 1979
Murray, Jim
Whisky & Whiskey
München 1997
Nettleton, J. A.
The Manufacture of Spirit as Conducted at the Various Distilleries of the United Kingdom
London 1898*
The Manufacture of Scotch Whisky and Plain Spirit
Aberdeen 1913
Nown, Graham
Malt Whisky: Ein Geschenk der Natur
Cham 1998
Oram, Richard
The Glenmorangie Distillery 1843-1993
Manuskript 1993
Reeves Jones, Alan
A Dram Like This
London 1974
Rice, Phillip
Scotch Whisky – Too Much or Too Little
Edinburgh 1973
Riddell, J. B.
Observations on the Scotch Whisky Production Cycle
Invergordon Distillers Ltd. 1976
Robb, J. Marshall
Scotch Whisky, A Guide
Edinburgh 1950*
Robertson & Baxter
The R&B Group: Robertson & Baxter
Privat, 1990
Ross, James
Whisky
London 1970
Saintsbury, George
Notes on a Cellar Book
London 1920
Schobert, Walter
Malt Whisky Guide
Köln 1996
Das Whisky-Lexikon
Frankfurt/Main 1997
Scotch Whisky Association – Scotch Whisky, Questions and Answers
Edinburgh 1957, letzte Aufl. 1992
Single Malt Notebook
Hädecke, 2001
Skipworth, Mark
The Scotch Whisky Book
London 1987
Shaw, Carol P.
Whisky – Collins Gem
Glasgow 1993
Sillet, S. W.
Illicit Scotch
Aberdeen 1965
Simpson, Bill u. a.
Scotch Whisky
London 1979
Smith, Gavin D.
Whisky: A Book of Words
Manchester 1993*
Scotch Whisky
Sutton Publishing Ltd., 1999
Whisky, Wit & Wisdom
Neil Wilson Publishing, 2000
Smith, Gavin D. & McDougall, John
Wort, Worms & Washbacks
Neil Wilson Publishing, 1999
Smith, Grant, Captain W.
Glenlivet: The Annals of the Distillery
Privat, 1924, Repr. 1959
Spiller, Brian
Cardhu, The World of Malt Whisky
London 1985
DCL Distillery Histories
London 1981*
The Chameleon's Eye, James Buchanan & Co Ltd. 1884-1984
Privat, 1984
Thomson, J. K.
Should Scotland Export Bulk Whisky?
Edinburgh 1979
Townsend, Brian
Scotch Missed, The Lost Distilleries of Scotland
Edinburgh 1993
Tullis Russell, Ltd.
The Story of Scotch Whisky
Guardbridge 1977
Walker, Johnnie & Sons
The Opening of the New Premises
Kilmarnock 1956
Weir, Ronald B.
The History of the Pot Still Malt Distillers Association of Scotland: The North of Scotland Malt Distilleries Association 1874-1926
Elgin 1970
The History of the Distiller's Company 1877-1939
Oxford 1995
Wheatley, Dennis
The Eight Ages of Justerini's
Privat, 1965
Whisky: Vom gälischen Lebenswasser, das die Welt eroberte
München 1996
Whittet, Martin
A Liquid Measure of Highland History
Inverness 1987
Wilson, G. B.
Alcohol and the Nation
London 1940
Wilson, John
Scotland's Malt Whiskies
Gartocharn 1973
Wilson, Neil
Scotch and Water: Islay, Jura, Mull, Skye
Lockerbie 1985*
Wilson, Ross
Scotch Made Easy
London 1959
Scotch: The Formative Years
London 1970*
Scotch: Its History and Romance
Newton Abbot 1973
The House of Sanderson
Wisniewski, Ian
Classic Malt Whisky
Prion Books, 2001

Die Bibliographie erhebt keinen Anspruch auf Vollständigkeit.

Register

A

B

C

D

E

F

G

H

I

J

K

L

M

N

BILDNACHWEIS

G. I. Bernard: Seite 13 rechts, 16–20, 22–24, 27–29, 32–33.
Corbis-Bettmann: Seite 30.
Octopus Publishing Group/Jason Lowe: Vor- und Nachsatz, Seite 2–7, 10–12, 15, 26, 34–42, 44–70, 72–74, 80, 82–84, 87–93, 95–100, 102–110, 113–116.

2. Auflage 2004

Titel der Originalausgabe: *Malt Whisky*

Ins Deutsche übertragen von Axel Behrendt

Die Originalausgabe erschien 1997 bei
Mitchell Beazley, ein Unternehmen von Octopus Publishing Group Ltd,
2–4 Heron Quays, Dockland, London E14 4JP

Umschlaggestaltung: ZERO Werbeagentur, unter Verwendung von Fotos von Oliver Kaluto (Vorderseite oben) und von Jason Lowe (© Octopus Publishing Group/Jason Lowe: Vorderseite unten und Rückseite)
Layout: Wayne Blades
Redaktion der deutschen Ausgabe: Jürgen Deibel
Kartographie: Hardlines
Herstellung: Verlagsservice Rau
Druck und Bindung: Toppan Printing Company, China

Printed in China

ISBN 3-89910-184-7